Margit Wasmai[illegible]
Zwischen Pragmatismus u[illegible]
Eine Analyse der Religionsphilosophi[illegible]

Margit Wasmaier

Zwischen Pragmatismus und Realismus

Eine Analyse der Religionsphilosophie von William P. Alston

ontos verlag

Frankfurt | Paris | Ebikon | Lancaster | New Brunswick

Bibliographic information published by Die Deutsche Bibliothek
Die Deutsche Bibliothek lists this publication in the Deutsche Nationalbibliographie; detailed bibliographic data is available in the Internet at http://dnb.ddb.de

transaction

North and South America by
Transaction Books
Rutgers University
Piscataway, NJ 08854-8042
trans@transactionpub.com

Gazelle

United Kingdom, Ire, Iceland, Turkey, Malta, Portugal by
Gazelle Books Services Limited
White Cross Mills
Hightown
LANCASTER, LA1 4XS
sales@gazellebooks.co.uk

Livraison pour la France et la Belgique:
Librairie Philosophique J.Vrin
6, place de la Sorbonne ; F-75005 PARIS
Tel. +33 (0)1 43 54 03 47 ; Fax +33 (0)1 43 54 48 18
www.vrin.fr

P.O. Box 15 41, D-63133 Heusenstamm
www.ontosverlag.com

ISBN 978-3-938793-50-3

2007

Printed on acid-free paper
ISO-Norm 970-6
FSC-certified (Forest Stewardship Council)
This hardcover binding meets the International Library standard

Printed in Germany
by **buch bücher dd ag**

Danksagung

Die vorliegende Arbeit wurde im Juli 2006 an der Hochschule für Philosophie, Philosophische Fakultät S.J., München als Dissertation angenommen. Ich bedanke mich bei Prof. Dr. Dr. Friedo Ricken S.J. ganz herzlich für die Betreuung meiner Arbeit und bei seinem Doktorandenkolloquium für die stets anregende Diskussion.
Entstanden ist diese Dissertation im Rahmen des von der DFG geförderten Graduiertenkollegs „Der Erfahrungsbegriff in der europäischen Religion und Religionstheorie und sein Einfluss auf das Selbstverständnis außereuropäischer Religionen“. Für die Förderung meiner Arbeit durch ein Stipendium möchte ich mich bei der DFG an dieser Stelle vielmals bedanken.
Bedanken möchte ich mich auch bei der Frauenbeauftragten der Ludwig-Maximilians-Universität München, Frau Prof. Dr. Ulla Mitzdorf, die mir durch ein weiteres Stipendium im Rahmen des Hochschul- und Wissenschaftsprogramms zur Förderung der Chancengleichheit für Frauen in Forschung und Lehre die Fertigstellung dieser Arbeit ermöglichte.
Mein Dank gilt auch all denen, die diese Arbeit mit Freude und Interesse lesen.

Münster im März 2007 Margit Wasmaier

Erster Teil.
Zielsetzung und Methode

Die Rationalität des Glaubens ist eine der Hauptfragen der Religionsphilosophie von William P. Alston, der am 29. November 1921 in Shreveport, Louisiana, geboren wurde und bis zum Jahr 2000 an der Syracuse Universität in New York lehrte. Alston fragt, wie religiöse Überzeugungen begründet werden können, und im Jahr 1991 hat er mit „Perceiving God“ eine Antwort auf diese Frage vorgelegt. Es geht in diesem Hauptwerk des Philosophen um die epistemische Rechtfertigung religiöser Überzeugungen durch mystische Erfahrungen, wobei mystische Erfahrungen für ihn nicht die Spitzenerfahrungen großer Heiliger sind, sondern Wahrnehmungen der Gegenwart Gottes, wie sie auch von vielen Menschen in der heutigen Zeit gemacht werden. Dass diese Menschen allen Grund haben, ihren Erfahrungen zu trauen und ihre religiösen Überzeugungen darauf zu gründen, dafür argumentiert Alston in der Sprache und im Geist der Analytischen Philosophie.
„Perceiving God“ ist der Ausgangspunkt meiner Arbeit, einer Arbeit zum religionsphilosophischen Werk von William P. Alston. Worum geht es mir? Da William Alston im deutschsprachigen Raum bisher kaum rezipiert worden ist, geht es mir zum einen darum, einen Überblick über sein religionsphilosophisches Werk zu geben. Mein Zugang zu diesem Werk orientiert sich an zwei Hauptfragen: 1. Wie bestimmt Alston die Wirklichkeit des Religiösen? 2. Wie bestimmt er unser Verhältnis zu dieser Wirklichkeit? Das Verhältnis des Menschen zur Wirklichkeit des Religiösen lässt sich einerseits als ein erkenntnismäßiges und andererseits als ein sprachliches beschreiben. Entsprechend dieser

dreifachen Thematik hat der Hauptteil drei Teile: Im ersten Teil geht es um die Möglichkeit religiöser Erkenntnis, im zweiten um die Bedeutung religiöser Aussagen und im dritten um die Wirklichkeit des Religiösen.

Der erste Teil widmet sich der epistemologischen Frage nach der Rechtfertigung religiöser Überzeugungen und ist von daher stark am Gedankengang von „Perceiving God" orientiert. Der zweite Teil befasst sich mit Alstons Realismus, der dritte mit seinem Theismus. Durch diese drei Perspektiven – die epistemologische, die semantische und die ontologische – lässt sich Alstons Religionsphilosophie umfassend darstellen. Gleichwohl sind die Perspektiven aufs Engste miteinander verzahnt: Die Frage nach religiösen Erfahrungen und deren Begründungskraft kann man nicht sinnvoll stellen, wenn nicht klar ist, was überhaupt erfahren wird. Von welchem Gott spricht Alston, wenn er in „Perceiving God" die Rechtfertigung religiöser Überzeugungen auf Wahrnehmungen der Gegenwart Gottes stützt?

So wenig wie die epistemologische Perspektive auf die Klärung ontologischer Fragen verzichten kann, so wenig kann sie auf die Bestimmung des Verhältnisses von Sprache und Wirklichkeit verzichten. Ob religiöse Aussagen als Ausdruck von Gefühlen, als Niederschlag kultureller Konventionen oder aber als tatsachenrelevant gesehen werden, entscheidet über das Ziel und sogar über die Notwendigkeit einer religiösen Epistemologie. Wer das Reden von Gott einzig als Ausdruck subjektiver Empfindungen betrachtet, wird keine Notwendigkeit sehen, religiöse Überzeugungen auf eine objektive Basis zu stellen. Für wen religiöse Aussagen dagegen einen objektiven Wirklichkeitsbezug haben, für den wird deren epistemischer Status ein wichtiges Anliegen sein.

Die Rekonstruktion von Alstons Religionsphilosophie anhand der genannten drei Perspektiven erlaubt über eine Zusammenschau seiner Theorie der Religion hinaus eine Problematisierung von Fragen nicht nur innerhalb eines Themengebietes, sondern auch zwischen den Themengebieten. Sichtbar wird vor allen Dingen eine Spannung zwischen Alstons religiöser Epistemologie und seinem metaphysischen Realismus, wie ich ihn unter Punkt 2 des Zweiten Teils darstelle. Mit dem Begriff der doxastischen Praxis, der im Zentrum seiner Erkenntnistheorie steht, verfolgt Alston einen dezidiert pragmatischen Weg, der sich nicht vereinbaren lässt mit seinem Realismus, den er ebenso nachdrücklich vertritt. Vereinbar scheinen die beiden Positionen lediglich, wenn man sie bezugslos nebeneinanderstellt oder aber, wenn man die Grenzen der Erkenntnistheorie enger steckt als die Grenzen der Metaphysik. Wenn man mit anderen Worten auf metaphysischer Ebene Aussagen für möglich hält, die man auf erkenntnistheoretischer Ebene für nicht einholbar erklärt.

Alstons Erfahrungsbegriff, sein Stufenmodell einer epistemischen Rechtfertigung religiöser Überzeugungen und die Pluralität der Religionen sind weitere Felder, in denen sich Schwierigkeiten seiner Religionsphilosophie zeigen – Schwierigkeiten, die größtenteils aus der Spannung zwischen Pragmatismus und Realismus herrühren. Neben dem Ziel einer umfassenden Darstellung verfolge ich also das Ziel einer immanenten Kritik des Alston'schen Ansatzes – einer Kritik, die ich jedoch nicht als destruktiv verstanden wissen will, sondern als Anlass, über die Vereinbarkeit gegensätzlicher Standpunkte innerhalb des Gedankengebäudes von William Alston nachzudenken.

Was die Materialgrundlage angeht, so stehen in meiner Arbeit die religionsphilosophischen oder theologischen Schriften von William Alston zwar im Vordergrund; ich beschränke mich jedoch nicht auf diese. Vielmehr ergänze ich das religionsphilosophische Repertoire durch Alstons Beiträge zu anderen philosophischen Gebieten, wie etwa zur allgemeinen Erkenntnistheorie oder zur Metaphysik.

Zweiter Teil.
William Alstons Bestimmung der Wirklichkeit des Religiösen und unseres Verhältnisses zu ihr.

1 Die Möglichkeit religiöser Erkenntnis. Epistemologische Fragestellungen.

Mit „Perceiving God“ hat William Alston eine Religionsphilosophie mystischer Erfahrungen vorgelegt. Das Werk ist das Ergebnis einer jahrelangen Auseinandersetzung mit diesem Thema und steht am Ende einer langen Aufsatzserie, in der Alston seine Position nach und nach entwickelt hat. Wegen seines hohen philosophischen Niveaus und seiner eigenwilligen These hat es in der analytischen Religionsphilosophie viel Beachtung gefunden. Als eine Epistemologie religiöser Erfahrung gilt es als bahnbrechend. Alston befasst sich in „Perceiving God“ mit den Gotteserfahrungen großer Mystiker wie auch einfacher Gläubiger der christlichen Tradition. Er hat dabei einen bestimmten Typ von Erfahrungen im Blick, nämlich Erfahrungen der Gegenwart Gottes. Alston beschreibt diese Erfahrungen als Wahrnehmungen Gottes und sieht in ihnen eine Quelle religiöser Erkenntnis. Das Programm von „Perceiving God“ umfasst somit zweierlei: eine Phänomenologie und eine Erkenntnistheorie mystischer Erfahrung.

1.1 Mystische Erfahrung als Wahrnehmung Gottes

1.1.1 Welches Phänomen hat Alston im Blick?

Um eine Vorstellung davon zu vermitteln, welche Erfahrungen Alston in „Perceiving God“ untersucht, möchte ich einige der von ihm zitierten Berichte wiedergeben, wobei ich mich auf die Quellen von William Alston beziehe:

„ ... all at once I ... felt the presence of God – I tell of the thing just as I was conscious of it – as if his goodness and his power were penetrating me altogether. … I thanked God that in the course of my life he had taught me to know him, that he sustained my life and took pity both on the insignificant creature and on the sinner that I was. I begged him ardently that my life might be consecrated to the doing of his will. I felt his reply, which was that I should do his will from day to day, in humility and poverty, leaving him, The Almighty God, to judge of whether I should some time be called to bear witness more conspicuously. Then, slowly, the ecstacy left my heart; that is, I felt that God had withdrawn the communion which he had granted. … I asked myself if it were possible that Moses on Sinai could have had a more intimate communication with God. I think it well to add that in this ecstasy of mine God had neither form, color, odor, nor taste; moreover, that the feeling of his presence was accompanied by no determinate localization. … But the more I seek words to express this intimate intercourse, the more I feel the impossibility of describing the thing by any of our usual images. At bottom the expression most apt to render what I felt is this: God was present, though invisible; he fell under no one of my senses, yet my consciousness perceived him.”[1]

“One day when I was at prayer … I saw Christ at my side – or, to put it better, I was conscious of Him, for I saw nothing with the eyes of the body or the eyes of the soul [the imagination, M.W.]. He seemed quite close to me and I saw that it was He. As I thought, He was speaking to me. Being completely ignorant that such visions were possible, I was very much afraid at first, and

---

[1] Anonymer Bericht in: JAMES, W., The Varieties of Religious Experience, 67f.

could do nothing but weep, though as soon as He spoke His first word of assurance to me, I regained my usual calm, and became cheerful and free from fear. All the time Jesus Christ seemed to be at my side, but as this was not an imaginary vision I could not see in what form. But I most clearly felt that He was all the time on my right, and was a witness of everything that I was doing … if I say that I do not see Him with eyes of the body or the eyes of the soul, because this is no imaginary vision, how then can I know and affirm that he is beside me with greater certainty than if I saw Him? If one says that one is like a person in the dark who cannot see someone though he is beside him, or that one is like somebody who is blind, it is not right. There is some similarity here, but not much, because a person in the dark can perceive with the other senses, or hear his neighbor speak or move, or can touch him. Here this is not so, nor is there any feeling of darkness. On the contrary, He appears to the soul by a knowledge brighter than the sun. I do not mean that any sun is seen, or any brightness, but there is a light which, though unseen, illumines the understanding."[2]

"I attended service at a church in Uppsala. … During both the Confession of Sin and the Prayer of Thanksgiving which followed Communion, I had a strong consciousness of the Holy Spirit as a person, and an equally strong consciousness of the existence of God, that God was present, that the Holy Spirit was in all those who took part in the service. … The only thing of importance was God, and my realization that He looked upon me and let His mercy flood over me, forgiving me for my mistakes and giving me the strength to live a better life."[3]

Beispiele für Erfahrungen der Gegenwart Gottes findet Alston bei Theresa von Avila, Angela von Foligno, Henry Suso, Franz von Sales, Walter Hilton, St. Margaret Mary und Richard von St. Victor. Es sind aber nicht nur die großen Mystiker, die solche Erfahrungen berichten, sondern auch sogenannte Laien. Alston wählt seine Beispiele aus Zitatsammlungen von William James, von Johannes Unger und von Timothy Beardsworth. James hat seine „Varieties of Religious Experience" 1902 verfasst; die Studien von Unger und Beardsworth stammen aus den 70er Jahren des 20. Jahrhunderts. Alston sucht sein Material einerseits in der mystischen Tradition des Mittelalters und andererseits bei anonymen Erfahrungsberichten

---

[2] TERESA, St., of Avila, The Life of St. Teresa of Avila by Herself, 187ff.
[3] Anonymer Bericht in: UNGER, J., On Religious Experience, 114.

von Zeitgenossen. Letztere sieht er in einer Kontinuität zur mystischen Tradition, die es im Christentum schon von Anbeginn gibt.
An Aussagen der Erfahrungsberichte anknüpfend beschreibt Alston das Bewusstsein der Gegenwart Gottes als Wahrnehmung. In der Tat ist in den von Alston zitierten Aufzeichnungen von einem Sehen die Rede oder einem Wahrnehmen, auch von einem Bewusstsein einer nicht näher bestimmten Gegenwart oder ausdrücklich von einem Bewusstsein der Gegenwart Gottes.[4] Einige Autoren versuchen, die Art ihrer Wahrnehmung genauer zu fassen: Sie grenzen sie einerseits scharf von sinnlicher Wahrnehmung ab, sehen andererseits jedoch eine Analogie zu dieser. Wenn Alston Gotteserfahrungen als Wahrnehmungen begreift, liegt dies also

---

[4] „God was present, though invisible; he fell under no one of my senses, yet my consciousness *perceived* him." Anonymer Bericht in: JAMES, W., The Varieties of Religious Experience, 67f.

"One day when I was at prayer … I *saw* Christ at my side – or, to put it better, I was conscious of Him, for I saw nothing with the eyes of the body or the eyes of the soul [the imagination]." TERESA, St., of Avila, The Life of St. Teresa of Avila by Herself, 187ff.

"And beyond this the soul receives the gift of *seeing* God." ANGELA of FOLIGNO, Livre de L'Expérience des Vrais Fidèles, zitiert in: UNDERHILL, E., Mysticism, 282.

"Then he said, 'If that which I *see* and feel be not the Kingdom of Heaven, I know not what it can be […]' " SUSO, H., Life, zitiert in: UNDERHILL, E., Mysticism, 187.

"Now it fares in like manner with the soul who is in rest and quiet before God: for she sucks in a manner insensibly the delights of His presence, without any discourse. … She *sees* her spouse present with so sweet a view that reasonings would be to her unprofitable and superfluous." FRANCIS, St., of Sales, Treatise on the Love of God, zitiert in: POULAIN, A., The Graces of Interior Prayer, 75f.
[Hervorhebungen in den Zitaten, M.W.]

durchaus in den Zeugnissen der Mystiker begründet, und es hat im Christentum auch eine lange Tradition. Gemeint ist die auf Origines zurückgehende Lehre von den sensus spirituales, derzufolge wir analog zu den fünf Sinnen auch geistliche Sinne haben. So, wie wir mit den fünf Sinnen die materielle Welt wahrnehmen, nehmen wir mit den geistlichen Sinnen Gott wahr. Den fünf äußeren Sinnen entsprechen fünf geistliche Sinne, und sie verhalten sich auf ähnliche Weise zueinander. Wie es etwas anderes ist, ob wir einen Gegenstand sehen oder fühlen, so ist es dieser Lehre zufolge auch etwas anderes, ob wir von Gott berührt werden und ihn fühlen oder ihn von Angesicht zu Angesicht sehen.[5]

Die von Alston ausgewählten Erfahrungsberichte haben – seiner Darstellung nach – drei Dinge gemeinsam: Die Autoren berichten von einem *erfahrungsmäßigen* Bewusstsein von Gott, beschreiben es als ein *unmittelbares* Bewusstsein und halten es für ein Bewusstsein von *Gott*. Um das Besondere einer Erfahrung herauszuarbeiten, kontrastiert Alston das erfahrungsmäßige Bewusstsein mit anderen mentalen Akten oder Zuständen. Wenn er sein Haus sehe, sei dies etwas anderes, als wenn er über sein Haus nachdenke, sich daran erinnere, es sich vorstelle oder darüber urteile. Der Unterschied liege in der Anwesenheit des Gegenstandes und werde zum Beispiel dann greifbar, wenn man mit geschlossenen Augen vor seinem Haus stehend die Augen öffne. Plötzlich zeige sich einem das Haus selbst; es nehme im Gegensatz

---

[5] Die Gottesschau ist nach dieser Tradition den Glückseligen im Himmel vorbehalten. Gleichwohl ist bei den Mystikern immer wieder davon die Rede, dass die „Augen der Seele" Gott sehen. Angela von Foligno schreibt: „And beyond this the soul receives the gift of seeing God. God says to her, 'Behold Me!' and the soul sees Him dwelling within her. She sees Him more clearly than one man sees another. For the eyes of the soul behold a plenitude of which I cannot speak: a plenitude which is not bodily but spiritual, of which I can say nothing. And the soul rejoices in that sight with an ineffable joy; and this is the manifest and certain sign that God indeed dwells in her." ANGELA of FOLIGNO, Livre de l'Expérience des Vrais Fidèles, zitiert in: UNDERHILL, E., Mysticism, 282.

zu vorher einen Platz im Gesichtsfeld ein, und es erscheine einem in seiner Eigenart. Eine Erfahrung zeichnet sich laut Alston dadurch aus, dass sich ein Gegenstand dem Bewusstsein zeigt, dass er ihm gegeben ist. Wenn Menschen von Gotteserfahrungen erzählen, dann komme es genau auf diesen Unterschied an.

„The awareness is *experiential* in the way it contrasts with thinking about God, calling up mental images, entertaining propositions, reasoning, engaging in overt or covert conversation, remembering. Our sources take it that something, namely, God, has been *presented* or *given* to their consciousness, in generically the same way as that in which objects in the environment are (apparently) *presented* to one's consciousness in sense perception."[6]

Laut Alston berichten die Quellen von einer bestimmten Art von Wahrnehmung, die mit der Sinneswahrnehmung das Faktum der Gegebenheit eines Gegenstandes gemeinsam hat, sich dem phänomenalen Gehalt nach aber von dieser unterscheidet. Alston nennt sie ‚mystische Wahrnehmung'. Mystische Wahrnehmung und Sinneswahrnehmung sind seiner Theorie nach zwei Arten von Wahrnehmung. Während man es bei der Sinneswahrnehmung ausschließlich mit sinnlichen Gehalten zu tun habe, seien mystische Wahrnehmungen in der Regel nicht-sinnlicher Natur. Das heißt, es werden normalerweise keine sinnlichen Qualitäten wie Farben, Formen, Laute, Gerüche und dergleichen wahrgenommen. Dies gelte jedoch nicht für Visionen und Auditionen. Man denke an Marienerscheinungen oder an Fälle, in denen Gott zu einem Menschen spricht. Erfahrungen dieser Art seien nicht frei von sinnlichen Gehalten. Im Gegenteil, der sinnliche Gehalt mache die Erfahrung aus.[7] Alston hält Visionen und Auditionen genauso für mystische Erfahrungen wie nicht-sinnliche Erscheinungen Gottes. Gleichwohl ist er der Meinung, dass letztere dem Wesen einer rein

---

[6] ALSTON, W., Perceiving God, 14.

[7] Diese Aussage ist freilich nicht ontologisch, sondern phänomenologisch zu verstehen. Wenn von sinnlichen Qualitäten die Rede ist, dann ist dies eine Aussage über die Art und Weise der Erfahrung, d.h. darüber, wie sich dem Bewusstsein etwas zeigt. Es ist keine Aussage darüber, wie das, was sich zeigt, in sich selbst ist.

geistigen Gottheit eher entsprechen, und so beschränkt er sich in „Perceiving God“ auf nicht-sinnliche Wahrnehmungen Gottes.

Die von Alston zitierten Quellen haben eine weitere Gemeinsamkeit: Sie berichten von einem unmittelbaren oder direkten Bewusstsein von Gott. Alston legt großen Wert auf diese Qualifikation, und um zu verdeutlichen, was genau gemeint ist, unterscheidet er im Hinblick auf die Unmittelbarkeit einer Wahrnehmung drei Grade: absolute Unmittelbarkeit, vermittelte Unmittelbarkeit bzw. direkte Wahrnehmung und mittelbare bzw. indirekte Wahrnehmung. Von absoluter Unmittelbarkeit müsse dann die Rede sein, wenn das Gewahrwerden der Gegenwart Gottes für den Mystiker nicht mehr von seinem Bewusstseinszustand zu unterscheiden sei. In diesen Fällen sei die Subjekt-Objekt-Unterscheidung aufgehoben, und man könne nicht mehr von Wahrnehmung sprechen. Es handle sich hierbei vielmehr um Einheitserfahrungen, bei denen sämtliche Unterscheidungen transzendiert werden.
Eine direkte Wahrnehmung liege dann vor, wenn der Gegenstand *X* durch einen Bewusstseinszustand wahrgenommen werde. Alston spricht deswegen von *vermittelter* Unmittelbarkeit, da der Gegenstand vermittels eines Bewusstseinszustands wahrgenommen wird. Er spricht von *Unmittelbarkeit*, da der Gegenstand durch nichts anderes als einen Bewusstseinszustand wahrgenommen wird. Bei einer indirekten Wahrnehmung werde *X* durch einen anderen Wahrnehmungsgegenstand wahrgenommen. Alston erklärt den Unterschied an einem Beispiel aus der Sinneswahrnehmung: Wenn man einer Person gegenüberstehe, nehme man sie direkt wahr; sehe man die Person dagegen im Spiegel oder im Fernsehen, dann nehme man sie indirekt wahr.
Alston konzentriert sich in „Perceiving God“ ausschließlich auf die zweite der drei Kategorien. Er versteht die von ihm ausgewählten Erfahrungsberichte also im Sinne direkter Wahrnehmung. Der Unterschied zu extremen Einheitserfahrungen bestehe darin, dass Gott als Gegenstand der Erfahrung vom Bewusstsein zu unterscheiden sei. Und im Gegensatz zu Fällen indirekter

Wahrnehmung werde Gottes Gegenwart unmittelbar erfahren. Von indirekter Wahrnehmung spricht Alston, wenn Menschen Gottes Gegenwart in der Schönheit der Natur erfahren, wenn sie seine Stimme in den Worten der Bibel hören, oder auch, wenn sie sein Handeln in den Ereignissen ihres Lebens wahrnehmen.

Die Erfahrungsberichte stimmen laut Alston auch in der Identifikation des wahrgenommenen Gegenstandes überein: Alle Autoren seien der Überzeugung, dass es sich bei der jeweiligen Erfahrung um eine Wahrnehmung *Gottes* gehandelt hat. Alston setzt bei seinen Quellen den Gottesbegriff der abrahamitischen Religionen voraus, wobei er sich mit einer recht vagen Begriffsbestimmung begnügt: Die theistischen Religionen – Judentum, Christentum und Islam – seien sich darin einig, dass Gott der Schöpfer des Alls ist, dass er das Gute ist, die Gerechtigkeit und moralischer Gesetzgeber, dass er mit der Schöpfung eine Absicht verfolgt, und dass er die Menschheit erlöst.

Alston bestimmt das von ihm untersuchte Phänomen also folgendermaßen: Was er untersucht, sind Erfahrungen der Gegenwart Gottes, Erfahrungen, von denen nicht nur die Mystiker, sondern auch andere religiöse Menschen berichten. Deren Beschreibungen folgend fasst Alston diese Erfahrungen als Wahrnehmungen Gottes auf. Es ist ein bestimmter Typ mystischer Erfahrungen, den Alston dabei im Blick hat: Die Erfahrungen sind dadurch gekennzeichnet, dass ihr phänomenaler Gehalt nichtsinnlicher Natur ist. Sie lassen sich als direkte Wahrnehmungen verstehen, also so, dass das Subjekt Gott auf unmittelbare Weise wahrnimmt. Und es handelt sich um Wahrnehmungen *Gottes*, und nicht etwa um Marienerscheinungen oder andere Heiligenvisionen. Alston entwickelt seine Theorie zwar am Beispiel von Gipfelerlebnissen, beschränkt sie jedoch nicht darauf. Man müsse auch bei einem langanhaltenden und weniger intensiven Bewusstsein der Gegenwart Gottes von einer Wahrnehmung sprechen, und nicht nur bei den plötzlichen und überwältigenden Gotteserfahrungen. Zu Alstons Methode lassen sich an dieser Stelle zwei Dinge sagen: Er entwickelt für einen bestimmten Typ mystischer Erfahrungen eine Wahrnehmungstheorie, und er wählt Erfahrungsberichte aus, die eine solche Theorie nahelegen.

1.1.2 Alstons Wahrnehmungstheorie

Alston vertritt im Hinblick auf die Wahrnehmung eine Theorie der Erscheinung. Ehe gezeigt werden kann, wie Alston den Wahrnehmungscharakter von mystischen Erfahrungen herausarbeitet, ist diese Theorie in ihren Grundzügen vorzustellen. Die „Theory of Appearing“ wurde zu Beginn des 20. Jahrhunderts von Hicks, Prichard und Barnes vertreten. Eine recht klare Darstellung findet sich laut Alston in Moores Aufsatz „Some Judgments of Perception“[8]. Die Theorie der Erscheinung knüpft an den Wahrnehmungsbegriff des Common sense an. Sie ist gewissermaßen der Versuch, unser natürliches Verständnis von Wahrnehmung philosophisch auszudrücken und zu reflektieren.
Wenn die Vertreter dieser Theorie von Wahrnehmung sprechen, so meinen sie damit immer die Sinneswahrnehmung. Dass Alston die Theorie der Erscheinung auch auf nicht-sinnliche mystische Erfahrungen anwendet, ist die Eigenheit seines Ansatzes bzw. sein origineller Beitrag. ‚Wahrnehmung’ ist für ihn ein Gattungsbegriff, unter den einerseits die Sinneswahrnehmung, andererseits die (nicht-sinnliche) mystische Wahrnehmung fällt. Gleichwohl hält auch Alston die Sinneswahrnehmung für das Paradigma der Wahrnehmung, und so leitet er seinen Wahrnehmungsbegriff von der Sinneswahrnehmung ab.[9]
Die Theorie der Erscheinung entspricht auch dahingehend dem herkömmlichen Wahrnehmungsbegriff, dass sie diesen realistisch auffasst. Dieser Theorie zufolge wird uns in der Sinneserfahrung ein Gegenstand direkt bewusst; er ist uns unmittelbar gegeben. Diesen direkten Zugang zu den Dingen nehmen wir auch in unserem Alltag an. Weniger populär ist dieser Wahrnehmungsrealismus unter

---

[8] MOORE, G.E., Some Judgments of Perception, in: Philosophical Studies 1922, 244-247.
[9] Vgl. ALSTON, W., Perceiving God, 36, 55.

Philosophen. Seit Kant gilt unser alltägliches Wahrnehmungsverständnis als naiv, und zwar insbesondere deswegen, weil es der Rolle des Verstandes zu wenig Rechnung trägt. Dass an der Wahrnehmung auch unser begriffliches Vermögen beteiligt ist und mit den Begriffen eine vermittelnde Instanz ins Spiel kommt, gilt in der gegenwärtigen Philosophie als Konsens. So verwundert es nicht, dass die Theorie der Erscheinung schnell verworfen wurde und in Vergessenheit geriet.

Wenn Alston diese Theorie wieder aufgreift, dann deswegen, weil er sich dem ‚naiven' Wahrnehmungsverständnis bewusst zuwendet.

> „For S to perceive X is simply for X to appear to S as so-and-so. That is all there is to it. At least that is all there is to the *concept* of perception. Thus the Theory of Appearing is a form of ‚direct' realism, even ‚naive' realism, in that it endorses our spontaneous, naive way of taking sense experience as involving the direct awareness of an object that is presented to consciousness, usually an external physical object. It differs from the most naive conceivable form of realism only in recognizing that what an external object presents itself as may diverge from what that object actually is."[10]

Dass das Subjekt *S* den Gegenstand *X* wahrnimmt, heißt, dass dem Subjekt *S* der Gegenstand *X* als so-und-so erscheint. Nun ist nicht ohne weiteres klar, was ein Wahrnehmungsgegenstand ist. Auch der Begriff ‚Erscheinung' ist schillernd. In welchem Sinn gebraucht Alston diese Begriffe, und wie ist seine Definition zu verstehen? Zunächst ist festzuhalten, dass er sich von einem allzu naiven Realismus distanziert: Wie sich ein Gegenstand zeigt, kann davon abweichen, wie dieser Gegenstand wirklich ist. Alston bringt das Beispiel von dem Stock, der unter Wasser gebogen aussieht, und vom Turm, der aus der Entfernung rund aussieht, obwohl er eigentlich quadratisch ist. Dass ein Gegenstand anders erscheinen kann, als er ist, wissen wir aus Erfahrung. Dies stelle für die Theorie der Erscheinung kein Problem dar.[11]

---

[10] Ebd., 55.

[11] Vgl. ALSTON, W., Back to the Theory of Appearing, in: Philosophical Perspectives 13 (1999), 201f., Anm. 13.

Für die Theorie der Erscheinung sind zwei Dinge wesentlich: Erstens, dass die Erscheinung eines Gegenstandes als fundamentale und nicht weiter analysierbare Relation zwischen Subjekt und Objekt beschrieben wird; zweitens, dass Wahrnehmung als nicht-begriffliche Erkenntnis aufgefasst wird. Wie diese Punkte zu verstehen sind, werde ich im folgenden erläutern. Was es bedeutet, die Erscheinung eines Gegenstandes als fundamentale Relation zwischen Subjekt und Objekt zu sehen, wird am ehesten durch den Vergleich mit alternativen Theorien deutlich:

„Other theories of perception, on the other hand, take the fact of appearing to be complex and analyzable. We can get the best fix on this contrast by noting the following difference between the Theory of Appearing and all its rivals. The former takes the relation of appearing to be constitutive both of sensory experience and the sense perception of objects. That is, it holds that any case of sensory experience, whether veridical or not, has an ‚act-object' structure. [...] My present point is that the Theory of Appearing construes both sense experience itself and the perception of external objects in terms of the same kind of act-object structure. Hence if we ask the question ‚What must be added to a certain visual experience in order for it to be true that S sees a certain tree?', thc answer given by the Theory of Appearing is ‚Nothing, provided that tree is what is appearing to S in that experience'."[12]

Das Zitat macht deutlich, dass es um das Verhältnis von Sinneserfahrung und Gegenstandswahrnehmung geht. Während für die Theorie der Erscheinung eine Sinneserfahrung nichts anderes als Gegenstandswahrnehmung ist, müssen anderen Theorien zufolge bestimmte Bedingungen erfüllt sein, damit eine Sinneserfahrung tatsächlich eine Wahrnehmung ist. Alston nennt diese Theorien ‚externalistisch', da sie die Bedingungen für eine Wahrnehmung außerhalb der Sinneserfahrung suchen. Zu diesen Theorien zählt er zum einen die Theorie der Sinnesdaten, zum anderen die Adverbiale Theorie.

Die Theorie der Sinnesdaten nimmt zwar an, dass sinnliches Bewusstsein auf ein Objekt bezogen ist, sie konstruiert dieses Objekt jedoch völlig anders als die Theorie der Erscheinung.

[12] ALSTON, W., Perceiving God, 56.

Bertrand Russell hat diese Theorie entwickelt, und die Wahrnehmungsgegenstände sind für ihn eben die Sinnesdaten. Dazu gehören „gewisse Farbflecken, Geräusche, Geschmackserlebnisse, Gerüche, etc., mit gewissen raum-zeitlichen Relationen“[13]. Sinnesdaten sind also Wahrnehmungseindrücke und als solche durch drei Dinge gekennzeichnet: Sie sind privat, d.h. zwei Beobachter können nicht dieselben Sinnesdaten wahrnehmen.[14] Wir können uns in Bezug auf sie nicht irren.[15] Und sie haben keine kontinuierliche Existenz zwischen zwei zeitlich unterbrochenen Wahrnehmungen.

Dass zwei Personen vor demselben Tisch stehen und diesen dennoch unterschiedlich wahrnehmen, scheint plausibel. Wahrnehmungseindrücke hängen von verschiedenen Faktoren ab, vom Standpunkt des Beobachters, von dessen neurophysiologischem Zustand und von dessen Aufmerksamkeit. Nie werden sich bei zwei Beobachtern alle Faktoren decken – sie können z. B. nicht zur selben Zeit an demselben Ort sein. Und so werden sie nie denselben Wahrnehmungseindruck haben. Die These von der Irrtumsfreiheit macht deutlich, was Russell mit Sinnesdaten meint: Wahrnehmungseindrücke und nicht die Gegenstände der Außenwelt. Nach Russell nehmen wir nur Sinnesdaten wahr, nicht aber die Gegenstände der Außenwelt. Letztere erschließen wir uns aufgrund der Sinnesdaten. Wenn wir also einen Hund sehen, wo in Wirklichkeit ein Stein ist, dann täuschen wir uns nicht über den Wahrnehmungsgegenstand, sondern über das, was wir aufgrund des Sinnesdatums erschließen.

Der so verstandene Wahrnehmungsgegenstand ist gänzlich subjekt- und situationsabhängig. Vor diesem Hintergrund wird dann auch der dritte Punkt verständlich, dass Sinnesdaten keine kontinuierliche

---

[13] RUSSELL, B., Sense-data, 108, zitiert in: CARL, Wolfgang, Bertrand Russell, in: SPECK, J. (Hg.), Grundprobleme der großen Philosophen, 254.

[14] Vgl. RUSSELL, B., Knowledge, 83; Sense-data, 114, zitiert in: CARL, Wolfgang, Bertrand Russell, in: SPECK, J. (Hg.), Grundprobleme der großen Philosophen, 257.

[15] Vgl. RUSSELL, B., Knowledge, 93, zitiert in: CARL, Wolfgang, Bertrand Russell, in: SPECK, J. (Hg.), Grundprobleme der großen Philosophen, 255.

Existenz haben. Wenn wir um einen Tisch herumgehen, dann nehmen wir laut Russell „eine Reihe allmählich sich ändernder sichtbarer Gegenstände“[16] wahr. Mit jeder Änderung der Umstände – sei es die Perspektive des Beobachters, seien es die äußeren Verhältnisse – ändert sich der Wahrnehmungsgegenstand. Und wieder wird deutlich, dass Russell mit den Wahrnehmungsgegenständen nicht die Gegenstände der Außenwelt meint. Und genau darin unterscheidet sich die Theorie der Sinnesdaten von der Theorie der Erscheinung, die unter einem Wahrnehmungsgegenstand ein ‚externes' oder subjektunabhängiges Objekt versteht.[17]

Die andere ‚externalistische' Theorie ist die sogenannte Adverbiale Theorie. Diese Theorie fasst die Sinneserfahrung als Bewusstseinszustand auf, aber nicht als Gegenstandsbewusstsein. Die Sinneserfahrung wird allein von der Art und Weise des Bewusstseinszustands her bestimmt – etwa im Vergleich zum Denken oder Fühlen. Im Gegensatz zur Theorie der Erscheinung und zur Sinnesdatentheorie wird dieser Bewusstseinszustand nicht als ein Bewusstsein *von* etwas beschrieben, sondern eben schlicht und einfach als Bewusstseinszustand. Die Gegenstände der Außenwelt spielen für den Begriff der Sinneserfahrung also ebenso wenig eine Rolle wie bei der Theorie der Sinnesdaten.

Nach Alston koppeln beide Theorien die Gegenstände der Außenwelt von der Sinneserfahrung ab. Das heißt, sie liefern eine Darstellung der Sinneserfahrung, die von den Gegenständen der Außenwelt unabhängig ist.

„It is clear that both the adverbial and the sense datum theories of perceptual consciousness require additional conditions for external object perception. I can be conscious in a certain way, and I can be aware of certain sense-data, without perceiving any external physical object. That consciousness, or myself as a bearer of that consciousness, must be in an appropriate sort of relation to

---

[16] RUSSELL, B., Knowledge, 84, zitiert in: CARL, Wolfgang, Bertrand Russell, in: SPECK, J. (Hg.), Grundprobleme der großen Philosophen, 261.

[17] Zur Theorie der Sinnesdaten vgl. die Darstellung von Wolfgang Carl in: SPECK, J. (Hg.), Grundprobleme der großen Philosophen, 254-266.

the tree if it is to be the case that I see the tree, by virtue of enjoying that sensory consciousness. [...] What sort of relation will do the trick? Two have been stressed in the history of the subject: causal and doxastic, mostly the former. Some theorists have tried to work out some form of the view that to perceive a tree in having experience, E, is for the tree to play a certain causal role in the production of E. Others have started from the idea that what one perceives in having E is what E leads one to form beliefs about.“[18]

Während für die Theorie der Erscheinung die Sinneserfahrung eine notwendige und hinreichende Bedingung für die Wahrnehmung eines Gegenstandes[19] ist, müssen bei externalistischen Theorien neben der Sinneserfahrung noch andere Bedingungen erfüllt sein. Eine solche Bedingung könnte eine kausale oder eine doxastische sein. Im ersten Fall würde man dann von einer Wahrnehmung sprechen, wenn der Gegenstand *X* die Sinneserfahrung *E* verursacht, im zweiten Fall, wenn aufgrund oder im Zuge der Sinneserfahrung Überzeugungen über den Gegenstand *X* gebildet werden.
Gegen den ersten Ansatz wendet Alston ein, dass eine kausale Relation das Gegenstandsbewusstsein nicht ersetzt. Dass *X* an der Entstehung von *E* beteiligt ist, heiße keineswegs, dass die betreffende Person *X sehe*. Von einem Sehen könne nur dann die Rede sein, wenn *X* sich dem Bewusstsein zeige. Nun leugnet Alston nicht die kausalen Bedingungen einer Sinneserfahrung. Aber er bestreitet, dass diese für die Gegenstandswahrnehmung konstitutiv sind. Wenn man einen Baum sieht, lassen sich eine Reihe von Faktoren ausmachen, die diese Wahrnehmung verursachen: Das vom Baum reflektierte Licht trifft auf die Retina, von wo aus neuronale Signale an das Gehirn weitergeleitet werden, die schließlich zu der betreffenden Wahrnehmung führen. Die Wahrnehmung hat eine Ursachenkette, und dennoch sagen wir nur von dem Baum, dass wir ihn sehen. Anders ausgedrückt: Eine Wahrnehmungstheorie kommt nach Alston nicht um den Begriff des Gegenstandsbewusstseins bzw. der Erscheinung eines

[18] ALSTON, W., Back to the Theory of Appearing, in: Philosophical Perspectives 13 (1999), 193.
[19] ‚Gegenstand' meint hier einen Gegenstand der Außenwelt.

Gegenstandes herum. Auch die Annahme einer doxastischen Relation ziele an dem vorbei, was wir mit Wahrnehmung meinen. Zwar seien Wahrnehmungen tatsächlich eine Quelle von Überzeugungen, aber die Überzeugungsbildung sei nicht das, was eine Wahrnehmung ausmacht.

Nach Alstons Darstellung beschreiben externalistische Theorien die Sinneserfahrung, ohne den Bezug zu den Gegenständen der Außenwelt zu berücksichtigen. Für den Wahrnehmungsbegriff müssen sie diesen Bezug dann gewissermaßen im nachhinein postulieren, während die Theorie der Erscheinung ihn von vornherein annimmt. Nach der Theorie der Erscheinung hat die Sinneserfahrung eine relationale Struktur, d.h. sie ist immer schon auf ein Objekt bezogen. Nun haben die Vertreter externalistischer Theorien natürlich auch Gründe für ihre Position. Und ein wesentlicher Grund für das Ausklammern des Objektbezugs besteht darin, dass die Sinneserfahrung kein Garant für eine echte Wahrnehmung ist. Das heißt, die Sinneserfahrung kann dieselbe sein, ob wir nun tatsächlich einen Gegenstand wahrnehmen oder nur scheinbar. Das Erkennen eines Objekts scheint mit der Sinneserfahrung allein nicht gegeben zu sein.

Als Beispiel einer Sinnestäuschung bringt Alston das Beispiel von Macbeths Dolch:

„Is this a dagger which I see before me,
The handle toward my hand? Come, let me clutch thee:
I have thee not, and yet I see thee still.“[20]

Macbeth halluziniert, er sieht einen Dolch, wo keiner ist. Nach externalistischen Theorien nimmt Macbeth nichts wahr, und dennoch kann man seine Erfahrung beschreiben. Für Alstons Theorie sind Halluzinationen ein Problem, denn unterstellt man, dass die Sinneserfahrung eine Akt-Objekt-Struktur hat, also immer gegenstandsbezogen ist, was soll dann im Fall von Macbeths Dolch das Objekt sein? Alston macht einige Vorschläge: Das Objekt könnte in diesem Fall die Luft sein, wo der Dolch zu sein scheint,

---

[20] SHAKESPEARE, Macbeth, Act II, scene 1.

oder der räumliche Bereich, den der Dolch einnimmt. Man könnte auch den Teil des Gehirns, der für die Erscheinung verantwortlich ist, für das Objekt halten. Am plausibelsten sei jedoch die Annahme, dass Macbeth ein mentales Bild wahrnimmt. Mit mentalen Bildern führt Alston eine neue ontologische Kategorie ein. Er muss dies tun, will er die These vom Objektbezug sinnlicher Erfahrung nicht aufgeben.

Im folgenden wende ich mich dem zweiten Grundzug von Alstons Wahrnehmungstheorie zu, der These, dass Wahrnehmung eine nicht-begriffliche Erkenntnisart ist. Allein schon aufgrund des Gegenstandsbezugs hält Alston eine Sinneserfahrung für einen kognitiven Akt. Er grenzt Wahrnehmungen einerseits von Erkenntnisarten ab, die nicht der Erfahrung angehören, wie Vorstellung, Erinnerung oder abstraktes Denken. Was diese Bewusstseinsformen zu einer Erkenntnis mache, sei der Gegenstandsbezug. Andererseits grenzt Alston Wahrnehmungen von Erfahrungen ab, in denen kein Gegenstand gegeben ist, wie etwa dem Gefühl der Niedergeschlagenheit.[21] Gefühle haben nach Alston keinen kognitiven Gehalt; er hält sie für rein subjektive Empfindungen.[22]

Dass Wahrnehmung eine nicht-begriffliche Erkenntnisart ist, begründet Alston in erster Linie phänomenologisch. Alston bringt folgendes Beispiel: Er ist am Fenster seines Arbeitszimmers und stellt sich mit geschlossenen Augen seinen Vorgarten vor. Er erinnert sich an die Bäume in seinem Garten. Er fragt sich, ob gerade Eichhörnchen und Rotkehlchen draußen sind. Er nimmt an, dass sein Nachbar auf der anderen Seite der Straße in seinem Garten arbeitet. Das heißt, er bildet verschiedene propositionale Meinungen darüber, was vor ihm ist oder vor ihm sein könnte. Dann öffnet er die Augen und schaut. Seine kognitive Situation ist nun eine völlig andere. Während er zuvor über die Bäume, Eichhörnchen, Häuser, usw. nur nachdachte, zeigen sich ihm diese Dinge nun unmittelbar.

---

[21] Vgl. ALSTON, W., Perceiving God, 37.

[22] Vgl. ebd., 16, Anm.5.

Sie sind ihm gegenwärtig, während er es vorher nur mit Propositionen *über* sie zu tun hatte.
An dieser Szene werde deutlich, worin sich die Wahrnehmung von anderen Erkenntnisarten unterscheidet. Das Spezifikum der Wahrnehmung liegt nach Alston nicht im begrifflichen Aspekt einer Wahrnehmungserfahrung, sondern im nicht-begrifflichen Gegenstandsbewusstsein.[23] Die nicht-begriffliche Erkenntnis von Gegenständen der Außenwelt ist das, was Alston zufolge die Wahrnehmung ausmacht.[24] In „Perceiving God" schreibt Alston:

> „Let me say a bit more about this relationship that from the side of the subject is called *direct awareness* and from the side of the object is called *presentation*, *givenness*, or *appearance*. It is a mode of cognition that is essentially independent of any conceptualization, belief, judgment, or any other application of general concepts to the object, though it typically exists in close connection with the latter. [...] As I see it, for something to *look* red to me is not the same as for me to *take* it to be red, *construe* or *conceptualize* it as red, even though its looking red typically evokes those reactions if the subject has the conceptual equipment so to react."[25]

Nun leugnet Alston nicht, dass die Wahrnehmung normalerweise durch unsere Begriffe strukturiert wird. Er veranschaulicht dies am Beispiel mit dem Vorgarten: Wenn man aus dem Fenster hinausschaue, dann seien unsere Begriffe von einem Haus, einem Baum, von Gras, von einem Gehsteig, usw. maßgeblich an der Wahrnehmung beteiligt. Sie seien für die Wahrnehmung strukturbildend. Von daher könne man sagen, dass Wahrnehmung typischerweise eine Anwendung von Begriffen sei. Zumindest bei Erwachsenen gelte dies in hohem Maße. Anders sei es bei Säuglingen und bei Erwachsenen in Zuständen reduzierter geistiger Aktivität. Alston hält es zumindest für sehr wahrscheinlich, dass deren Wahrnehmung frei von Begriffen ist.

---

[23] Vgl. ALSTON, W., Back to the Theory of Appearing, in: Philosophical Perspectives 13 (1999), 186.
[24] Vgl. ebd., 184.
[25] ALSTON, W., Perceiving God, 37.

Alston leugnet auch nicht, dass unser Begriffsschema und unsere Überzeugungen den Charakter einer Sinneserfahrung beeinflussen können. Sein Haus erscheine ihm heute, da er schon so lange darin wohne, anders als zu dem Zeitpunkt, wo er es zum ersten Mal sah. Die Vertrautheit wirke sich auf die Wahrnehmung aus. Ähnlich sei es bei komplexen musikalischen Kompositionen. Sie hörten sich vollkommen anders an, wenn man gelernt habe, Motive zu erkennen und deren Entwicklung mitzuverfolgen.

Alston leugnet also nicht, dass Begriffe in die Wahrnehmung hineinspielen oder sich auf diese auswirken können. Wogegen Alston sich wendet, ist ein Konzeptualismus, der die Wahrnehmung auf begriffliches Erkennen reduziert bzw. mit begrifflichem Erkennen gleichsetzt. Wenn ein Gegenstand rot aussehe, dann bedeute dies nicht, dass man ihn für rot halte. Das Besondere der Wahrnehmung liege in der Erscheinung des Gegenstandes, und diese sei von Begriffen, Urteilen und Überzeugungen unabhängig. Alston grenzt sich damit von Kant und seinen Nachfolgern ab, denen zufolge Begriffe für die Wahrnehmung konstitutiv sind.[26]

Eine solche Position wird zum Beispiel von John Hick vertreten, für den jede Wahrnehmung begrifflich vermittelt ist. Insofern etwas immer *als etwas* wahrgenommen werde, sei jede Wahrnehmung schon Interpretation. Etwas so-und-so wahrzunehmen, bedeute, es für so-und-so zu halten.[27] Dem hält Alston entgegen, dass die Wahrnehmung als solche keine Interpretationsleistung sei. Eine Interpretation setze eine Wahrnehmung vielmehr voraus, und von daher könne sie gar nicht mit dieser identisch sein.

„I cannot agree that to perceive a house *is* to interpret our experience as manifesting a house, or to take what is experienced as being a house. To perceive a house is for a house to be directly presented to one's experience, to

---

[26] Vgl. ALSTON, W., Back to the Theory of Appearing, in: Philosophical Perspectives 13 (1999), 184-187.

[27] HICK entfaltet diese Position in „Faith and Knowledge". ALSTON diskutiert sie in: Perceiving God, 26ff.

look a certain way to one if it is visual perception. And any sort of interpretation is something over and above that.“[28]

Konzeptualistisch ist auch die Position von Wayne Proudfoot, der die These vertritt, dass Erfahrungen deswegen nicht unabhängig von Begriffen sind, weil wir sie nur begrifflich identifizieren können. Dies werde zum Beispiel von Schleiermacher übersehen, der die Frömmigkeit einerseits als nicht-begriffliche Erfahrung betrachte, andererseits Kriterien für die Identifikation dieser Erfahrung angebe. Da diese Kriterien – der Bezug zu Gott, zum Unendlichen oder zum Ganzen – nur begrifflich sein können, könne Schleiermacher nicht konsistenterweise behaupten, das Gefühl der Frömmigkeit sei vom Denken und von den Begriffen unabhängig.[29] Alston hält Proudfoots Argument für einen Fehlschluss: Denn aus der Tatsache, dass die Identifikation von etwas immer begrifflich sei, folge nicht, dass das, *was identifiziert wird*, begrifflich sei – in diesem Fall: die Erfahrung.[30]
Eine letzte konzeptualistische Position sei noch genannt, die von Wilfrid Sellars.[31] Sellars analysiert den Satz „X sieht für Jones grün aus“ und damit die hinter ihm stehende Erfahrung völlig anders als Alston. Während Alston die betreffende Erfahrung als nicht-begriffliche Beziehung zwischen Subjekt und Objekt betrachtet, sieht Sellars in der Erfahrung sehr wohl einen propositionalen Gehalt. Dieser werde durch den Satz „X sieht für Jones grün aus“ zum Ausdruck gebracht. Der Satz „Jones sieht, dass X grün ist“ schreibe der Erfahrung denselben propositionalen Gehalt zu, unterscheide sich von dem ersten aber dahingehend, dass er diesen propositionalen Gehalt auch behaupte. Sellars im Wortlaut:

„Now the suggestion I wish to make is, in its simplest terms, that the statement ‚X looks green to Jones’ differs from ‚Jones sees that X is green’ in that

[28] ALSTON, W., Perceiving God, 28.
[29] Vgl. PROUDFOOT, W., Religious Experience, 13-18.
[30] Vgl. ALSTON, W., Perceiving God, 40f.
[31] Alston setzt sich mit ihm in seinem Artikel „Sellars and the ‚Myth of the Given’“ auseinander. Siehe ALSTON, W., Sellars and the ‘Myth of the Given’, in: Philosophy and Phenomenological Research 65 (2002), 69-86.

whereas the latter both ascribes a propositional claim to Jones's experience and *endorses it*, the former ascribes the claim but does not endorse it. This is the essential difference between the two, for it is clear that two experiences may be identical *as experiences*, and yet one be properly referred to as a *seeing that* something is green, and the other merely as a case of something's *looking* green."[32]

Nach Sellars haben Wahrnehmungserfahrungen also eine propositionale Struktur. Alston entgegnet, dass Sellars aus seiner Analyse genau diese Schlussfolgerung nicht ziehen könne. Denn selbst wenn Sellars Analyse der oben genannten Sätze stimme, so folge daraus nicht, dass eine Wahrnehmungserfahrung eine propositionale Struktur habe. Alston unterstellt Sellars also, dass er die Begriffsebene und die Sachebene verwechsle. Die prädikative Struktur von Erfahrungssätzen sei kein Hinweis darauf oder gar Beleg dafür, dass Wahrnehmungen eine prädikative Struktur hätten.[33]

1.1.3 Die Analyse mystischer Erfahrungen

Wenn von ‚Wahrnehmung' die Rede ist, so ist damit eigentlich immer die Sinneswahrnehmung gemeint. Dies gilt sowohl von der Alltagssprache als auch von philosophischen Theorien. Um nicht-sinnliche mystische Erfahrungen als Wahrnehmungen beschreiben zu können, braucht Alston einen Wahrnehmungsbegriff, der von sinnlichen Gehalten abstrahiert. Mit seiner Formulierung der Theorie der Erscheinung legt Alston einen formalen Wahrnehmungsbegriff zugrunde – also einen Wahrnehmungs-

---

[32] SELLARS, W., Empiricism and the Philosophy of Mind, in: Science, Perception and Reality, 145.

[33] Vgl. ALSTON, W., Sellars and the ‚Myth of the Given', in: Philosophy and Phenomenological Research 65 (2002), 79.
Die Frage ist jedoch, ob Sellars tatsächlich eine Schlussfolgerung zieht oder nicht vielmehr die propositionale Struktur von Wahrnehmungserfahrungen voraussetzt. In diesem Fall würde er die Begriffsebene und die ontologische Ebene nämlich nicht verwechseln; er würde in Bezug auf die Frage, ob Wahrnehmungen begrifflich strukturiert sind oder nicht, lediglich eine andere These vertreten als Alston.

begriff, der von der Art des phänomenalen Gehalts absieht. Ich verweise auf seine Definition von Wahrnehmung: „Dass das Subjekt S den Gegenstand X wahrnimmt, heißt, dass dem Subjekt S der Gegenstand X als so-und-so erscheint."[34] Diese Definition lässt offen, welcher Art die phänomenalen Eigenschaften eines Gegenstandes *X* sind. Das macht sie für sinnliche und nicht-sinnliche Wahrnehmungen gleichermaßen anwendbar.

Alston bestimmt Wahrnehmung als Erscheinung eines Gegenstandes *X*, wobei der Gegenstand *X* dem Bewusstsein auf eine bestimmte Art und Weise erscheint. Damit sind die festen Größen seines Wahrnehmungsbegriffs genannt: das Objekt der Wahrnehmung und dessen phänomenale Eigenschaften. Ehe ich zeige, wie Alston die Theorie der Erscheinung auf mystische Erfahrungen anwendet, möchte ich noch auf das Verhältnis von sinnlicher und mystischer Wahrnehmung bei Alston eingehen. In der Tat seien beide Formen von Wahrnehmung sehr verschieden, nicht nur im Hinblick auf den phänomenalen Gehalt. Wenn wir wach sind, nehmen wir fortwährend und unausweichlich mit den Sinnen wahr. Dies gelte nicht von der mystischen Wahrnehmung, die außer für sehr wenige Menschen ein seltenes Phänomen sei. Während die Sinneswahrnehmung reich an Informationen sei, sei eine Gotteserfahrung dunkel und unklar. Und während die Sinneswahrnehmung von allen Menschen geteilt werde, sei die Erfahrung Gottes keineswegs universal. Doch trotz dieser Unterschiede seien Sinneswahrnehmung und das, was Alston ‚mystische Wahrnehmung' nennt, der Gattung nach identisch.[35]

Wie wendet Alston die Theorie der Erscheinung auf mystische Erfahrungen an? Alstons Wahrnehmungsbegriff legt eine Beantwortung dieser Frage in zwei Schritten nahe. Erstens ist zu klären, wie er im Zusammenhang mit mystischen Erfahrungen den Objektbegriff versteht. Zweitens ist nach den phänomenalen Qualitäten einer mystischen Erfahrung zu fragen. Beim Vergleich der Wahrnehmungstheorien zeigte sich bereits, dass der

[34] ALSTON, W., Perceiving God, 55.
[35] Vgl. ebd., 36.

Objektbegriff ganz unterschiedlich gebraucht wird. Russell versteht unter einem Wahrnehmungsgegenstand ein Sinnesdatum, also einen subjektiven Wahrnehmungseindruck. Alston versteht darunter einen Gegenstand der Außenwelt – jedenfalls in der Regel. Im Fall von Halluzinationen betrachtet er mentale Bilder als die Gegenstände der Wahrnehmung. Die Erscheinung eines Gegenstandes ist für Alston eine nichtintentionale Relation, das Wahrgenommene folglich kein intentionaler Bezugsgegenstand, sondern eine ontologische Entität.

„Moreover, appearance is a nonintentional relationship by any of the usual tests. X can't appear to me unless it exists; and if X appears to me and X = Y, it follows that Y appears to me."[36]

Das Gegenstandsbewusstsein impliziert nach Alston die Existenz des wahrgenommenen Gegenstands. Etwas kann einem nur dann erscheinen, wenn es auch existiert. Nun muss der Wahrnehmungsgegenstand nach Alston nicht zwangsläufig bewusstseinsunabhängig sein – mentale Bilder sind Gegenstände des Bewusstseins und nicht der Außenwelt. Was Alston mit der nichtintentionalen Relation meint, ist, dass der Wahrnehmungsgegenstand nicht vom Bewusstsein hervorgebracht oder konstituiert wird.[37]

---

[36] Ebd., 37. Vgl. auch ebd., 56.

[37] Vgl. ALSTON, W., Back to the Theory of Appearing, in: Philosophical Perspectives 13 (1999), 191. Alston diskutiert den ontologischen Status mentaler Bilder:

„It is currently popular to eschew commitment to mental images, and that for a variety of reasons. A recognition of mental images is incompatible with materialism and/or with ontological economy. An attempt to characterize them gives rise to many of the same puzzles as those familiarly associated with sense-data. We can account for everything without them. It is incoherent to suppose that something can be both a genuine object of awareness and also existentially dependent on awareness. And so on. I don't have space here to go into these issues properly, but I will make two brief points about this list of objections. With respect to the last, *even if a mental image is existentially mind-dependent, there is no reason to regard it as generated by the awareness of which it is the object.*" [Hervorhebung, M.W.]

Der Begriff ‚ontologische Entität' ist naturgemäß unspezifisch. Dass darunter sowohl die Gegenstände der Außenwelt fallen als auch mentale Bilder, wurde bereits deutlich. Um Alstons Objektbegriff noch schärfer in den Blick zu bekommen, möchte ich eine weitere Stelle zu Rate ziehen. Sie stammt aus einem Aufsatz, in der sich Alston mit Sellars Kritik am Begriff der Gegebenheit auseinandersetzt.

„It is fortunate, for me, that Sellars does not confine his attack on the given to attacking sense-datum theory. If he had, this paper would be very short for I hold no brief for sense-data, and, indeed, I find most of Sellars' criticisms thereof to be well taken. I heartily agree that it is important to distinguish direct awareness of particulars from immediate knowledge of facts, though I doubt that many sense datum theorists were guilty of conflating them. Moreover, I am not at all disposed to defend the idea that there is an immediate, non-conceptual awareness of *facts*; I agree that there is no non-conceptual *knowledge that so-and so.* [...] But then where do I dissent from Sellars' attack on the given? It comes over the question of whether we have a direct (nonconceptual) awareness of particulars, one that constitutes a kind of *cognition* of a nonconceptual, nonpropositional sort. Sellars, as I read him, is concerned to deny this, though he never says so in so many words [...] Indeed, it is not clear to me whether Sellars wishes to deny all nonconceptual awareness of particulars. He does make it crystal clear that he rejects any nonconceptual awareness of *sorts*, and, depending on what counts as an ‚awareness of sorts', I am not disposed to disagree with him on that."[38]

In dem Zitat ist von verschiedenen ontologischen Kategorien die Rede: von Tatsachen, von Arten und von ‚particulars', also Einzelheiten. Alston stimmt mit Sellars darin überein, dass weder Tatsachen noch Arten Gegenstand einer nicht-begrifflichen Erkenntnis sein können. Im Gegensatz zu Sellars behauptet Alston jedoch die nicht-begriffliche Erkenntnis von Einzelheiten. Dies trägt einiges zur Klärung von Alstons Objektbegriff bei: Er meint mit Objekten offensichtlich Einzelheiten.[39] Klassische Beispiele für

---

[38] ALSTON, W., Sellars and the ‚Myth of the Given', in: Philosophy and Phenomenological Research 65 (2002), 70f.

[39] Vgl. auch ALSTON, W., Perceiving God, 37, wo es heißt: „This concept of the direct awareness of objects (particulars), though it has had a long and

Einzelheiten aus dem Bereich der Sinneswahrnehmung wären dreidimensionale physikalische Gegenstände wie Bäume, Häuser, Tische, Stühle und dergleichen. Auch der von Macbeth halluzinierte Dolch wäre Alston zufolge eine Einzelheit.[40] Von Alstons Beispielen her wäre es wohl auch gerechtfertigt, von Einzel*dingen* zu sprechen.[41]

Wenn Alston von den Objekten der Wahrnehmung spricht, dann hat er also Einzelheiten bzw. Einzeldinge vor Augen. Was er ontologisch ‚particulars' nennt, nennt er phänomenologisch ‚items'[42]. Alston spricht von den „items in the visual field"[43] oder den „items in the phenomenal field"[44] – er meint mit ‚item' also das, was sich im Gesichtsfeld oder allgemeiner im Wahrnehmungsfeld als einzelner Gegenstand ausmachen lässt. Beim Blick aus dem Fenster nimmt man eine ganze Szene wahr; aber es gibt Dinge, die sich von diesem szenischen Hintergrund abheben, die Bäume, das Haus gegenüber, die Vögel, usw. Dies sind bei Alston die Gegenstände der Wahrnehmung: konkrete Entitäten, die sich von ihrer Umgebung abgrenzen.

Im Fall von mystischen Erfahrungen ist das Objekt der Wahrnehmung Gott – so jedenfalls versteht Alston die Berichte der

---

illustrious history, has been subjected to severe criticism by the nineteenth-century idealists and their pragmatist epigoni [...]."

[40] Vgl. Alstons Beispiele in: Sellars and the ‚Myth of the Given', in: Philosophy and Phenomenological Research 65 (2002), 72; Back to the Theory of Appearing, in: Philsoophical Perspekctives 13 (1999), 184, 191f.

[41] In der Tat halte ich den Ausdruck ‚Einzelding' für treffender. Der deutsche Ausdruck ‚Einzelheit' wird meistens gleichbedeutend mit ‚Detail' gebraucht. Diese Bedeutung hat der Ausdruck ‚particulars' bei Alston jedoch nicht; er meint damit klar abgrenzbare, individuierbare Gegenstände. Aber auch die Übersetzung mit ‚Einzelding' ist nicht ganz unproblematisch, da sie den Dingbegriff ins Spiel bringt. Der Ausdruck ‚particulars' muss jedoch nicht unbedingt in diesem Sinn gelesen werden.

[42] Das deutsche Wort für ‚item' ist ebenfalls ‚Einzelheit'.

[43] Vgl. ALSTON, W., Perceiving God, 36f.; Sellars and the ‚Myth of the Given', in: Philosophy and Phenomenological Research 65 (2002), 73.

[44] Vgl. ALSTON, W., Perceiving God, 31.

Mystiker. Nun ist die Rede von Gott als dem Objekt der Wahrnehmung keineswegs unumstritten. Ein Kritiker dieser Redeweise ist zum Beispiel Paul Tillich. Tillich zufolge wird der Objektbegriff in dreierlei Bedeutung gebraucht: Erstens sei damit im Bereich der Erkenntnis all das gemeint, worauf ein kognitiver Akt gerichtet sei, sei dies nun Gott oder ein Stein, das eigene Selbst oder eine mathematische Definition. In der Logik verstehe man unter einem Objekt bzw. Gegenstand das, worüber eine Aussage gemacht wird. Dieser zweiten Bedeutungsebene könne der Theologe nicht entkommen, denn sobald er von Gott rede, mache er ihn zum Gegenstand im logischen Sinne des Wortes. Tillich sieht die Gefahr, dass man von der Form der prädikativen Aussage zu ontologischen Annahmen verleitet wird. Wenn man Gott in die Subjekt-Objekt-Struktur des Seins bringe, höre er auf, der Grund des Seins zu sein und werde ein Wesen unter anderen. Gott sei jedoch immer *Subjekt*, nie Objekt in einem ontologischen Sinn. Die dritte Bedeutung von ‚Objekt' sei die des Dinges.[45] Alston ordnet seinen Gegenstandsbegriff folgendermaßen ein:

„Using Tillich's terminology, I am thinking of God as an *object* of perception only in the ‚logical' sense. A term like ‚object' may have connotations that are inappropriate in this context, but these connotations do not constitute any part of its meaning. In thinking of God as an ‚object' of experience, I am not suggesting that God is simply ‚one being alongside others' (He is quite a special being), much less that He is a lifeless, inanimate *thing* that passively allows Himself to be scrutinized. On the contrary, He is a supreme personal being with Whom we are in personal interaction and Who is eminently active in our lives. Nor does speaking of God as an object of experience (or even as an ‚item' in the phenomenal field) imply that He is there *alongside* others. [...] That may or may not be the case. He could be an object of experience in the basic sense in question even if He is the only thing of which we are aware when we are aware of Him. In short, to say that God is the *object* of some experience implies no more than that some people sometimes experience God,

---

[45] Vgl. TILLICH, P., Systematic Theology, 191f. Alston bezieht sich auf diese begriffliche Unterscheidung in Perceiving God, 30f.

are experientially aware of him, that sometimes God presents Himself to our experience."[46]

Dass Alston den Gegenstandsbegriff in Bezug auf Gott nur im logischen Sinne des Wortes gebraucht, halte ich für ein Lippenbekenntnis. Freilich ist klar, dass die dritte Bedeutung des Wortes auszuschließen ist. Aber alles, was zu Alstons Wahrnehmungsbegriff bisher gesagt wurde, deutet darauf hin, dass er den Gegenstandsbegriff in der ersten – der kognitiven – Bedeutung verwendet. Es genügt, an die zwei Grundpfeiler seiner Wahrnehmungstheorie zu erinnern: Erstens definiert Alston die Erscheinung eines Gegenstandes als irreduzible Relation zwischen Subjekt und Objekt, wobei das Objekt als konkrete Entität zu verstehen ist. Zweitens fasst er Wahrnehmung als nicht-begriffliche *Erkenntnis* eines Gegenstandes auf. Es geht bei Alston um wahrnehmbare und erkennbare Gegenstände, nicht um den Satzgegenstand einer prädikativen Aussage. Um diesen geht es erst in zweiter Linie.

Dass Alston den Objektbegriff in seiner kognitiven Bedeutung gebraucht, bestätigt sich im übrigen wenige Zeilen später. Alston hegt den Verdacht, dass diejenigen, die die Rede von Gott als einem Gegenstand der Erfahrung ablehnen, eigentlich an der Existenz Gottes zweifeln.

„If that is what is behind the objection to object-talk, then there is a real issue, and a crucial issue, between us. My talk of God as an object of experience does definitely presuppose that God exists as an objective reality, indeed that He is maximally real. And on this point I am in agreement with the people on whose experiential reports I am relying."[47]

Diese Aussagen gehen über die logische Bedeutung des Gegenstandsbegriffs weit hinaus. Der Gegenstandsbegriff hat bei Alston eine ontologische Bedeutung. Dies gilt offensichtlich nicht nur für die Gegenstände sinnlicher Wahrnehmung, sondern auch für die Wahrnehmung der göttlichen Realität.

---

[46] ALSTON, W., Perceiving God, 31.
[47] Ebd., 31.

Nach der Bestimmung von Alstons Gegenstandsbegriff wende ich mich nun dem phänomenalen Gehalt von mystischen Erfahrungen zu. Was sind überhaupt die phänomenalen Eigenschaften eines Gegenstandes? Der Begriff des Phänomenalen wird üblicherweise und auch bei Alston im Gegensatz zum Begriff des Objektiven gebraucht.[48] Beziehen sich die phänomenalen Eigenschaften darauf, wie einem ein Gegenstand *erscheint*, so beziehen sich die objektiven Eigenschaften darauf, wie ein Gegenstand ist. Zu den phänomenalen Eigenschaften sinnlicher Gegenstände zählen Farben, Formen, Laute, Gerüche sowie geschmackliche und erfühlbare Qualitäten. Die phänomenale Beschreibung eines Gegenstandes geht von unserer Erfahrung aus, davon, wie wir Gegenstände empfinden, oder wie sie auf uns wirken. Eine objektive Beschreibung zielt dagegen auf die substantiellen Eigenschaften eines Gegenstandes – auf diejenigen Eigenschaften, die ihm unabhängig von unserer Erfahrung zukommen. Das wären zum Beispiel die physikalischen oder chemischen Eigenschaften eines Gegenstandes.

Alston behauptet nun, dass mystische Erfahrungen einen besonderen phänomenalen Gehalt haben. Er geht also davon aus, dass es bei mystischen Erfahrungen eine Entsprechung zu dem gibt, was bei sinnlichen Erfahrungen die Farben, Formen, Laute, Gerüche, usw. sind. Nun scheint Alstons Modell jedoch nicht ohne weiteres auf die Beschreibungen der Mystiker zu passen. Die Mystiker berichten davon, dass sie Gott in seiner Güte, Macht, Liebe oder Weisheit erfahren haben. Sie berichten, dass Gott zu ihnen gesprochen hat, ihnen vergeben oder sie gestärkt hat. Die Mystiker beschreiben ihre Erfahrungen, indem sie von Gottes Eigenschaften und seinem Handeln reden. Aber besondere phänomenale Qualitäten lassen sich in ihren Berichten nicht ausmachen.

[48] Vgl. ebd., 44ff.

„How can something present itself to one's experience as good or powerful, or as strengthening or forgiving one, in the same sense as that in which it can be experienced as red, round, acrid, or bitter? It looks as if the subject was expecting to be aware of God and hence took herself to be aware of a being that is powerful, supremely good, and infinitely loving. That is not something that could be read off the phenomenal surface of experience.“[49]

Der Einwand ist also letztendlich, dass Alstons Wahrnehmungsbegriff dem Phänomen nicht gerecht wird, oder aber, dass die Mystiker Gott nur vermeintlich wahrnehmen. Alston zufolge ist das Problem kein sachliches, sondern nur ein begriffliches. Daraus, dass die Mystiker von Gottes Eigenschaften und seinem Handeln reden, dürfe man nicht schließen, dass sie sich nicht auf ihre Erfahrungsqualitäten beziehen. Laut Alston reden wir von unseren Erfahrungsqualitäten nicht nur, indem wir sie direkt benennen. Für sinnliche Qualitäten hätten wir freilich einen reichen Wortschatz. Aber da, wo es uns nicht möglich sei, die Erfahrungsqualität direkt zu benennen – sei es, weil sie zu komplex ist, sei es, weil wir für sie keine Bezeichnung haben – würden wir sie auf andere Weise identifizieren.

Eine Möglichkeit sei zum Beispiel, die Art von Gegenstand zu nennen, die uns normalerweise so erscheinen würde, wie uns der jeweilige Gegenstand eben gerade erscheint. Statt zu sagen „Diese Krawatte erscheint mir rot“, was eine direkte Benennung der Erfahrungsqualität wäre, würden wir sagen „Diese Krawatte erscheint mir so, wie mir eine rote Krawatte normalerweise erscheinen würde“. Und nach diesem Muster reden Alston zufolge auch die Mystiker. Ein Beispiel wäre: „Gott erschien mir so, wie man von einem höchst mächtigen und liebenden Wesen erwarten würde, dass es einem erscheint.“ Nach dieser Konstruktion wird in der Tat auf eine Erfahrungsqualität Bezug genommen, womit der obige Einwand entkräftet wäre.[50]

Alston ging es darum, zu zeigen, dass es von den mystischen Zeugnissen her gerechtfertigt ist, für mystische Erfahrungen ein

---

[49] Ebd., 44.

[50] Vgl. ebd., 43-47.

Analogon zu den Sinnesqualitäten anzunehmen. Wie bestimmt Alston nun die phänomenalen Qualitäten einer mystischen Erfahrung? Er bestimmt sie erstens als nicht-sinnlich – dies wurde bereits deutlich. Und er bestimmt sie zweitens als nichtaffektiv.

„Our nagging worry is the possibility that the phenomenal content of mystical perception wholly consists of affective qualities, various ways the subject is feeling in reaction to what the subject takes to be the presence of God. No doubt such experiences are strongly affectively toned; my sample is entirely typical in this respect. The subjects speak of ecstasy, sweetness, love, delight, joy, contentment, peace, repose, bliss, awe, and wonder. Our inability to specify any other sorts of non-sensory phenomenal qualities leads naturally to the suspicion that the experience is confined to affective reactions to a believed presence, leaving room for no experiential presentation of God or any other objective reality."[51]

Von Alstons Gefühlsbegriff war bereits an anderer Stelle die Rede: Gefühle sind für ihn rein subjektive Empfindungen ohne Gegenstandsbezug. Das heißt, sie stellen für ihn keine Erkenntnisleistung dar.[52] Wenn man mystische Erfahrungen für rein affektive Erfahrungen hält und Alstons Gefühlsbegriff voraussetzt, dann haben sie keinen kognitiven Gehalt. Dann besteht laut Alston der Verdacht, dass mystische Erfahrungen lediglich gefühlsmäßige Reaktionen auf eine bloß geglaubte Realität sind. Der Realitätsbezug mystischer Erfahrungen stünde somit in Frage. Nun bezweifelt Alston nicht, dass mystische Erfahrungen mit starken Emotionen einhergehen. Was er leugnet, ist, dass Affekte den phänomenalen Gehalt einer mystischen Erfahrung ausmachen.

Alston bleibt nicht bei diesen rein negativen Bestimmungen. Die Idee, dass in mystischen Erfahrungen eine besondere Art phänomenaler Qualitäten wahrgenommen wird, findet sich schon in der Lehre von den ‚sensus spirituales'. Nach dieser auf Origines zurückgehenden Lehre haben wir neben den fünf äußeren Sinnen auch fünf geistliche Sinne. So wie wir mit den fünf äußeren Sinnen die sichtbare Welt wahrnehmen, nehmen wir mit den fünf

[51] Ebd., 49f.

[52] Vgl. ebd., 37; 16, Anm. 5.

geistlichen Sinnen die unsichtbare Welt wahr. Die phänomenalen Qualitäten mystischer Erfahrungen entsprechen denen sinnlicher Erfahrungen. So sprechen die Mystiker davon, dass sie von Gott berührt werden, dass sie seine Stimme hören, seltener davon, dass sie ihn sehen; sie sprechen auch von einem Riechen und Schmecken.[53] Die Mystiker sprechen also auf analoge Weise von den phänomenalen Qualitäten ihrer Erfahrungen. Und somit ist die genaueste Auskunft über den Erfahrungsgehalt einer mystischen Erfahrung die, dass er dem einer sinnlichen Erfahrung ähnlich ist. Da wir für die phänomenalen Qualitäten mystischer Erfahrungen kein eigenes Vokabular haben, können wir laut Alston nur metaphorisch über sie reden.[54]

---

[53] „She knows what He is, indeed she even tastes Him by the divine contact, of which the mystics speak [...].“ SURIN, F., Traité de l'amour de Dieu, zitiert in: POULAIN, A., The Graces of Interior Prayer, 106.

„The soul perceives a certain fragrance as we may call it, as if within its inmost depths were a brazier sprinkled with sweet perfumes. Although the spirit neither sees the flame nor knows where it is, yet it is penetrated by the warmth and scented fumes which are even sometimes felt by the body. Understand me, the soul does not feel any real heat or scent, but something far more delicious, which I use this metaphor to explain.“ TERESA, St., of Avila, Interior Castle, Fourth Mansion, zitiert in: POULAIN, A., The Graces of Interior Prayer, 112.

[54] Vgl. ALSTON, W., Perceiving God, 48-54.

1.2 Alstons Begriff von epistemischer Rechtfertigung

„The central thesis of this book is that experiential awareness of God, or as I shall be saying, the *perception* of God, makes an important contribution to the grounds of religious belief. More specifically, a person can become justified in holding certain kinds of beliefs about God by virtue of perceiving God as being or doing so-and-so. The kinds of beliefs that can be so justified I shall call ‚M-beliefs' (‚M' for *manifestation*). M-beliefs are beliefs to the effect that God is doing something currently vis-à-vis the subject – comforting, strengthening, guiding, communicating a message, sustaining the subject in being – or to the effect that God has some (allegedly) perceivable property – goodness, power, lovingness. The intuitive idea is that by virtue of my being aware of God as sustaining me in being I can justifiably believe that God is sustaining me in being."[55]

Habe ich im vorhergehenden Kapitel dargelegt, wie Alston mystische Erfahrungen beschreibt, so soll es nun darum gehen, welchen erkenntnistheoretischen Status sie bei ihm haben. Dass sie einen hohen Status haben, wird in den ersten Zeilen von „Perceiving God" bereits deutlich: Mystische Erfahrungen leisten nach Alston einen wichtigen, ja unersetzlichen Beitrag zu den Gründen religiöser Überzeugung. Alston präzisiert, worin für ihn die Begründungsfunktion mystischer Erfahrungen besteht: Nehme man Gottes Gegenwart wahr, sei es dass man sein Handeln oder eine seiner Eigenschaften erfahre, dann rechtfertige einen dies in der Annahme, dass Gott tatsächlich so handle oder tatsächlich so sei. Die so gerechtfertigte Überzeugung nennt Alston ‚M-Überzeugung', wobei das ‚M' für ‚Manifestation' steht. Es handelt sich also um die Überzeugung, dass Gott sich gezeigt, dass er sich auf eine bestimmte Art und Weise geoffenbart hat.

Eine solche Überzeugung enthält natürlich einen Wahrheitsanspruch, und wie dieser zu bewerten ist, hängt entscheidend davon ab, wie weit ihn die mystische Erfahrung stützt.

---

[55] ALSTON, W., Perceiving God, 1.

Eine mystische Erfahrung, wie Alston sie versteht, ist immer eine mutmaßliche Wahrnehmung Gottes. Das heißt, die Erfahrung garantiert als solche nicht die Echtheit der Wahrnehmung. Es könnte sich auch um eine Täuschung handeln.[56] Wie kann dann dennoch die Erfahrung der Gegenwart Gottes eine religiöse Überzeugung untermauern? Überträgt sich nicht die Ungewissheit der ersteren auf die letztere? Nach Alston hat die Erfahrung ein rechtfertigendes Potential, wenn sie die Richtigkeit der aus ihr folgenden Überzeugung auch nicht gewährleisten kann. In seiner Terminologie: Die Rechtfertigung, die von einer religiösen Erfahrung ausgehen kann, ist immer eine Prima-facie-Rechtfertigung, also keine Rechtfertigung schlechthin. Für letztere müssen neben der Erfahrung weitere Bedingungen erfüllt sein. Im folgenden soll erläutert werden, was Alston unter epistemischer Rechtfertigung versteht, und welche Rolle Erfahrungen bzw. Wahrnehmungen in diesem Zusammenhang spielen.

1.2.1 Ein objektivistischer Rechtfertigungsbegriff

„According to the account laid out in Chapter 2, a belief is justified if and only if it is based on an adequate ground. That is, it is necessary only that the ground *be* adequate, not that the subject know or justifiably believe this, much less that the subject know or justifiably believe that all requirements for justification are satisfied.“[57]

Eine Überzeugung ist laut Alston dann und nur dann gerechtfertigt, wenn sie auf einem angemessenen Grund beruht. Wesentlich ist nun der Zusatz: Für die Rechtfertigung reicht es aus, dass der Grund in der Tat angemessen ist. Es ist laut Alston nicht nötig, dass das Subjekt um die Angemessenheit des Grundes weiß oder diese gerechtfertigterweise annimmt. Noch weniger müsse das Subjekt wissen oder in der Überzeugung gerechtfertigt sein, dass alle Bedingungen für eine Rechtfertigung erfüllt sind. Die faktische Angemessenheit des Grundes ist für Alston entscheidend. Ob das

---

[56] Vgl. ebd., 11.
[57] Ebd., 147.

Subjekt sich dessen bewusst ist, spielt für die Rechtfertigung der Überzeugung keine Rolle.
Diese These mag befremdlich wirken, hat die Rechtfertigung einer Überzeugung doch sehr viel mit der Situation und dem Wissen einer Person zu tun. Dass Alston dies nicht leugnet und dennoch an einem objektivistischen Rechtfertigungsbegriff festhält, möchte ich im folgenden zeigen. Ich beziehe mich auf seinen Aufsatz „An Internalist Externalism", der 1989 in dem Essayband „Epistemic Justification" erschienen ist. In diesem Aufsatz legt Alston dar, inwiefern seine Position zur epistemischen Rechtfertigung internalistisch ist, und inwiefern sie externalistisch ist. Um das Ergebnis gleich vorwegzunehmen: Alston vertritt im Hinblick auf den Grund einer Überzeugung eine internalistische Position und im Hinblick auf die Angemessenheit des Grundes eine externalistische. Was heißt dies nun im einzelnen?

„In taking the justification of a belief to be determined by what it is based on, I am reflecting the subject-relative character of justification. I may be justified in believing that *p* while you are not. Indeed, justification is time as well as subject relative; I may be justified in believing that *p* at one time but not at another. Whether I am justified in believing that *p* is a matter of how I am situated vis-à-vis the content of that belief. In my view, that is cashed out in terms of what the subject was ‚going on' in supposing the proposition in question to be true, on what basis she supposed *p* to be the case. What sort of things do subjects go on in holding beliefs? The examples given above suggest that the prime candidates are the subject's other beliefs and experiences; and I shall consider grounds to be restricted to items of those two categories. Though I will offer no a priori or transcendental argument for this, I will adopt the plausible supposition that where the input to a belief-forming mechanism is properly thought of as *what the belief is based on*, it will be either a belief or an experience."[58]

Zu den Gründen einer Überzeugung rechnet Alston Erfahrungen und Überzeugungen – und nur diese. Der Grund einer Überzeugung muss laut Alston ein psychologischer Zustand des Subjekts sein.[59]

---

[58] ALSTON, W., An Internalist Externalism, in: Epistemic Justification, 229f.
[59] Vgl. ebd., 233: „As we have made explicit, the ground must be a psychological state of the subject and hence ‚internal' to the subject in an

Die Erfahrungen und Überzeugungen eines Subjekts sind für ihn also psychologische Zustände. Von daher erklärt sich auch der internalistische oder subjektivistische Zug von Alstons Rechtfertigungsbegriff. Wenn rechtfertigende Gründe psychologische Zustände sind, dann sind sie in einem wesentlichen Sinn subjektiv.
Eine Überzeugung ist Alston zufolge jedoch nur dann gerechtfertigt, wenn sie auf einem *angemessenen* Grund beruht. Angemessen ist ein Grund nach Alston dann, wenn er auf die Wahrheit der Überzeugung hindeutet. Der Grund müsse es sehr wahrscheinlich machen, dass die auf ihm beruhende Überzeugung wahr sei. Die Wahrscheinlichkeit, um die es hier gehe, sei eine objektive Wahrscheinlichkeit.[60] An dieser Stelle wird bereits deutlich, was an Alstons Position internalistisch, und was externalistisch ist: Das Material, das für die Rechtfertigung einer Überzeugung herangezogen werden kann, beschränkt sich auf die Perspektive des Subjekts. Die Bewertung jedoch geschieht von einem objektiven und damit von einem externen Standpunkt aus.
Das heißt, dem Subjekt müssen die Gründe einer Überzeugung zugänglich sein. Ob die Überzeugung aber gerechtfertigt ist, hängt allein davon ab, ob die Gründe in der Tat angemessen sind. Die Rechtfertigung als solche ist somit vom Subjekt völlig unabhängig. Von daher erklärt sich dann auch die Aussage, das Subjekt müsse um die Angemessenheit des Grundes weder wissen noch diese gerechtfertigterweise annehmen.[61]

---

important sense. Facts that obtain independently of the subject's psyche, however favorable to the truth of the belief in question, cannot be *grounds* of the belief in the required sense."

[60] Vgl. ebd., 231f.

[61] Weit weniger ausführlich wird dieses Thema in „Perceiving God" behandelt:
„In ‚An Internalist Externalism' I balanced my externalist perspective on the *adequacy* of grounds with an internalist perspective on the *existence* of grounds, requiring of a ‚justifying ground' that it be the sort of thing that is typically recognizable by the subject just on reflection. This paradigmatically

Die Debatte um Internalismus und Externalismus ist eng verknüpft mit der Frage, ob der Begriff der epistemischen Rechtfertigung ein Pflichtbegriff im ethischen Sinne ist oder eine rein epistemische Bewertungskategorie. Mit dieser Frage befasst Alston sich in einer Reihe von Aufsätzen; der wichtigste davon ist „Concepts of Epistemic Justification“ in dem oben erwähnten Sammelband.[62] In diesem Aufsatz stellt Alston zwei Konzeptionen von epistemischer Rechtfertigung einander gegenüber, wobei er die eine die ‚deontologische' Konzeption nennt und die andere die ‚evaluative'. Was verbirgt sich hinter diesen Begriffen?

Nach der deontologischen Konzeption ist jemand dann in der Überzeugung *p* gerechtfertigt, wenn er seinen epistemischen Verpflichtungen nicht zuwidergehandelt hat. Dies könnte man nun so verstehen, dass sich jemand einer bestimmten Meinung enthält, wenn er dafür nicht genügend Belege hat oder sogar vieles gegen die jeweilige Meinung spricht. Nun würde dies jedoch voraussetzen, dass unsere Überzeugungen direkt unserer willentlichen Kontrolle unterliegen, was Alston für problematisch hält. In alltäglichen Situationen sei es doch so, dass wir die meisten unserer Überzeugungen gar nicht bewusst bilden, geschweige denn kontrollieren. Wenn wir etwa ein Auto vorbeifahren sehen, dann seien wir nicht in der Lage, dies willentlich zu glauben oder nicht zu glauben. Von daher sei ein Rechtfertigungsbegriff, der eine direkte Kontrolle von Überzeugungen voraussetzt, nicht plausibel.

Man könnte die epistemische Verpflichtung jedoch auch so verstehen, dass sie sich in einem allgemeineren Sinn auf unsere Meinungsbildung bezieht. Dies würde keine direkte Kontrolle unserer Überzeugungen voraussetzen, sondern lediglich die Möglichkeit, dass wir die Art und Weise, wie wir Überzeugungen

---

includes beliefs and experiences. To simplify the discussion in this book I am going to omit this internalist constraint.“
ALSTON, W., Perceiving God, 75.

[62] ALSTON, W., Concepts of Epistemic Justification, in: Epistemic Justification, 81-114.

bilden, beeinflussen können. Jemand würde dann seiner epistemischen Verpflichtung nachkommen, wenn er sich um einen unabhängigen Standpunkt bemüht und die Überzeugungen anderer nicht leichtfertig übernimmt, wenn er Geschwätz nicht für bare Münze hält und sich grundsätzlich einen kritischen Blick bewahrt. Die Verpflichtung könnte auch bedeuten, dass man, wenn man sich in einer bestimmten Sache nicht sicher ist, die Meinung anderer einholt, nach weiteren Anhaltspunkten sucht und prinzipiell bereit ist, eine Überzeugung auch zu revidieren. In diesem Fall wäre man dann in der Überzeugung *p* gerechtfertigt, wenn man seinen epistemischen Verpflichtungen nachkommt.

Dieses Rechtfertigungsverständnis hat Alston zufolge jedoch den Mangel, dass es Fälle zulasse, in denen man epistemisch zwar nicht zu tadeln sei, für eine bestimmte Überzeugung aber dennoch keinen angemessenen Grund habe.[63] An anderer Stelle bringt Alston einige Beispiele: Wenn jemand in einem isolierten Volksstamm lebe, in dem jeder die tradierten Überzeugungen ohne jegliche Bedenken übernehme, diese Überzeugungen jedoch auf einer sehr zweifelhaften Grundlage gebildet werden, so sei ihm zwar intellektuell nichts vorzuwerfen, aber dennoch würde man nicht ohne weiteres sagen, dass seine Überzeugungen gerechtfertigt sind. Ein weiteres Beispiel dafür, dass Rechtfertigung und intellektuelle Redlichkeit zweierlei sind, sei der philosophisch unbegabte Student, der zwar alles tue, was in seiner Macht stehe, um Locke zu verstehen, der dessen Gedankengängen aber trotzdem nicht folgen könne.[64]

Alston bringt auch ein Beispiel für den umgekehrten Fall, dass man für die Überzeugung *p* nämlich einen angemessenen Grund hat, die Art der Meinungsbildung jedoch zu wünschen übrig lässt: Broom teilt Alston mit, dass Robinson, der eigentlich eine Stelle in Alstons

---

[63] Zum deontologischen Rechtfertigungsbegriff und seiner Kritik vgl. ALSTON, W., Concepts of Epistemic Justification, in: Epistemic Justification, 84-96.

[64] Vgl. ALSTON, W., The Deontological Conception of Epistemic Justification, in: Epistemic Justification, 145ff.

Department antreten soll, ein Angebot von Princeton bekommen hat. Unter zeitlichem Druck vernachlässigt Alston seine Pflicht, diese Information zu prüfen. Hätte er es getan, wäre er auf starke Anzeichen dafür gestoßen, dass Broom in solchen Dingen nicht vertrauenswürdig ist. Tatsächlich aber ist Broom sehr zuverlässig, was diskrete Informationen anbelangt. Alston beurteilt diesen Fall nun so, dass er (Alston) für seine Überzeugung tatsächlich einen angemessenen Grund hatte, seine Pflicht jedoch nicht in der gebotenen Weise erfüllt hat.[65] Fazit: Dass ein intellektuelles Pflichtbewusstsein nicht die Angemessenheit eines Grundes garantiere, und dass umgekehrt jemand angemessene Gründe haben kann, ohne seinen epistemischen Pflichten zu folgen, zeige, dass der Begriff der epistemischen Rechtfertigung nicht deontologisch aufzufassen sei.[66]

Ex negativo ist nun schon deutlich geworden, wie Alston den Rechtfertigungsbegriff versteht: nicht in einem deontologischen, sondern in einem evaluativen Sinn. Und dies heißt für ihn, dass *S* dann und nur dann in der Überzeugung *p* gerechtfertigt ist, wenn seine Überzeugung auf angemessenen Gründen beruht, auf Gründen also, die auf die Wahrheit der Überzeugung hindeuten.[67] Nun stellt sich die Frage, was einen solchen Rechtfertigungsbegriff überhaupt noch vom Wahrheitsbegriff unterscheidet. Alstons Antwort auf diese Frage verweist auf den ersten Aufsatz in diesem Kapitel zurück.

„It is obvious that a belief might be J_d [justified deontologically, M.W.] without being true and vice versa, but what reason is there for taking J_e [justification in an evaluative sense, M.W.] to be independent of truth? I think the answer to this has to be in terms of the ‚internalist' character of justification. When we ask whether S is justified in believing that *p*, we are, as we have repeatedly been insisting, asking a question from the standpoint of an aim at truth; but we are not asking whether things are in fact as S believes. We

---

[65] Vgl. ebd., 149f.

[66] Ebd., 152.

[67] Zum evaluativen Rechtfertigungsbegriff vgl. ALSTON, W., Concepts of Epistemic Justification, in: Epistemic Justification, 96-107.

are getting at something more ‚internal' to S's ‚perspective on the world'. [...] In asking whether S is J_e in believing that *p*, we are asking whether the truth of *p* is strongly indicated by what S has to go on; whether, given what S had to go on, it is at least quite likely that *p* is true."[68]

Geht es bei der Wahrheitsfrage darum, ob die Überzeugung *p* tatsächlich der Wirklichkeit entspricht, so geht es bei der Rechtfertigung offensichtlich darum, ob die Gründe von *S* für die Überzeugung *p* angemessen sind. Angemessen sind die Gründe wie gesagt dann, wenn sie auf die Wahrheit der Überzeugung hindeuten. Bei der Wahrheitsfrage geht es also um das Verhältnis von Aussage und Wirklichkeit, *unabhängig von der Perspektive von S.* Die Rechtfertigung einer Überzeugung hat dagegen wesentlich mit der Perspektive von *S* zu tun. Die Perspektive von *S* ist für die Rechtfertigung insofern relevant, als sie das Material für die Begründung von *p* liefert.

Wenn sich Wahrheit und Rechtfertigung auch unterscheiden lassen, so würde ich doch behaupten, dass der Wahrheitsbegriff[69] in Alstons Konzeption von epistemischer Rechtfertigung nicht nur hineinspielt, als Ziel des ‚epistemic point of view', sondern in dieser auch enthalten ist, nämlich insofern es Alston um die *faktische* Angemessenheit der Gründe von *S* geht.[70] Faktische Angemessenheit aber heißt nichts anderes, als dass es wahr ist, dass die Gründe angemessen sind (was jedoch noch nicht heißt, dass die Überzeugung *p* auch wahr ist). Ob die Gründe für *p* angemessen

---

[68] Ebd., 98f.

[69] Der realistische Wahrheitsbegriff von William Alston: „The proposition that *p* is true *iff p*." ALSTON, W., A Realist Conception of Truth, 27f.

[70] „It should be noted that the decision between a deontological and a strong position conception [an evaluative conception, M.W.] has an important bearing on this issue [on the contoversy between internalism and externalism, M.W.]. [...] Thus from the standpoint of a deontological conception it is the way adequacy is judged from within the subject's perspective on the world, not actual adequacy, that is crucial. And the reverse side of this coin is that on a strong position conception it is actual adequacy that is crucial, for that is what is needed to be in a strong position to get the truth." ALSTON, W., Epistemic Justification, 9.

sind oder nicht, kann nach Alston nicht das Subjekt entscheiden; es handelt sich hierbei um eine objektive Frage, eine Frage nach den Tatsachen – eben eine Frage nach dem, was wahr ist. Und so fallen Alstons ‚truth-conducivity conception of justification' und sein Externalismus letztendlich in eins. Sein Externalismus besagt, dass die Gründe einer Überzeugung in der Tat angemessen sein müssen; sein evaluativer Rechtfertigungsbegriff besagt nichts anderes.

1.2.2 Der hohe Stellenwert von Wahrnehmungen bei der Rechtfertigung von Überzeugungen

1.2.2.1 Die Fundamentalismus-Debatte

In Alstons Aufsatzband „Epistemic Justification" lassen sich drei Diskussionsfelder ausmachen: erstens die Debatte um Internalismus und Externalismus, zweitens die Frage, ob epistemische Rechtfertigung als Erfüllung von Pflichten oder objektivistisch aufzufassen ist, drittens die Kontroverse um einen erkenntnistheoretischen Fundamentalismus. In das dritte Diskussionsfeld möchte ich im folgenden kurz einführen.[71] Von besonderer Bedeutung ist in diesem Zusammenhang die Unterscheidung zwischen mittelbarer oder indirekter Rechtfertigung einerseits und unmittelbarer oder direkter Rechtfertigung andererseits:

„There is an important distinction between *mediate* or *indirect* justification and *immediate* or *direct* justification. To be mediately justified in believing that p is for that belief to be justified by *reasons*, that is, by other things one knows or justifiably believes. Here the justification comes via appropriate inferential or grounding relations between the target belief and the beliefs that constitute one's reasons for it. Thus if I am justified in believing that it rained last night by seeing puddles of water on the street, my belief that it rained last night is justified by virtue of the fact that it is based on the belief that there are puddles of water. To be immediately justified in believing that p is for that

[71] Wesentlich sind hierfür die ersten drei Aufsätze in ALSTON, W., Epistemic Justification. Die Diskussion um einen erkenntnistheoretischen Fundamentalismus spielt jedoch auch in „Perceiving God" eine große Rolle.

belief to be justified by something other than reasons. This is a wastebasket category; it includes any justification by something other than justified beliefs on the subject. Prominent candidates for immediate justifiers are (a) experience of what the belief is about, (b) the self-evidence of the proposition believed, and (c) the propositions believed being of a certain category, for example, a proposition about one's current conscious experience."[72]

Eine Überzeugung ist demzufolge mittelbar oder indirekt gerechtfertigt, wenn sie ihre Rechtfertigung aus anderen Überzeugungen bezieht. Diese Überzeugungen können Dinge sein, die man weiß oder gerechtfertigterweise annimmt. Alston spricht von ‚reasons', was man in diesem Zusammenhang wohl am besten mit ‚Vernunftgründen' übersetzt. Eine Überzeugung ist nach Alston dann unmittelbar oder direkt gerechtfertigt, wenn sie auf andere Weise als durch Überzeugungen gerechtfertigt ist, sei es durch Erfahrung oder die Evidenz der jeweiligen Proposition. Ob der Erfahrungsgegenstand nun ein externes Objekt (a) oder der eigene Bewusstseinszustand (c) ist, in beiden Fällen rechtfertigt eine Erfahrung die jeweilige Überzeugung. Zur Veranschaulichung dieser Unterscheidung bringt Alston zwei Beispiele:
Er sieht einen Mann auf einer Leiter, die gegen die Wand des Nachbarhauses gelehnt ist. Daraufhin denkt er sich, dass dieser Mann wohl das Haus streicht (obwohl er dies nicht sieht). Nach Alston hat man es in diesem Fall mit zwei Überzeugungen zu tun, wobei die erste auf einer Wahrnehmung beruht, die zweite auf einem Schluss auf die beste Erklärung. Während die Wahrnehmungsüberzeugung direkt gerechtfertigt sei – eben durch die Wahrnehmung des Mannes auf der Leiter – sei die Überzeugung, dass dieser Mann das Haus streicht, lediglich indirekt gerechtfertigt, nämlich durch die Schlussfolgerung, die er aus der Wahrnehmungsüberzeugung zieht.
Das zweite Beispiel ist ähnlich: Alston sieht, wie ein großer, dünner Mann das Haus auf der gegenüberliegenden Straßenseite betritt. Da er weiß, dass dort der Besitzer des lokalen Eisenwarenladens wohnt, denkt er sich, dass der betreffende Mann der Besitzer dieses Ladens

---

[72] ALSTON, W., Perceiving God, 71.

ist (obwohl er ihn nicht erkennen konnte). Auch in diesem Fall sei die erste Überzeugung eine Wahrnehmungsüberzeugung und von daher unmittelbar gerechtfertigt, wenn sie denn gerechtfertigt ist. Die zweite Überzeugung beruhe auf dieser Wahrnehmungsüberzeugung und dem Wissen, dass der Eisenwarenhändler in dem gegenüberliegenden Haus wohnt. Sie könne von daher nur indirekt gerechtfertigt sein.[73]

Es ist also festzuhalten, dass Wahrnehmungen eine Überzeugung nach Alston unmittelbar rechtfertigen können, während die Rechtfertigung aus einer anderen Überzeugung lediglich eine mittelbare sein kann. Nun schließt Alston nicht aus, dass eine Überzeugung sowohl durch eine Wahrnehmung als auch durch Überzeugungen gerechtfertigt wird. In diesem Fall wäre die Überzeugung teilweise direkt, teilweise indirekt gerechtfertigt.[74] Die These, es gebe unmittelbar gerechtfertigte Überzeugungen, also Überzeugungen, die nicht ihrerseits auf Überzeugungen beruhen, ist unter Erkenntnistheoretikern hochumstritten. Vertreter eines erkenntnistheoretischen Fundamentalismus bejahen sie, und Vertreter einer Kohärenztheorie verneinen sie.

„Discussions of the general structure of knowledge or justified belief [...] have been dominated by the contrast between *foundationalism* and *coherence theory*. Let's confine this discussion to the structure of an individual person's set of justified beliefs. According to foundationalism (1) each person has a set of immediately justified beliefs, and (2) the justification of each mediately justified belief can be traced back to one or more members of that initial set (the *foundations*). Coherence theory denies (1) and hence denies (2). It holds that any justified belief has this status because and only because of the way it fits into the person's total set of beliefs (or some other large system of beliefs).“[75]

Der Fundamentalist behauptet also, jede Person habe einen bestimmten Bestand an unmittelbar gerechtfertigten Überzeugungen, und dieser Bestand bilde die Grundlage aller

[73] Vgl. ebd., 78f.

[74] Vgl. ebd., 71, 78.

[75] ALSTON, W., Epistemic Justification, 11.

anderen Überzeugungen, so dass alle mittelbar gerechtfertigten Überzeugungen letztendlich auf die unmittelbar gerechtfertigten Überzeugungen zurückgeführt werden können. Nach kohärenztheoretischer Auffassung rührt die Rechtfertigung einer Überzeugung immer von anderen Überzeugungen her. Ob eine Überzeugung gerechtfertigt ist, wird danach bemessen, ob sie sich kohärent in das Überzeugungssystem der jeweiligen Person (oder überhaupt in ein größeres Überzeugungssystem) hineinfügt. Folgt man der Alston'schen Terminologie, so gibt es einer Kohärenztheorie zufolge keine unmittelbar gerechtfertigten Überzeugungen, und folglich macht auch die Reduktion von mittelbar gerechtfertigten Überzeugungen auf unmittelbar gerechtfertigte Überzeugungen für den Kohärenztheoretiker keinen Sinn.

Der Unterschied von Fundamentalismus und Kohärenztheorie wird auch an folgender Stelle deutlich:

> „I should also point out that in this book I am setting coherentism aside without a hearing. Talk of a ground or basis of a belief can be given a ‚linear' or a ‚holistic' reading. On the latter, the ground of any belief is the total set of the subject's beliefs, and justification depends on how the particular belief fits into that system, as well as on internal features of that system (its ‚coherence'), whereas on the linear reading, the ground of a particular belief is much more restricted, for example, a particular experience or a very few of the subject's other beliefs or some combination thereof."[76]

Alston bezeichnet den Fundamentalismus als lineare Epistemologie, während er die Kohärenztheorie holistisch nennt. Und so scheiden sich die Geister nicht nur an der Frage, ob Überzeugungen allein durch Wahrnehmungen gerechtfertigt werden können oder nicht vielmehr immer durch Überzeugungen gerechtfertigt werden. Sie scheiden sich viel grundlegender in ihrer Gesamtperspektive. Während der Fundamentalist eine einzelne Erfahrung oder Überzeugung als Rechtfertigung einer Überzeugung anerkennt, also glaubt, dass man linear zurückverfolgen kann, woher die Rechtfertigung einer Überzeugung kommt, verlangt der

[76] ALSTON, W., Perceiving God, 73.

Kohärenztheoretiker die Einordnung in ein ganzes Netz von Überzeugungen. Der Grund einer Überzeugung ist für den Kohärenztheoretiker also nie nur eine einzelne Überzeugung, sondern immer ein größerer Zusammenhang von Überzeugungen. Die Unterscheidung von mittelbar und unmittelbar gerechtfertigten Überzeugungen macht aus kohärenztheoretischer Perspektive eigentlich keinen Sinn. Sie ist nur für den Fundamentalisten von Bedeutung, um sich gegen den Kohärenztheoretiker abzugrenzen.

Alston argumentiert weniger gegen einen Kohärentismus, als er für einen gemäßigten Fundamentalismus plädiert. Gegen die Kohärenztheorie führt Alston in „Perceiving God" eigentlich nur zwei Argumente an: Erstens gebe es eine unbestimmt große Zahl von Systemen, die miteinander unvereinbar seien, obwohl sie gleichermaßen den Standards einer Kohärenztheorie genügen.[77] Zweitens sei der Begriff der Kohärenz wegen seiner Vagheit wenig tauglich als strenges Kriterium für die Rechtfertigung von Überzeugungen.[78]
Zugunsten einer fundamentalistischen Position führt Alston das sogenannte Regress-Argument ins Feld: Angenommen, man versuche zu bestimmen, wann *S* in seiner Überzeugung *p* durch eine andere Überzeugung, also mittelbar, gerechtfertigt ist. Zu diesem Zweck müsse er in den begründenden Überzeugungen *q*, *r*, ... gerechtfertigt sein. Nun stelle sich die Frage, woher diese begründenden Überzeugungen ihre Rechtfertigung beziehen. Alston sieht vier Möglichkeiten: (a) Entweder gründe die Rechtfertigung letztendlich in einer unmittelbar gerechtfertigten Überzeugung, was die Position des Fundamentalisten sei. Oder (b) sie gründe letztendlich in einer nicht gerechtfertigten Überzeugung – in diesem Fall könne man dann überhaupt nicht von Rechtfertigung sprechen. Eine weitere Möglichkeit sei (c) ein zirkulärer Begründungszusammenhang, was gewissermaßen der Position des Kohärenztheoretikers entspricht, und (d) ein infiniter Regress von

---

[77] Vgl. ebd., 73.
[78] Vgl. ebd., 76.

aufeinander beruhenden Überzeugungen. Nach Alston ist die Überzeugung *p* nur dann gerechtfertigt, wenn sie letztendlich auf einer unmittelbar gerechtfertigten Überzeugung beruht.[79]

Der Vorwurf gegen den Fundamentalismus ist der des Dogmatismus. Indem der Fundamentalist sämtliche Überzeugungen auf die sogenannten unmittelbar gerechtfertigten Überzeugungen zurückführe, postuliere er willkürlich eine Grundlage aller Überzeugungen. Fatal sei nun, dass für die unmittelbar gerechtfertigten Überzeugungen keine Gründe mehr angeführt werden müssten, dass sie sich also gewissermaßen selbst rechtfertigen. Alston entgegnet, dass dieser Einwand zwar einen starken Fundamentalismus treffe, nicht jedoch den einfachen oder gemäßigten Fundamentalismus, wie er ihn vertrete. Denn diese Form des Fundamentalismus verhindere einen infiniten Regress, ohne jedoch in einen Dogmatismus zu verfallen. Dies gelinge ihr, weil sie auf der primären Ebene zwar unmittelbar gerechtfertigte Überzeugungen annehme, auf der Metaebene deren Begründung jedoch keineswegs ausschließe.[80]

Anders ausgedrückt behauptet Alston zwar, dass Überzeugungen unmittelbar durch Erfahrung gerechtfertigt werden können und von daher fundamental sind, aber er hält diese Überzeugungen keineswegs für unfehlbar. In diesem Zusammenhang ist seine Unterscheidung von zwei Graden der Rechtfertigung von Bedeutung. Demnach ist die Rechtfertigung einer Überzeugung durch eine Erfahrung lediglich eine Prima-facie-Rechtfertigung. Um in der Überzeugung uneingeschränkt gerechtfertigt zu sein, darf diese Prima-facie-Rechtfertigung nicht durch übergeordnete Gründe widerlegt werden, also etwa durch Gründe, die gegen die Überzeugung *p* sprechen (‚rebutters'), oder durch Gründe, die in dem konkreten Fall Zweifel an der rechtfertigenden Basis der

---

[79] Vgl. ALSTON, W., Two Types of Foundationalism, in: Epistemic Justification, 26f.

[80] Vgl. ebd., 36f.

Überzeugung aufkommen lassen (‚underminers'). [81] Diese Gründe kommen jedoch erst auf der Metaebene ins Spiel.
Zusammenfassend kann man also sagen, dass nach Alston Überzeugungen allein durch Erfahrungen gerechtfertigt werden können, dass eine Erfahrung also ein hinreichender Grund für die Rechtfertigung einer Überzeugung ist, dass diese Rechtfertigung jedoch keine Rechtfertigung schlechthin ist. Denn die Überzeugungen können durch übergeordnete Gründe widerlegt werden; sie sind also grundsätzlich revidier- und korrigierbar. [82]

1.2.2.2 Die Bedeutung für Wahrnehmungsüberzeugungen

Nachdem ich nun die Fundamentalismus-Debatte in ihren Grundzügen skizziert habe, ist nach deren Bedeutung für mystische Wahrnehmungsüberzeugungen zu fragen. Alston diskutiert in „Perceiving God" relativ ausführlich die Frage, ob Wahrnehmungsüberzeugungen unmittelbar gerechtfertigt werden können. Ich fasse diese Diskussion im folgenden kurz zusammen, gehe zunächst jedoch noch auf den Begriff einer Wahrnehmungsüberzeugung im Allgemeinen und den einer mystischen Wahrnehmungsüberzeugung im Besonderen ein. Alston definiert eine Wahrnehmungsüberzeugung folgendermaßen: Erstens sei sie eine Überzeugung über einen wahrgenommenen Gegenstand, also einen Gegenstand, der sich dem Subjekt wahrnehmbar zeige. Eine Wahrnehmungsüberzeugung bezieht sich nach Alston auf den wahrgenommenen Gegenstand und nicht auf die Wahrnehmung selbst. Eine Wahrnehmungsüberzeugung wäre zum Beispiel die Überzeugung, dass das Fenster offen ist, nicht jedoch die Überzeugung, dass ich sehe, dass das Fenster offen ist. Zweitens beruhe eine Wahrnehmungsüberzeugung zumindest teilweise auf der Wahrnehmungserfahrung des Subjekts; sie könne nie nur auf

---

[81] Vgl. ALSTON, W., Perceiving God, 72, 159.

[82] Vgl. ebd., 299f. Siehe auch ALSTON, W., Has Foundationalism Been Refuted? in: Epistemic Justification, 55.

einer Überzeugung beruhen. Und drittens beruhe sie *direkt* auf der Erfahrung.[83]

Mystische Wahrnehmungsüberzeugungen bzw. kurz ‚M-beliefs' definiert Alston wie folgt:

„Our central concern is with the epistemic justification of M-beliefs. Remember that M-beliefs are a particular species of perceptual beliefs; they are beliefs, based on mystical perception, to the effect that God has some perceivable property or is engaging in some perceivable activity."[84]

Mystische Wahrnehmungsüberzeugungen haben demnach eine prädikative Struktur, derart, dass Gott das Subjekt einer bestimmten Eigenschaft oder Handlung ist.

Nach diesen Begriffsklärungen wende ich mich nun Alstons fundamentalistischer These zu, der Grund einer Wahrnehmungsüberzeugung könne ausschließlich eine Wahrnehmung sein.[85] Die Gegenthese kommt aus kohärentistischer Richtung und besteht darin, dass eine Überzeugung immer nur aufgrund anderer Überzeugungen gerechtfertigt werden kann und nie allein durch eine Wahrnehmung als solche. Alston bringt eine Reihe von Einwänden gegen die These von der unmittelbaren Rechtfertigung und versucht sie zu entkräften. Das erste Argument besteht darin, dass Wahrnehmungsüberzeugungen über Gegenstände der

---

[83] Vgl. ALSTON, W., Perceiving God, 77ff.

[84] Ebd., 77. Ähnlich die Definition am Anfang von „Perceiving God", wo es heißt:
„[...] a person can become justified in holding certain kinds of beliefs about God by virtue of perceiving God as being or doing so-and-so. The kinds of beliefs that can be so justified I shall call ‚M-beliefs' (‚M' for *manifestation*). M-beliefs are beliefs to the effect that God is doing something currently vis-à-vis the subject – comforting, strengthening, guiding, communicating a message, sustaining the subject in being – or to the effect that God has some (allegedly) perceivable property – goodness, power, lovingness." Ebd., 1.

[85] Alston leugnet nicht, dass auch Überzeugungen zum Grund einer Wahrnehmungsüberzeugung gehören können. Er behauptet vielmehr positiv, dass eine Wahrnehmung ausreichen kann, um eine Überzeugung zu rechtfertigen; Überzeugungen müssen da gar nicht im Spiel sein.

physikalischen Umgebung[86] immer auf Überzeugungen über die jeweilige Wahrnehmungserfahrung beruhen, sei es nun bewusst oder unbewusst. Wenn man zum Beispiel das Telefon klingeln hört und die Überzeugung bildet, dass dies der Fall ist, dann beruhe diese Überzeugung auf der Überzeugung, dass man eine bestimmte Erfahrung macht, und nicht etwa auf einer Wahrnehmung. Oder aber, wenn man überzeugt sei, dass ein Apfel vor einem sei, dann beruhe diese Überzeugung ihrerseits auf einer Überzeugung, nämlich dass man einen Apfel sehe. Alston hält diese Auffassung schlicht für nicht plausibel, denn wir würden nur in seltenen Fällen Überzeugungen über unsere Wahrnehmungserfahrungen bilden. Dies komme dann vor, wenn wir an unserer Wahrnehmung zweifeln oder uns mit epistemologischen Fragen beschäftigen. Normalerweise aber sei unsere Aufmerksamkeit ganz auf die Gegenstände der Außenwelt gerichtet, und dies rufe direkt bestimmte Überzeugungen in uns hervor.

Den zweiten Einwand widerlegt Alston m.E. nicht wirklich. Er besteht darin, dass Überzeugungen über bestimmte Wahrnehmungsfaktoren bei der Überzeugungsbildung eine Rolle spielen. Solche Faktoren wären etwa der Abstand des wahrgenommenen Gegenstandes, die Lichtverhältnisse oder bestimmte Größenverhältnisse. Deren Einschätzung bestimme wesentlich mit, wie ein Gegenstand wahrgenommen werde. Und da diese Einschätzung einer kognitiven Bewertung gleichkomme und von daher Überzeugungscharakter habe, könne man nicht sagen, dass Wahrnehmungsüberzeugungen ausschließlich auf Wahrnehmungen beruhen können. Jede Wahrnehmung weise an sich schon eine Reihe von Überzeugungsmerkmalen auf.

Der folgende Einwand bezieht sich auf Annahmen über die Adäquatheit phänomenaler Gehalte: Wenn wir einem Gegenstand bestimmte Eigenschaften zuschreiben, dann nehmen wir zumindest implizit an, dass die phänomenalen Eigenschaften des Gegenstandes ihm *tatsächlich* zukommen. Wir nehmen mit anderen Worten an, dass unser Wahrnehmungseindruck die Realität zuverlässig

[86] Alston diskutiert die Frage am Beispiel der Sinneswahrnehmung.

wiedergibt. Nun wird behauptet, dass jede Überzeugung über einen bestimmten Gegenstand nicht nur auf der Wahrnehmung, sondern auch auf dieser Annahme der Adäquatheit unserer Wahrnehmung beruhe. Folglich seien bei den Gründen unserer Wahrnehmungsüberzeugungen immer schon Überzeugungen im Spiel. Nun ist auch Alston der Meinung, dass eine Wahrnehmungsüberzeugung mit der Adäquatheit der Wahrnehmung steht und fällt. Was er leugnet, ist, dass diese „adequacy assumptions“[87] zum *Grund* einer Wahrnehmungsüberzeugung gehören. Dem Einwand liege ein Fehlschluss zugrunde, der in der Philosophiegeschichte einige Analogien habe, so etwa die folgende:

> „A historically famous discussion of this fallacy, or a close relative thereof, is exposed in Lewis Carroll's essay ‚What Achilles Said to the Tortoise' (1895), in which the author brings out the catastrophic consequences of insisting that the rule of inference that licenses a certain argument must itself be added to the premises if the argument is to be valid. Supposing that the adequacy of my justifying grounds must itself be one of those justifying grounds confuses the role of what justifies and that by virtue of which it does so, just as surely as confusing the premises of a valid argument and that by virtue of which they suffice to entail the conclusion.“[88]

So wenig die Regel des Schlussfolgerns zu den Voraussetzungen einer bestimmten Schlussfolgerung gehöre, so wenig gehöre die Bewertung eines Grundes (als angemessen) zu eben diesem Grund.
Dem nächsten Einwand zufolge beruhen unsere Wahrnehmungsüberzeugungen immer auf Überzeugungen über den Kontext einer Wahrnehmung. Hierzu gehören Überzeugungen über die Situation, in der wir uns befinden, etwa wo wir sind, und zu welcher Zeit; Überzeugungen über unsere Position, ob wir im Flugzeug sitzen und eine Stadt von weit oben sehen oder aber direkt vor einem Haus stehen; und hierzu gehören laut Alston auch Annahmen darüber, ob der Wahrnehmungskontext normal oder ungewöhnlich ist. Alston verneint nicht, dass solche

---

[87] ALSTON, W., Perceiving God, 84ff.
[88] Ebd., 86.

Überzeugungen zum Grund einer Wahrnehmungsüberzeugung gehören können; er verneint, dass dies zwingend der Fall sein muss. Annahmen über den Kontext einer Wahrnehmung seien eher als Hintergrundüberzeugungen aufzufassen, als ‚overriders', die eine konkrete Wahrnehmungsüberzeugung in Frage stellen oder bestätigen können.

Schließlich setzt Alston sich noch mit dem Einwand auseinander, die Identifikation von Individuen und Einzelgegenständen setze Überzeugungen über deren Eigenschaften voraus. So würden wir Gebäude an deren Formen, Farben und Materialien erkennen, sowie daran, wie die Fenster und Türen angeordnet sind. Überzeugungen über die Beschaffenheit eines Gebäudes lassen uns dieses erst erkennen. Personen würden wir an deren Größe, dem Gesicht, der Haarfarbe und anderen Merkmalen erkennen. Die These ist also, dass wir ein Individuum oder einen Gegenstand nur identifizieren können, wenn oder weil wir schon eine Reihe von Überzeugungen über es oder ihn haben. Und damit wäre ein Wahrnehmungseindruck allein nicht hinreichend für eine Aussage über die betreffende Person oder den betreffenden Gegenstand. Alston gesteht zu, dass bei der Identifikation des Referenten Überzeugungen über dessen Eigenschaften eine Rolle spielen. Solche Überzeugungen könnten Grund einer Wahrnehmungsüberzeugung sein, müssten es aber nicht, womit Alston zu folgender Schlussfolgerung gelangt:

„Background beliefs not infrequently figure in the total basis of perceptual beliefs, and in these cases the justification of the latter depends in part on the justification of the former. Nevertheless this is less common than it seems on first sight, and we can often explain the justificatory relevance of background beliefs without supposing them to be part of the basis, and so part of the prima facie justification. Thus there is considerable scope for purely immediately justified perceptual beliefs, even though partly mediately justified beliefs must also be taken into account."[89]

Man fragt sich vielleicht, warum Alston sich in dieser Länge mit den Einwänden gegen eine fundamentalistische Auffassung von

[89] Ebd., 93.

Wahrnehmungsüberzeugungen auseinandersetzt. Der Grund ist wohl einfach der, dass kohärenztheoretische Ansätze gegenwärtig hoch im Kurs sind und jede anderslautende These sich demgegenüber erst einmal zu behaupten hat. Es liegt also von vornherein eine gewisse Rechtfertigungslast auf Alstons Behauptung, Wahrnehmungsüberzeugungen könnten mitunter allein durch Wahrnehmungen gerechtfertigt werden. Was lässt sich an Alstons detaillierter Auseinandersetzung mit dem Thema ablesen? Meines Erachtens vor allem der Status von Wahrnehmungen in Alstons Erkenntnistheorie: Wahrnehmungen haben bei ihm einen eminent hohen Stellenwert. Sie haben ein Rechtfertigungspotential, das unabhängig von Überzeugungen ist. Und als nicht-begriffliche Erkenntnis haben sie eine von Begriffen unabhängige kognitive Funktion.

Alstons Anliegen ist es, Wahrnehmungen als spezifische Erkenntnisleistungen in den Blick zu rücken. Den Erkenntniswert, den Begriffe und Überzeugungen bei Wahrnehmungsprozessen haben mögen, ficht Alston nicht an. Aber er wendet sich entschieden gegen die These, Wahrnehmungen könnten nicht ihrerseits und unabhängig von anderen kognitiven Vermögen einen Beitrag zu unserer Erkenntnis leisten. Genau auf diesen spezifischen Beitrag kommt es ihm an.

1.3 Der Begriff der doxastischen Praxis

Ein Schlüsselbegriff in Alstons Religionsphilosophie ist der Begriff der doxastischen Praxis. Dieser Begriff wurde von ihm geprägt und steht in einer Kontinuität zu Wittgensteins Sprachspielbegriff und Reids ‚Arten der Evidenz'. Gemeint ist mit dem Begriff der doxastischen Praxis eine überzeugungsbildende Praxis. Es geht Alston um unsere verschiedenen Arten, Überzeugungen zu bilden und zu bewerten. Da der Begriff der doxastischen Praxis die Überzeugungsbildung und -bewertung gleichermaßen umfasst, ist es eigentlich nicht ganz richtig, nur von einer überzeugungs*bildenden* Praxis zu sprechen. Ein übergeordneter Begriff wäre notwendig. Da allerdings das Bewerten von Überzeugungen letztlich nichts anderes ist als ein Prozess der Überzeugungsbildung bzw. zu diesem Prozess genauso dazugehört wie das Entstehen von Überzeugungen, halte ich es für gerechtfertigt, den Begriff der doxastischen Praxis mit dem deutschen Ausdruck einer überzeugungsbildenden Praxis wiederzugeben. Dies ist im übrigen nicht nur von der Sache her gerechtfertigt, sondern auch von Alstons eigener Ausdrucksweise. In der Regel verwendet Alston zwar den Ausdruck ‚doxastic practice'; gelegentlich spricht er jedoch auch von einer ‚belief-forming practice'[90]. Man kann den Begriff der Überzeugungsbildung also in einem engeren Sinn verstehen, nämlich als Entstehung einer Überzeugung. Und man kann ihn in einem weiteren Sinn verstehen; dann umfasst er sowohl das Entstehen als auch das Bewerten von Überzeugungen. In diesem weiteren Sinn muss man m.E. den Begriff der doxastischen Praxis verstehen.

Ich habe diese Begriffsklärung vorhergeschickt, um das Verständnis des Begriffs zu erleichtern. In der Tat handelt es sich hierbei um

---

[90] Vgl. ALSTON, W., Perceiving God, 2, 100, 103, 146, 179.

einen schwierigen Begriff, was daran liegt, dass er erstens sehr abstrakt, zweitens sehr komplex ist. Der Begriff ist ein philosophisches Konstrukt und nicht der Alltagssprache entlehnt. Dies macht ein Herantasten an ihn schon einmal von vornherein nötig. Alstons Stil ist grundsätzlich sehr abstrakt, und er führt den Begriff beinahe in technischer Manier ein. Um ihn inhaltlich besser füllen zu können, ist eine Kenntnis von Wittgensteins Sprachspielbegriff und Reids ‚Erkenntnisvermögen' unabdingbar. Gleichzeitig sind weder der Sprachspielbegriff noch die von Reid besprochenen Erkenntnisvermögen mit dem Begriff der doxastischen Praxis gleichzusetzen. Er steht wie gesagt eher in einer gewissen Kontinuität zu diesen.

Die Komplexität des Begriffs kommt spätestens dann zum Vorschein, wenn man seine verschiedenen Aspekte, um nicht zu sagen, Tendenzen, wahrnimmt. Wenn der Begriff der doxastischen Praxis sowohl die Entstehung als auch die Bewertung von Überzeugungen umfasst, dann sind damit zwei Bedeutungstendenzen gegeben, über die man sich im Klaren sein muss, weil einen der Begriff sonst verwirrt. Je mehr Bedeutungstendenzen ein Begriff hat, umso dehnbarer ist er, und umso komplexer ist er insgesamt. Ich habe die Aufschlüsselung des Begriffs in Überzeugungsentstehung und -bewertung eigens an den Anfang gestellt, da eine Begriffsanalyse m.E. von hier aus ihren Ausgang nehmen muss.

All diese einleitenden Bemerkungen deuten an, dass der Begriff der doxastischen Praxis, wie Alston ihn in „Perceiving God" entwickelt, nicht einfach vorausgesetzt werden kann. Das folgende Kapitel wird also vornehmlich interpretierenden Charakter haben. Ich werde so vorgehen, dass ich den Begriff zunächst in seine Einzelkomponenten zerlege und auf diese Weise seine Bedeutungsrichtungen aufzeige. Diese Bedeutungsrichtungen ergeben gewissermaßen ein Grundschema des Begriffs, und ich will dieses als Interpretationsvorschlag verstanden wissen. Dann wird in einem Vergleich zu zeigen sein, inwiefern Alston an Wittgensteins Sprachspielbegriff und an Reids ‚Arten der Evidenz' anknüpft. Auf diese Weise hoffe ich schließlich zu einer volleren Interpretation des Begriffs der doxastischen Praxis zu gelangen, wozu die Übersetzung bereits ein erster Schritt war.

1.3.1 Überzeugungsbildung und -bewertung. Eine Definition.

1.3.1.1 Die doxastische Praxis in ihrer überzeugungsbildenden Funktion

Alston führt den Begriff folgendermaßen ein:

> „A doxastic practice can be thought of as a system or constellation of dispositions or habits, or to use a currently fashionable term, ‚mechanisms', each of which yields a belief as output that is related in a certain way to an ‚input'. SP [sense-perceptual practice, M.W.], for example, is a constellation of habits of forming beliefs in certain ways on the basis of inputs that consist of sense experiences."[91]

Eine doxastische Praxis ist also ein System oder eine Konstellation von Dispositionen oder Gewohnheiten, aufgrund bestimmter Daten bestimmte Überzeugungen zu bilden. Der Begriff ‚Konstellation' scheint mir in diesem Zusammenhang treffender. Er wird dem organischen Charakter einer Praxis doch eher gerecht als der sehr theoretische Begriff des Systems. Sehr technisch wirkt die Formulierung, eine doxastische Praxis sei ein System überzeugungsbildender *Mechanismen*.[92] Einen überzeugungsbildenden Mechanismus fasst Alston im Sinne einer Input-Output-Funktion auf: Inputs einer bestimmten Art führen aufgrund eines Mechanismus zu Überzeugungen einer bestimmten Art. Im Fall der die Sinneswahrnehmung betreffenden Praxis sind die Sinneserfahrungen die Inputs und Überzeugungen über die physische Umgebung die Outputs.[93]

---

[91] Ebd., 153.

[92] Alston spricht auch von "aggregations or families of mechanisms". Ebd., 156. Es sei nicht ein einzelner Mechanismus, der eine doxastische Praxis ausmache, sondern Anhäufungen bzw. eben ganze Familien von Mechanismen.

[93] Siehe hierzu die Definition der die Sinneswahrnehmung betreffenden Praxis: „The practice of forming perceptual beliefs about the physical

Neben SP bespricht Alston auch noch andere doxastische Praktiken: Sie beruhen auf Erinnerung (1), Introspektion (2), rationaler Intuition (3), deduktivem bzw. induktivem Schließen (4) oder mystischer Erfahrung (5).[94] Eine die Erinnerung betreffende Überzeugung *p* geht laut Alston auf den „Erinnerungseindruck" des Inhalts *p* zurück; der überzeugungsbildende Mechanismus führt also von letzterem zu ersterer. Was die introspektive Praxis angeht, so setzt sie sich nach Alston aus Mechanismen zusammen, die von einem aktuellen Bewusstseinszustand ausgehend die Überzeugung hervorbringen, dass man in eben diesem Zustand ist. Bei der deduktiven Praxis könnte der Input etwa der Obersatz und Untersatz eines Modus ponens sein, also „Wenn *p*, dann *q*, nun aber *p*", der Output wäre die Überzeugung „also *q*". In diesem Fall wäre nicht nur der Output eine Überzeugung, sondern auch der Input.[95] Die mystische Praxis – abgekürzt ‚MP' – bilde auf der Grundlage mystischer Erfahrungen Überzeugungen über Gott.[96]

Inputs können Alston zufolge doxastisch oder non-doxastisch sein. Doxastische Inputs wären Überzeugungen, non-doxastische Inputs wären etwa Erfahrungen. Entsprechend unterscheidet Alston transformierende und generierende Praktiken. Bei transformierenden Praktiken geht eine Überzeugung aus einer anderen hervor; bei generierenden Praktiken beruht eine Überzeugung zum Beispiel auf Erfahrung, jedenfalls nicht auf einer anderen Überzeugung.

Zu transformierenden Praktiken zählen laut Alston deduktives und induktives Schließen sowie „propositionales Erinnern", also etwa Erinnern gelernter Inhalte oder früherer Überzeugungen. Beim Schlussfolgern und bei der genannten Form der Erinnerung habe man es nicht mit einem bestimmten Gegenstandsbereich zu tun. Insofern es beim Schlussfolgern und beim Erinnern von

---

environment on the basis of sensory experience (together, sometimes, with suitable background beliefs) we may term ‚sense-perceptual practice' (‚SP' for short)." Ebd., 103.

[94] Vgl. ebd., 6. Siehe auch ALSTON, W., The Reliability of Sense Perception, 8.

[95] Vgl. ALSTON, W., Perceiving God, 156.

[96] Vgl. ebd., 103.

Überzeugungen um die Relation zwischen Überzeugungen als solchen gehe, finden diese Praktiken laut Alston vielmehr in sämtlichen Gegenstandsbereichen Anwendung.
Anders sei es bei generierenden Praktiken, bei denen es nicht um die logische, zeitliche oder wie auch immer geartete Beziehung zwischen Überzeugungen gehe, sondern um den epistemischen Zugang zu einem bestimmten Wirklichkeitsbereich. Da ein bestimmter Wirklichkeitsbereich durch ein entsprechendes Begriffsschema spezifiziert werde, sei eine generierende Praxis immer an ein bestimmtes Begriffsschema geknüpft. SP ermögliche uns den Zugang zu unserer physischen und sozialen Umgebung, die introspektive Praxis erlaube uns den Zugang zu unseren eigenen Bewusstseinszuständen, und MP den Zugang zu Gott. Für all diese Praktiken hätten wir ein eigenes – nämlich zu dem jeweiligen Wirklichkeitsbereich passendes – Begriffsschema, innerhalb dessen wir dann die betreffenden Überzeugungen formulieren.[97]
Überzeugungsbildung wird bei Alston also vorgestellt als ein psychologischer Mechanismus.[98] Die Quellen unserer Überzeugungen sind Sinneserfahrung, Erinnerung, Introspektion, rationale Intuition, schlussfolgerndes Denken und mystische Erfahrung. Das sind die Erkenntnisvermögen, die uns die Inputs unserer Überzeugungen liefern. Nun kann der Input einer Überzeugung selbst eine Überzeugung sein, oder aber eine Erfahrung, ein Erinnerungseindruck oder ein gegenwärtiger Bewusstseinszustand. Dass wir aufgrund dieser Inputs nicht zu irgendwelchen Überzeugungen gelangen, sondern zu bestimmten Überzeugungen, dafür ist ein Mechanismus verantwortlich, der einen bestimmten Input mit einer bestimmten Überzeugung korreliert. Ob das Verhältnis von Input und Output als ein kausales zu denken ist oder als Korrelation, lasse ich zunächst dahingestellt.

---

[97] Vgl. ebd., 157f.

[98] „Thus far we have been presenting doxastic practices in their purely factual guise, as utilizations of families of *psychological mechanisms* for belief formation.“ [Hervorhebung, M.W.] Ebd., 158.

Jedenfalls ist der Mechanismus als Disposition oder Gewohnheit aufzufassen.

Eine doxastische Praxis ist nun ein ganzes System solcher Mechanismen. Die Art der Überzeugungsbildung unterscheidet sich, je nachdem, welcher Quelle eine Überzeugung entspringt. Sinneserfahrungen werden auf andere Weise zu Überzeugungen als Erinnerungen. Das heißt zum einen, dass sich die Klassifikation der doxastischen Praktiken an den verschiedenen Erkenntnisvermögen orientiert. Zum anderen heißt dies, dass nach Alston jedes Erkenntnisvermögen auf ganz spezifische Weise Überzeugungen hervorbringt. Und diese spezifische Weise der Überzeugungsbildung gruppiert die Mechanismen zu verschiedenen Systemen.

1.3.1.2 Die doxastische Praxis in ihrer überzeugungsbewertenden Funktion

„Thus far we have been presenting doxastic practices in their purely factual guise, as utilizations of families of psychological mechanisms for belief formation. But there is an evaluative side to them too, as Wittgenstein emphasized. They also involve distinctive ways of assessing and correcting the beliefs so formed. When we acquire these practices, the evaluative system is as much a part of what we learn as the sheer habits of going from a type of input to a corralated type of output. In part these assessment procedures are just the reverse side of the coin we have already presented."[99]

Eine überzeugungsbildende Praxis umfasst nach Alston also nicht nur die Mechanismen der Überzeugungsbildung, sondern auch Verfahren oder Vorgehensweisen, die gewonnenen Überzeugungen auf ihre Tragfähigkeit hin zu überprüfen. Das heißt, die Überzeugungen werden vor dem Hintergrund eines ganzen Bewertungssystems beurteilt und, wenn nötig, korrigiert. Wenn wir in eine Praxis hineinwachsen, dann übernehmen wir nach Alston nicht nur die Art, wie aufgrund bestimmter Informationen bestimmte Überzeugungen gebildet werden, sondern wir lernen auch, wie diese Überzeugungen zu beurteilen sind.

---

[99] Ebd., 158.

Für das Bewertungssystem einer doxastischen Praxis hat Alston einen eigenen Begriff, den des ‚overrider systems'. Das englische ‚override' heißt eigentlich ‚umstoßen', und so könnte man meinen, ein ‚overrider system' sei ein Widerlegungssystem. Aber nach Alston besteht die Aufgabe des overrider systems nicht einfach nur darin, Überzeugungen zu widerlegen, sondern grundsätzlicher darin, sie zu bewerten. Und dies kann natürlich auch heißen, sie zu bestätigen.[100]

Wenn wir aufgrund von irgendetwas eine Überzeugung bilden, dann ist diese nach Alston zunächst einmal nur prima facie gerechtfertigt. Um im vollen Sinne epistemisch gerechtfertigt zu sein, darf sie von den Annahmen des Hintergrundsystems nicht widerlegt werden. Widerlegt würde eine prima facie gerechtfertigte Überzeugung dann, wenn sich entweder ‚rebutters' fänden, Gründe, dass das Gegenteil der Überzeugung wahr ist, oder aber ‚underminers', Gründe, dass die Basis der Überzeugung in diesem konkreten Fall keine angemessene Rechtfertigung darstellt.[101]

Für letzteres bringt Alston folgendes Beispiel: Eine Blume erscheint mir purpurrot. Wenn ich jedoch gute Gründe dafür habe, dass sich in diesem Garten keine purpurnen Blumen befinden, oder wenn ich weiß, dass der Einfall des Lichts weiße Blumen rot aussehen lässt, bin ich, alles in allem, nicht in der Überzeugung gerechtfertigt, die Blume sei purpurrot. Die Erfahrung rechtfertigt mich zwar prima facie in meiner Überzeugung. Diese Prima-facie-Überzeugung wird durch die anderen Überlegungen und durch mein Wissen um die Gesamtsituation jedoch untergraben.[102]

---

[100] „[...] tests can have a positive as well as a negative outcome; they do not always override. Actually I have been thinking of my 'overrider systems' in this way all along, though the term fails to indicate that. From now on, whether I speak of 'checks and tests' or 'overrider systems', I should be taken as thinking of precedures and criteria for testing beliefs for correctness and putative justifications for efficacy, where these tests may have either a positive or a negative outcome." Ebd., 209.

[101] Vgl. ebd., 72.

[102] Vgl. ebd., 79.

Im übrigen hängt auch schon die Prima-facie-Rechtfertigung einer Überzeugung daran, ob man in der Lage ist, Gegengründe für die Überzeugung zu finden. Eine Überzeugung ist also nicht als solche schon prima facie gerechtfertigt, sondern nur vor dem Hintergrund eines Urteilsvermögens. Welches sich nach Alston eben so äußert, dass man gegebenenfalls Einwände gegen die Überzeugung hervorbringen kann.[103] Um dies tun zu können, müsse man mit einem ganzen System von Überzeugungen vertraut sein und die Wege kennen, wie man einzelne Überzeugungen auf ihre Berechtigung hin überprüfen kann. Um etwa entscheiden zu können, ob eine bestimmte Wahrnehmungsüberzeugung wahr ist, oder ob die Situation Zweifel an der rechtfertigenden Basis der Überzeugung aufkommen lässt, müsse man ziemlich viel über den Wirklichkeitsbereich wissen, auf den sich die Überzeugung beziehe. Und man müsse auch wissen, wie man in diesem Wirklichkeitsbereich gegebenenfalls mehr Wissen erlangen kann.[104]

„Since these background systems of belief and knowledge and these background capacities are required for participation in the doxastic practice in question, it is natural to count them as a part of the practice. Let's say then that attached to each practice is an 'overrider system' of beliefs and procedures that the subject can use in subjecting prima facie justified beliefs to further tests when that is called for."[105]

Laut Alston ist nur generierenden, nicht jedoch transformierenden Praktiken ein besonderes ‚overrider system' zu eigen. Da eine generierende Praxis auf einen bestimmten Gegenstandsbereich gerichtet sei, versammle sich in deren Hintergrundsystem[106] alles relevante Wissen darüber. Darüber hinaus zeige das Hintergrundsystem Methoden auf, wie man bei Bedarf noch mehr

[103] Vgl. ebd., 72, 158.
[104] Ebd., 158f.
[105] Ebd., 159.
[106] ‚Hintergrundsystem' ist hier die Übersetzung für ‚overrider system'. Alston gebraucht selber oft den Begriff des ‚background system' und betont damit die theoretische Komponente des Overrider-Systems. Häufig übersetze ich ‚overrider system' auch mit ‚Bewertungssystem'.

über den betreffenden Gegenstandsbereich herausfinden könne. Die Besonderheit des Hintergrundsystems liegt also an dem spezifischen Gegenstandsbereich der jeweiligen Praxis. Folglich lassen sich generierende doxastische Praktiken nach Alston unter anderem an ihren Hintergrundsystemen unterscheiden. Da transformierende Praktiken formaler Natur sind und auf jeden Gegenstandsbereich angewandt werden können, lassen sich diese nicht anhand des Overrider-Systems unterscheiden. Damit ist nicht gesagt, dass es für transformierende Praktiken keine Überprüfungsinstanzen gibt, nur, dass sie inhaltlich keinem *besonderen* Bewertungssystem unterliegen.[107]

1.3.2 Die Individuation doxastischer Praktiken. Zum Status des Begriffs

Wichtig ist freilich die Frage, was eine doxastische Praxis ausmacht und sie von einer anderen unterscheidet.

> „Since a doxastic practice is essentially the exercise of a family of belief-forming mechanisms, the unity of a doxastic practice is most centrally a function of important similarities in the constituent mechanisms. And since a belief-forming mechanism is simply the realization of an input-output function, the unity of a doxastic practice most basically consists in important similarities in input, in output, and in the function connecting the two. There is no one uniquely right way to group mechanisms into practices. A doxastic practice has only 'conceptual' reality. It proves convenient for one or another theoretical purpose to group particular mechanisms into larger aggregations, but a 'practice' is not something with an objective reality that constrains us to do the grouping in a certain way. One way of cutting the pie will be best for some purposes and other ways for other purposes. I am assuming that any plausible mode of individuation will group mechanisms into a single practice only if there are marked similarities in inputs and functions, but that still leaves us considerable latitude."[108]

Als Individuationsprinzip nennt Alston wichtige Ähnlichkeiten der die jeweilige Praxis konstituierenden Mechanismen, also

---

[107] Vgl. ALSTON, W., Perceiving God, 167.
[108] Ebd., 165.

Ähnlichkeit der Inputs, der Outputs und der Input-Output-Funktionen. Da es sich bei dem Begriff der doxastischen Praxis um ein theoretisches Konstrukt handle, habe man bei der Einteilung eine gewisse Freiheit. Wie man die Praktiken einteilt, ist nach Alston vom jeweiligen theoretischen Interesse, d.h. von der Fragestellung abhängig. So könne man den verschiedenen Sinnen verschiedene perzeptive Praktiken zuordnen oder die Wahrnehmungen der fünf Sinne zu einer Praxis zusammenfassen. Dies macht deutlich, dass der Begriff nicht völlig beliebig ist. Die Freiheit bezieht sich dem genannten Beispiel zufolge auf den Grad an Spezifität.

Alston entscheidet sich dafür, die Wahrnehmungen der verschiedenen Sinne und die aus ihnen gewonnenen Überzeugungen zu einer doxastischen Praxis zusammenzufassen, zur ‚sense-perceptual practice'. Alston setzt also einen allgemeinen Begriff der Sinneswahrnehmung voraus. Worin besteht die Ähnlichkeit der Inputs von SP? Laut Alston besteht sie darin, dass ein Gegenstand *X* dem Subjekt *S* auf eine bestimmte Art und Weise erscheint. Ob man nun etwas schmeckt oder sieht, man schmeckt oder sieht *etwas*, und dieser Gegenstand hat einen bestimmten Geschmack oder eine bestimmte Gestalt, also allgemein *bestimmte Eigenschaften*.

Der Input einer Sinneswahrnehmung bestehe also immer darin, dass einem ein Gegenstand gegeben sei und sich einem dessen Qualitäten zeigen.

Wie ist es zweitens mit den Input-Output-Funktionen? Nun ist eine doxastische Praxis nicht einfach eine Input-Output-Funktion, sondern eine ganze Familie von Input-Output-Funktionen. Worin kommen die Input-Output-Funktionen von SP überein?

„There are […] important similarities in functions, though the presence of background beliefs of many different kinds and modes of relevance makes a simple formulation of the commonality impossible. A strong thread is the connection between 'looks P' and 'is P'. Leaving background beliefs out of the picture, we can say that a common type of function here is one that goes from 'looks P' to 'is P' (e.g., from something's looking red to the belief that it is red), in the absence of any reason to suspect that output."[109]

Allgemein formuliert liege die überzeugungsbildende Funktion bei unseren Sinneswahrnehmungen darin, dass wir aufgrund der Erfahrung, dass einem X als φ erscheint, zu der Überzeugung kommen, dass X φ ist. Man habe es zwar nicht immer mit einem einfachen Übergang von einer Sinneserfahrung zu einer Tatsachenbehauptung zu tun, da bei der Überzeugungsbildung neben der Erfahrung auch Hintergrundüberzeugungen eine Rolle spielten. Und doch sei dieser Übergang ein gemeinsamer Zug jeder Überzeugungsbildung aufgrund von Sinneserfahrung.[110]

Was Alston am Beispiel der Sinneswahrnehmung durchexerziert hat, lässt sich im Hinblick auf die anderen doxastischen Praktiken verallgemeinern: Als Unterscheidungskriterium nennt er erstens die Besonderheit der Inputs, zweitens in Bezug auf die Überzeugungsbildung einen bestimmten Funktionstyp. Schaut man sich allerdings die Funktionstypen der anderen doxastischen Praktiken an, so muss man feststellen, dass diese sich nicht so sehr voneinander unterscheiden. Jedenfalls gilt diese Typähnlichkeit für die generierenden doxastischen Praktiken: Die introspektive Praxis führe einen von einem gegenwärtigen Bewusstseinszustand zu der Überzeugung, dass man in eben diesem Zustand sei. Bei den Erinnerungen sei es ähnlich: Man gelange von einem Erinnerungseindruck des Inhalts *p* zu der Überzeugung, *dass p*.[111] Die Überzeugungen werden also alle aufgrund eines bestimmten Inhalts gebildet und sind von der Art, dass dieser Inhalt als Sachverhalt behauptet wird. Die genannten Praktiken unterscheiden sich also weniger in der Art der Überzeugungsbildung als in der Basis der Überzeugungen.

---

[109] ALSTON, W., The Reliability of Sense Perception, 8.
[110] Vgl. ALSTON, W., Perceiving God, 165f.
[111] Vgl. ebd., 156.

Es ist Alston zufolge also in erster Linie die Ähnlichkeit der Input-Output-Funktionen, die eine doxastische Praxis von einer anderen unterscheidet. Andere Unterscheidungskriterien seien die Ähnlichkeit der kausalen Entstehung, die Ähnlichkeit der psychologischen Funktion und die Ähnlichkeit des physiologischen Unterbaus. Alston klassifiziert die doxastischen Praktiken nach verschiedenen mentalen Akten: Wahrnehmung, Erinnerung, Introspektion, rationale Intuition, schlussfolgerndes Denken. Wie sich noch zeigen wird, ist diese Klassifikation weitgehend von Reids „Essays on the Intellectual Powers of Man" inspiriert. Nun seien diese Erkenntnisarten mit verschiedenen psychologischen Zuständen und Prozessen verbunden; unter Umständen haben sie auch verschiedene physiologische Grundlagen. Am Beispiel von Wahrnehmung und Denken könne man sich dies vor Augen führen: Wahrnehmungsprozesse laufen psychologisch vollkommen anders ab als Denkakte, und hinsichtlich der physiologischen Grundlagen unterscheiden sich diese beiden Erkenntnisarten auch. An Wahrnehmungen sind unsere Sinne maßgeblich beteiligt, am Denken unser Verstand. Bleibt noch zu klären, was mit der kausalen Entstehung gemeint ist. Im Zusammenhang mit der Sinneswahrnehmung wird dies deutlich:

> „Again, an important part of what is responsible for our having a general category of *sense perception* is the fact that all sensory experience is due to the stimulation of sense receptors and that the character of the experience closely reflects features of that stimulation. This is not an intrinsic similarity of inputs, but it is an important similarity, and we are not debarred from taking it into account."[112]

Jede Sinneserfahrung gehe auf eine Stimulation der Sinnesrezeptoren zurück bzw. werde durch diese verursacht. Dies ist nun eine kausale Bedingung *jeder* Sinneserfahrung und gleichzeitig eine *spezifische* Bedingung der Sinneserfahrung – von daher als Unterscheidungskriterium für SP geeignet.

---

[112] Ebd., 106.

Ein weiteres Individuationsprinzip ist Alston zufolge die Homogenität der Praxis unter epistemischen Gesichtspunkten. Alston geht es darum, überzeugungsbildende Praktiken auf ihre Zuverlässigkeit hin zu untersuchen. Um über die Zuverlässigkeit einer Praxis als solcher eine Aussage machen zu können, müsse vorausgesetzt werden, dass die überzeugungsbildenden Mechanismen etwa den gleichen Grad an Zuverlässigkeit aufweisen. Epistemische Homogenität als Einteilungsprinzip kann laut Alston nur vor dem Hintergrund der anderen Individuationsprinzipien geltend gemacht werden. Das heißt, die Frage nach dem Grad der Zuverlässigkeit ist eine sekundäre Überlegung. Sie setzt eine Grundeinteilung der Praktiken schon voraus. Vor diesem Hintergrund macht es dann Sinn, die Praktiken entsprechend dem Grad ihrer Zuverlässigkeit weiter aufzugliedern oder zu größeren Einheiten zusammenzufassen. Epistemische Gleichartigkeit ist ein rein theoretischer Grund für die Einteilung doxastischer Praktiken. Dies macht deutlich, dass der Begriff der doxastischen Praxis ein theoretisches Konzept ist, das für epistemologische Fragestellungen nutzbar gemacht werden kann.

Wie ich an anderer Stelle bereits sagte, lassen sich generierende doxastische Praktiken – also solche, die es mit einem bestimmten Gegenstandsbereich zu tun haben – anhand ihres Overrider-Systems unterscheiden. Das Hintergrundsystem ist also ein Individuationsprinzip für generierende Praktiken. Es ist besonders relevant für die Unterscheidung von SP und MP[113] einerseits und für die Unterscheidung verschiedener mystischer doxastischer Praktiken andererseits.

„Hence, practices of the latter kinds [transformational practices, M.W.] cannot be distinguished from other practices by their overrider systems, while generational practices can. This is an important point for this book, since this is one of the chief bases for distinguishing between SP and MP. As we have seen, we can give a formulation of an input-output function that applies to both. No doubt, they have qualitatively different experiential inputs; but that is

[113] ‚MP' ist die Abkürzung für ‚Mystical perceptual doxastic practice'.

equally true of different sensory modalities. The experiential input for MP does not, so far as we know, stem from the stimulation of physical sense receptors, but since we understand so little about the input of MP, that is a rather shaky basis for differentiation. The most important basis for treating SP and MP as distinct practices is that our beliefs about the physical world and about God constitute systems each of which is complexly interrelated but only tenuously related to the other. The two systems of belief, in addition to differences in subject matter and conceptual scheme, have different sources, different criteria of assessment, and different ways of hanging together. In Chapter 5 we will see that differences in overrider systems not only lead us to distinguish MP from SP but also force us to distinguish different MP practices."[114]

Da es sich sowohl bei SP als auch bei MP um eine perzeptive Praxis handle, lasse sich für beide dieselbe Input-Output-Funktion angeben. Diese führe in beiden Fällen von der Erfahrung, dass einem X als φ erscheine, zu der Überzeugung, dass X φ sei.[115] Die Input-Output-Funktion sei als Unterscheidungsmerkmal somit nicht geeignet. Ebenso wenig sei dies der qualitative Unterschied der Inputs, da es auch schon innerhalb des Spektrums der Sinneserfahrung qualitative Unterschiede in den Inputs gebe. Nun könne man zwar davon ausgehen, dass mystische Wahrnehmung im Gegensatz zur Sinneswahrnehmung nicht durch eine Stimulierung der Sinnesorgane verursacht werde. Als Unterscheidungskriterium sei dies dennoch zu schwach, da wir über die Entstehung mystischer Wahrnehmung laut Alston nur sehr wenig Bescheid wissen.
Die Unterscheidung von SP und MP beruht also darauf, dass die Überzeugungssysteme dieser beiden Praktiken radikal verschieden sind. Man habe es mit zwei komplexen Systemen zu tun, die jedoch nur lose zusammenhängen. Überzeugungen über Gott haben laut Alston andere Quellen und andere Bewertungskriterien als Überzeugungen über die physische Welt. Sie hängen anders zusammen und gehen, da sie es mit verschiedenen Gegenstands-

114 ALSTON, W., Perceiving God, 167f.
115 Vgl. ebd., 156.

bereichen zu tun haben, mit verschiedenen Begriffsschemen einher.[116]

Ich möchte die Unterscheidungskriterien abschließend zusammenfassen und bewerten. Als Individuationsprinzipien nennt Alston: (1) bedeutende Ähnlichkeiten der Inputs sowie der Input-Output-Funktionen, (2) Ähnlichkeit der kausalen Entstehung, der psychologischen Erscheinung und der physiologischen Grundlagen einer Art von Überzeugungsbildung, (3) epistemische Homogenität, d.h. Gleichartigkeit im Grad der Zuverlässigkeit und (4) ein gemeinsames Overrider-System. Diese Unterscheidungskriterien sind nun nicht nur sehr heterogen; sie sind auch nicht durchgängig anwendbar. Dies lässt die Frage aufkommen, wie tauglich sie denn sind, um die Identität einer doxastischen Praxis zu bestimmen.
Ein signifikanter Unterschied besteht bei generierenden Praktiken wohl in den Inputs, in den psychologischen und physiologischen Grundlagen sowie im Overrider-System. Dass Alston die Input-Output-Funktionen als Unterscheidungskriterium so sehr in den Mittelpunkt rückt, leuchtet nicht ganz ein. Denn die Input-Output-Funktion ist offensichtlich ein formales Prinzip, das für verschiedene generierende Praktiken gleichermaßen Anwendung findet. Ob man es mit Introspektion, Erinnerung oder Wahrnehmung zu tun hat, in jedem Fall besteht die Funktion darin, dass aufgrund eines bestimmten Inhalts eine Überzeugung gebildet wird, die diesen Inhalt als Sachverhalt behauptet. Aber selbst, wenn man sich auf die generierenden Praktiken beschränkt, finden die oben genannten Unterscheidungskriterien nicht durchgängig Anwendung: SP und MP zum Beispiel lassen sich nicht aufgrund der Input-Output-Funktion unterscheiden, sondern vor allem aufgrund des Hintergrundsystems. Für die Unterscheidung transformierender Praktiken spielt das Hintergrundsystem dagegen gar keine Rolle.

---

[116] Zu den Individuationsprinzipien doxastischer Praktiken vgl. ALSTON, W., Perceiving God, 165ff.

Nun ist das Overrider-System eine völlig andere Größe als die Input-Output-Funktion. Wenn aber nicht alle Unterscheidungskriterien auf alle Praktiken anwendbar sind, sondern das eine Kriterium zur Unterscheidung dieser und jener Praxis, das andere Kriterium zur Individuation einer anderen Praxis, dann stellt sich die Frage nach der Vergleichbarkeit der Individuationsprinzipien. Wieso wird in dem einen Fall das Overrider-System als Unterscheidungskriterium herangezogen, in dem anderen Fall die Input-Output-Funktion? Und wieso sollten diese beiden grundverschiedenen Kriterien gleichermaßen adäquat sein? Die Unvergleichbarkeit der Kriterien und die Tatsache, dass einige Unterscheidungskriterien nur für bestimmte Praktiken gelten oder sogar nur bei der Unterscheidung zweier Praktiken relevant werden, lassen den Eindruck aufkommen, dass sie nachträglich zu einer bereits erfolgten Einteilung formuliert wurden und gewissermaßen einem Bedarfsprinzip gehorchen. Dass also das eine Kriterium hier zur Unterscheidung passend erscheint, das andere dort.
Ich lasse es dahingestellt sein, ob die mangelnde Transparenz der Individuationsprinzipien die Identität doxastischer Praktiken in Frage stellt. Fest steht m.E. jedenfalls, dass die Identität doxastischer Praktiken aufgrund der von Alston formulierten Individuationsprinzipien nicht so recht sichtbar wird. Wo Unterscheidungskriterien weder vergleichbar noch durchgängig anwendbar sind, lassen sich die unterschiedenen Gegenstände schwer ausmachen.

So bin ich abschließend bei der Frage nach dem Status des Begriffs. Nach Alstons eigenen Worten hat eine doxastische Praxis nur „'conceptual' reality“[117]. Eine ‚Praxis' sei nicht etwas mit einer objektiven Realität. Wie ist das gemeint? Mit ‚Praktiken' meinen wir doch unsere Handlungsweisen, und diesen würde wohl niemand den Realitätsgehalt im objektiven Sinn absprechen. Was meint Alston also, wenn er einer doxastischen Praxis nur begriffliche Realität zuschreibt? Er meint damit wohl den theoretischen Status

---

[117] Ebd., 165.

des Begriffs, dass dieser also nur theoretisch relevant ist. Der Begriff der doxastischen Praxis referiert demnach nicht auf eine bestimmte Tatsache oder einen Tatsachenzusammenhang, sondern benennt eine erkenntnistheoretische Größe. Ähnlich ist es bei dem Begriff des Begriffsschemas. Ein Begriffsschema ist kein konkreter Gegenstand der Welt, sondern Teil einer bestimmten Erkenntnistheorie. Innerhalb der Theorie benennt er durchaus etwas, aber eben nur innerhalb der Theorie.
Anhand der oben genannten Individuationsprinzipien nach konkreten Gegenständen oder Tatsachenzusammenhängen zu suchen, macht vor diesem Hintergrund keinen Sinn. Eher ist es so, dass die Individuationsprinzipien einen theoretischen Begriff explizieren.

1.3.3 Die Quellen des Begriffs

1.3.3.1 Wittgensteins Sprachspielbegriff

Mit dem Begriff der doxastischen Praxis knüpft Alston an Wittgensteins Sprachspielbegriff an. An einer Stelle setzt er die beiden Begriffe explizit in ein Verhältnis:

> „What Wittgenstein called a ‚language game' is something much more inclusive than the term would suggest. It involves modes of belief formation and assessment (the aspect we shall be concentrating on under the rubric 'doxastic practice'), characteristic attitudes, feelings and modes of behavior toward certain sorts of things, as well as ways of talking. The Wittgensteinian term 'form of life' is better suited to suggest the richness of the concept."[118]

An anderer Stelle setzt Alston den Begriff des Sprachspiels und den Begriff der doxastischen Praxis gleich, wobei er letzterem den Vorzug gibt.[119] Die erste Stelle bestimmt das Verhältnis am genauesten. Demnach ist mit ‚doxastischer Praxis' ein Aspekt des Wittgenstein'schen Sprachspiels gemeint: das Sprachspiel als eine bestimmte Praxis der Überzeugungsbildung und -bewertung.

---

[118] Ebd., 154, Anm. 13.

[119] Vgl. ALSTON, W., Epistemic Circularity, in: Epistemic Justification, 347.

Der Begriff des Sprachspiels

Zunächst möchte ich den Sprachspielbegriff bei Wittgenstein kurz skizzieren. Ein Beispiel ist das sogenannte Bauarbeitersprachspiel:

„Denken wir uns eine Sprache, für die die Beschreibung, wie Augustinus sie gegeben hat, stimmt: Die Sprache soll der Verständigung eines Bauenden A mit einem Gehilfen B dienen. A führt einen Bau auf aus Bausteinen; es sind Würfel, Säulen, Platten und Balken vorhanden. B hat ihm die Bausteine zuzureichen, und zwar nach der Reihe, wie A sie braucht. Zu dem Zweck bedienen sie sich einer Sprache, bestehend aus den Wörtern: ‚Würfel', ‚Säule', ‚Platte', ‚Balken'. A ruft sie aus; – B bringt den Stein, den er gelernt hat, auf diesen Ruf zu bringen. – Fasse dies als vollständige primitive Sprache auf."[120]

Es handelt sich hierbei um eine erfundene Situation, in der es um die Verständigung zwischen zwei Bauarbeitern geht. Man erfährt, was sie tun, womit sie es zu tun haben, und wie sie sprechen. Primitiv ist die Sprache, insofern sie mit wenigen Wörtern auskommt, und insofern die Verständigung nur auf einer Art von Sprachhandlungen beruht: Ausrufen und Reagieren. Vollständig ist die Sprache, insofern für das Gelingen der Kommunikation nichts fehlt. Über diese ‚primitiven Sprachformen' sagt Wittgenstein:

„Ich werde in Zukunft immer wieder deine Aufmerksamkeit auf das lenken, was ich Sprachspiele nennen werde. Das sind einfachere Verfahren zum Gebrauch von Zeichen als jene, nach denen wir Zeichen in unserer äußerst komplizierten Alltagssprache gebrauchen. Sprachspiele sind die Sprachformen, mit denen ein Kind anfängt, Gebrauch von Wörtern zu machen. Das Studium von Sprachspielen ist das Studium primitiver Sprachformen oder primitiver Sprachen. Wenn wir die Probleme von Wahrheit und Falschheit, von der Übereinstimmung oder Nichtübereinstimmung von Sätzen mit der Wirklichkeit, von der Beschaffenheit von Behauptung, Annahme und Frage studieren wollen, dann wird es von Vorteil sein, primitive Sprachformen zu untersuchen, in denen diese Denkformen ohne den verwirrenden Hintergrund äußerst komplizierter Denkprozesse auftreten. Wenn wir solche einfachen Sprachformen untersuchen, dann verschwindet der geistige Nebel, der unsern gewöhnlichen Sprachgebrauch einzuhüllen scheint. Wir sehen Tätigkeiten und Reaktionen, die klar und durchsichtig sind. Andrerseits erkennen wir in diesen einfachen

---

[120] WITTGENSTEIN, L., Philosophische Untersuchungen, §2.

Vorgängen Sprachformen, die von unseren komplizierteren Sprachformen keineswegs durch einen Einschnitt getrennt sind. Wir sehen, daß wir die komplizierten Formen aus den primitiven zusammensetzen können, indem wir nach und nach neue Formen hinzufügen."[121]

Sprachspiele sind also einfachere Verfahren zum Gebrauch von Zeichen. Es handelt sich bei Wittgensteins Sprachspielen meist um konstruierte Sprechsituationen, die überschaubar sind und in der Regel einen Aspekt der Sprache sichtbar machen. Sie können einen bestimmten Aspekt der Sprache gerade deshalb sichtbar machen, weil sie so einfach sind. Die Alltagssprache ist demgegenüber viel komplexer. Dennoch ist es nicht so, dass die Sprachspiele nichts mit der Alltagssprache zu tun haben.

Mittels der Sprachspiele soll ja gerade die Sprache studiert werden. Laut Wittgenstein sind die Sprachspiele Vergleichsobjekte, die durch Ähnlichkeit und Unähnlichkeit die Verhältnisse der Sprache erhellen sollen.[122] Die klassischen sprachphilosophischen Fragen, wie die nach der Übereinstimmung von Sätzen mit der Wirklichkeit oder nach der Beschaffenheit verschiedener Sprachhandlungen, seien auf diese Weise leichter zu klären. Die Sprachspiele haben demzufolge Modellcharakter. Sie sind Modelle der Sprache.[123]

Die Sprachspiele sind jedoch nicht nur Teil von Wittgensteins sprachphilosophischer Methode. Sie knüpfen an die Alltagssprache an und sind ein Teil von dieser. Wie Wittgenstein sagt, sind Sprachspiele diejenigen Sprachformen, mit denen ein Kind seine Muttersprache erlernt.[124] Außerdem sagt Wittgenstein, dass die Sprachspiele von der komplizierteren Alltagssprache keineswegs durch einen Einschnitt zu trennen seien. Man könne die Sprachspiele ohne weiteres erweitern und so die Komplexität erhöhen. Von daher sind die Sprachspiele nicht nur Konstrukte und Mittel des Vergleichs, sondern Realität. Man könnte mit Koritensky

[121] WITTGENSTEIN, L., Blaues Buch, 36f.

[122] Vgl. WITTGENSTEIN, L., Philosophische Untersuchungen, § 130.

[123] Vgl. KORITENSKY, A., Wittgensteins Phänomenologie der Religion, 86f.

[124] Vgl. WITTGENSTEIN, L., Philosophische Untersuchungen, § 7.

auch sagen, das Sprachspiel sei eine Tatsache.[125] Als deutlichen Hinweis auf den Tatsachencharakter des Sprachspiels sieht Koritensky eine Stelle in „Über Gewissheit", wo es heißt, dass das Sprachspiel „etwas ist, was in wiederholten Spielhandlungen in der Zeit besteht"[126].

Wie sind Modell- und Tatsachencharakter des Sprachspiels zusammenzudenken? Koritensky gibt darauf folgende Antwort:

> „[...] erst durch die Differenz von Sprachspiel und Sprache ist ein Vergleich, den das Sprachspiel ja leisten soll, möglich. Daher dürfen Weltsein und Weltbeschreibung auch im Sprachspiel nicht einfach in eins fallen, wie H.L. Finch[127] vorschlägt. Die Verbindung, die das genetische Prinzip zu leisten hat, muß sich Wittgenstein eher als eine ‚*Einheit in Differenz*' gedacht haben. Ein Sprachspiel ist nicht per se eine Tatsache, sondern wird zu einer durch die Tatsachen des Lebens, die in das Sprachspiel ‚eingehen' (PU 654). Das Sprachspiel ist folglich nicht mit diesen Tatsachen identisch, aber auf sie bezogen. D.h. das Sprachspiel ist nicht so sehr ein Ausschnitt aus dem Tatsachengefüge unserer Welt, als vielmehr deren Zusammenfassung. Die Welt ist gewissermaßen ‚eingefaltet' vorhanden und kann schrittweise ‚entwickelt' werden, wie man aus der ‚Urpflanze' nach und nach die kompliziertesten Pflanzenarten entwickeln kann."[128]

Problematisch ist die Frage, wie das Sprachspiel eine Tatsache sein kann, wo es doch ein *Modell* der Sprache und damit der Tatsachen ist. In der Tat würde die Modellhaftigkeit des Sprachspiels aufgehoben, wenn man es einfach mit der Sprache gleichsetzte. Nach Koritensky ist das Sprachspiel nicht als solches schon eine Tatsache, aber es ist auf die Tatsachen bezogen – und zwar durch das, was er das „genetische Prinzip" nennt. Ich verstehe dies so, dass das Sprachspiel der Alltagssprache nicht entfremdet, sondern ihr entlehnt ist. Der Unterschied zur Alltagssprache besteht in der Übersichtlichkeit und Einfachheit. Dass das Sprachspiel aus der Alltagssprache hervorgeht, dafür steht der Hinweis auf das Erlernen

[125] Vgl. KORITENSKY, A., Wittgensteins Phänomenologie der Religion, 87f.
[126] WITTGENSTEIN, L., Über Gewissheit, § 519.
[127] Vgl. FINCH, H., Wittgenstein – The Later Philosophy, 73f.
[128] KORITENSKY, A., Wittgensteins Phänomenologie der Religion, 90f.

der Sprache. Sprachspiele sind laut Wittgenstein die Form, in der Kinder ihre Muttersprache lernen. Schon auf diese Weise ist der Bezug zur Welt gewährleistet. Zum anderen verstehe ich es so, dass sich am Sprachspiel die Züge der Sprache und damit der Welt zeigen lassen, und zwar in beliebiger Komplexität. Das Verhältnis zwischen Sprachspiel und Sprache ist also nicht das eines Abbilds, sondern es ist ein modellhaftes und zugleich ein organisches.

Inwiefern knüpft Alston an Wittgensteins Sprachspielbegriff an?

Ich habe es bereits erwähnt, dass Alston den Begriff der doxastischen Praxis und den Begriff des Sprachspiels gleichsetzt, zumindest insofern dieses überzeugungsbildende und -bewertende Funktion hat. Aus dem obigen Zitat ging außerdem hervor, dass Alston nicht sehr streng zwischen Sprachspiel und Lebensform unterscheidet. Züge, die Wittgenstein dem Sprachspiel und der Lebensform zuschreibt, schreibt Alston der doxastischen Praxis zu. Und was bei Wittgenstein das dem Sprachspiel und der Lebensform zugrundeliegende Weltbild ist, ist bei Alston das Überzeugungssystem einer doxastischen Praxis. Die Parallele betrifft also vor allem das Verhältnis von Weltanschauung und Lebenspraxis.
So habe eine doxastische Praxis mit dem ‚overrider system' eine wertende Seite. Das ‚overrider system' ist das Bewertungssystem einer doxastischen Praxis und setzt als solches ein ganzes Überzeugungssystem voraus. Alston knüpft in diesem Punkt an Wittgensteins Weltbildbegriff an, wie er ihn in „Über Gewissheit" entwickelt. Dem Kind wird laut Wittgenstein ein ganzes System von Urteilen beigebracht, und das, was es da nach und nach erlernt, ist sein Weltbild.[129] Den Weltbildbegriff entfaltet Wittgenstein in den folgenden Paragraphen:

„Aber mein Weltbild habe ich nicht, weil ich mich von seiner Richtigkeit überzeugt habe; auch nicht, weil ich von seiner Richtigkeit überzeugt bin. Sondern es ist der überkommene Hintergrund, auf welchem ich zwischen wahr und falsch unterscheide.

---

[129] Vgl. WITTGENSTEIN, L., Über Gewissheit, §§ 140ff., § 144.

Die Sätze, die dies Weltbild beschreiben, könnten zu einer Art Mythologie gehören. Und ihre Rolle ist ähnlich der von Spielregeln, und das Spiel kann man auch rein praktisch, ohne ausgesprochene Regeln, lernen.“[130]

Das Weltbild wird einem von klein auf beigebracht. Man nimmt es glaubend an und überzeugt sich nicht erst von seiner Richtigkeit. Es ist also weniger so, dass man ein Weltbild ausdrücklich erlernt; man kriegt es vielmehr einfach mit und handelt danach.[131] Genau diese Rolle spielt bei Alston das Überzeugungssystem einer doxastischen Praxis: Es gibt den Hintergrund ab, von dem aus wir einzelne neu gewonnene Überzeugungen bewerten. In der Regel wachse man von klein auf in es hinein, und erst später beginne man, über es zu reflektieren. Wie Wittgenstein betont auch Alston den sozialen Charakter einer doxastischen Praxis. Dass eine doxastische Praxis sozial etabliert ist, heißt für Alston vor allem, dass sie von der Gesellschaft geteilt und an kommende Generationen weitergegeben wird.[132]

Vor diesem Hintergrund versteht es sich von selbst, dass eine doxastische Praxis in einen weiteren Handlungskontext eingebettet ist. Alston versteht den Begriff der Praxis so, dass er sich über psychologische Prozesse wie Wahrnehmung, Denken, Phantasie und Überzeugungsbildung erstreckt, sowie über willentliches Handeln.[133] Der Ort, wo sich Überzeugungen bilden, ist nach Alston die Praxis in diesem weiteren Sinn, und er befindet sich damit ganz in der Tradition von Wittgenstein. So beruhten unsere Überzeugungen über die sinnlich wahrnehmbaren Gegenstände auf unserem tätigen Umgang mit diesen. Überzeugungsbildung über andere Menschen vollziehe sich im zwischenmenschlichen Verhalten. Und Überzeugungen über Gott gewännen wir, indem wir uns in Einstellung, Gefühl und Handeln auf ihn ausrichteten.[134]

---

[130] Ebd., §§ 94, 95.
[131] Vgl. ebd., §152.
[132] Vgl. ALSTON, W., Perceiving God, 158f., 163.
[133] Vgl. ebd., 153.
[134] Vgl. ebd., 153.

Es versteht sich vor diesem Hintergrund auch von selbst, dass eine doxastische Praxis der Veränderung unterworfen ist.[135] Auch in diesem Punkt folgt Alston Wittgenstein, der die Veränderung des Weltbildes folgendermaßen beschreibt:

„Man könnte sich vorstellen, daß gewisse Sätze von der Form der Erfahrungssätze erstarrt wären und als Leitung für die nicht erstarrten, flüssigen Erfahrungssätze funktionierten; und daß sich dies Verhältnis mit der Zeit änderte, indem flüssige Sätze erstarrten und feste flüssig würden.

Die Mythologie kann wieder in Fluß geraten, das Flußbett der Gedanken sich verschieben. Aber ich unterscheide zwischen der Bewegung des Wassers im Flußbett und der Verschiebung dieses; obwohl es eine scharfe Trennung der beiden nicht gibt.“[136]

Bisher ist folgendes festzuhalten: Alston fasst das Überzeugungssystem einer doxastischen Praxis sehr stark im Sinne von Wittgensteins Weltbild auf. Wie Wittgensteins Sprachspiel ist auch Alstons doxastische Praxis eine soziale, ja kulturelle Größe. Deren Tradierung, Veränderlichkeit und Praxisbezug beschreibt Alston ähnlich wie Wittgenstein. Soweit scheint die Anknüpfung an Wittgensteins Sprachspiel- und Weltbildbegriff unproblematisch.

Für die folgenden Punkte gilt dies jedoch nur bedingt. Laut Alston gibt es eine Vielzahl doxastischer Praktiken, und er hält diese epistemisch für irreduzibel. Das heißt, jede Praxis habe ihre eigenen Rechtfertigungsstandards und ihr eigenes Bewertungssystem. Es gebe nicht eine Art epistemischer Rechtfertigung, sondern verschiedene, je nachdem, mit welcher Erkenntnisquelle man es zu tun habe. Eine Überzeugung aufgrund von Sinneserfahrung sei etwas anderes als eine Überzeugung aufgrund einer gedanklichen Schlussfolgerung. Der Modus der Rechtfertigung unterscheidet sich laut Alston von Praxis zu Praxis. Die Reduktion auf einen einheitlichen Rechtfertigungsbegriff verbiete sich von daher.[137]

---

[135] Vgl. ebd., 163f.

[136] WITTGENSTEIN, L., Über Gewissheit, §§ 96 f.

[137] Vgl. ALSTON, W., Perceiving God, 162f.

Dies mag auf den ersten Blick ganz nach Wittgenstein'scher Philosophie aussehen: Auch Wittgenstein kämpft gegen Verallgemeinerungstendenzen und Reduktionismus an. Er betont nicht nur die Vielfalt der Sprachspiele und die Bedeutungsvielfalt von Wörtern.[138] Er betont auch die Bedeutung des Kontextes für die Rechtfertigung von Aussagen. Ein Beispiel:

> „Alle Prüfung, alles Bekräften und Entfkräften einer Annahme geschieht schon innerhalb eines Systems. Und zwar ist dies System nicht ein mehr oder weniger willkürlicher und zweifelhafter Anfangspunkt aller unsrer Argumente, sondern es gehört zum Wesen dessen, was wir ein Argument nennen. Das System ist nicht so sehr der Ausgangspunkt, als das Lebenselement der Argumente."[139]

In die gleiche Richtung geht die Aussage, dass das, was wir Irrtum und Evidenz nennen, in unseren Sprachspielen eine ganz bestimmte Rolle spielt, dass die Bedeutung von ‚wahr' und ‚falsch' mit anderen Worten nur vor dem Hintergrund eines Sprachspiels bestimmt werden kann.[140]
Diese Nähe zu Wittgenstein darf nicht darüber hinwegtäuschen, dass Alston Wittgensteins Sprachspielbegriff keineswegs eins zu eins übernimmt. Alston postuliert eine Handvoll doxastischer Praktiken; Wittgenstein kennt eine Vielzahl von Sprachspielen unterschiedlicher Komplexität und sieht bewusst von einer eindeutigen Definition ab. Alston verfolgt mit dem Begriff der doxastischen Praxis vorrangig ein epistemisches Interesse, das der Rechtfertigung von Überzeugungen. Wittgenstein beschränkt sich mit dem Sprachspielbegriff keineswegs auf diese Fragestellung; der Sprachspielbegriff ist methodisch wesentlich beweglicher. Vor allem aber hat der Sprachspielbegriff wenig mit der Aufspaltung der Lebenswelt des Menschen in einzelne Praktiken zu tun, die dann auch noch als relativ autonome Größen erscheinen.[141]

---

[138] Vgl. WITTGENSTEIN, L., Philosophische Untersuchungen, §23.
[139] WITTGENSTEIN, L., Über Gewissheit, § 105.
[140] Vgl. ebd., §§ 196, 199, 609.
[141] Vgl. KORITENSKY, A., Wittgensteins Phänomenologie der Religion, 236f.

Laut Koritensky ist der Sprachspielbegriff bei den Wittgensteinianern sehr radikal gedeutet worden, was zu einer gewissen Umdeutung geführt habe. Diese Kritik treffe auch auf Alston zu. Das erste Missverständnis liege darin, das Sprachspiel als Teileinheit der Sprache zu begreifen; das zweite, diesen Teileinheiten eine Autonomie zuzusprechen, die sich in eigenen Begründungsmaßstäben ausdrücke.[142] Alstons These, die doxastischen Praktiken seien irreduzibel, beinhaltet jedoch genau dies. Der Eindruck von der epistemischen Autonomie doxastischer Praktiken verstärkt sich noch, wenn Alston von den verschiedenen Praktiken sagt, sie würden alle ihre eigenen theoretischen Voraussetzungen machen.[143] Und wenn er betont, die doxastischen Praktiken seien nicht als isolierte Gebilde, sondern als miteinander verwoben zu denken, so ist auch dies ein Ausdruck dafür, dass zunächst eine weitgehende Autonomie vorausgesetzt wird.[144]
Wenn man das Sprachspiel als Teileinheit der Sprache begreift, dann tritt der Modellcharakter des Sprachspiels völlig in den Hintergrund. So betrachten die Wittgensteinianer die Religion als autonomes Sprachspiel, wie sie auch die Naturwissenschaften als autonomes Sprachspiel betrachten. Nach dieser Interpretation sind Sprachspiele ganze Kulturbereiche und nicht mehr nur ein Mittel der Beschreibung für verschiedene Formen der Kommunikation. Der Begriff der doxastischen Praxis scheint somit eher in der Tradition des Wittgensteinianismus zu stehen als in der Tradition des Wittgenstein'schen Sprachspiels.

Inwiefern unterscheidet sich Alston von Wittgenstein?

Der Skeptizismus ist der gemeinsame Ausgangspunkt von Wittgenstein und Alston. Wittgenstein stellt sich dem philosophischen Zweifel vor allem in „Über Gewissheit“, aber auch in den Philosophischen Untersuchungen. Wittgensteins Antworten sind hinlänglich bekannt:

---

[142] Vgl. ebd., 233.
[143] Vgl. ALSTON, W., Perceiving God, 164.
[144] Vgl. ebd., 159ff.

„Man kann nicht experimentieren, wenn man nicht manches nicht bezweifelt. Das heißt aber nicht, daß man dann gewisse Voraussetzungen auf guten Glauben hinnimmt. Wenn ich einen Brief schreibe und aufgebe, so nehme ich an, daß er ankommen wird, das erwarte ich.

Wenn ich experimentiere, so zweifle ich nicht an der Existenz des Apparates, den ich vor den Augen habe. Ich habe eine Menge Zweifel, aber nicht *den*. Wenn ich eine Rechnung mache, so glaube ich, ohne Zweifel, daß sich die Ziffern auf dem Papier nicht von selbst vertauschen, auch vertraue ich fortwährend meinem Gedächtnis und vertraue ihm unbedingt. Es ist hier dieselbe Sicherheit wie, daß ich nie auf dem Mond war."[145]

Das Fragen und Zweifeln setzt Wittgenstein zufolge eine Gewissheit voraus[146], und diese liegt ihm zufolge im Handeln. Jede Begründung und Rechtfertigung, nach der der Zweifelnde suche, komme irgendwann zu einem Ende. Und dieses Ende ist nach Wittgenstein nicht, dass uns gewisse Sätze als wahr einleuchten, sondern es ist „unser *Handeln*, welches am Grunde des Sprachspiels liegt"[147]. Ein Sprachspiel ist laut Wittgenstein nur möglich, wenn man sich auf etwas verlässt[148]. Das, worauf wir uns verlassen, ist unser Weltbild, und dieses ist in unserer Lebensform verankert; unsere Sprachspiele, könnte man sagen, sind deren Ausdruck. Die Frage nach der Zuverlässigkeit unseres Weltbildes oder unserer Sprachspiele macht nach Wittgenstein keinen Sinn, denn darauf verlassen wir uns ja gerade.
Genau hier grenzt sich Alston deutlich von Wittgenstein ab, denn nach Alston macht die Frage nach der Zuverlässigkeit doxastischer Praktiken sehr wohl Sinn.

„Thus, if we ask why we should suppose that some particular language game is a reliable source of belief, Wittgenstein would respond by denying the meaningfulness of the question. The concept of a trans- or inter-language game dimension of truth or falsity is ruled out on verificationist grounds. We can address issues of truth and falsity only within a language game, by employing its criteria and procedures to investigate issues that are within its

---

[145] WITTGENSTEIN, L., Über Gewissheit, § 337.
[146] Vgl. ebd., §§ 115, 341.
[147] Ebd., § 204.
[148] Ebd., § 509.

scope. There is no room for raising and answering questions about the reliability of a language game as a whole. […] I cannot accept Wittgenstein's solution to skepticism about perception, and his answer to the question of the reliability of basic doxastic practices, the solution that seeks to dissolve the problem by undercutting the supposition that it can be meaningfully posed. With this realist orientation I am ineluctably faced with the question of whether a given practice is a reliable source of true beliefs, and hence with the question of whether it is rational or justified to suppose this."[149]

Ein Sprachspiel oder eine doxastische Praxis ist nach Alston dann zuverlässig, wenn es wahre Überzeugungen hervorbringt – jedenfalls in der Regel. Wittgenstein zufolge könne man die Frage nach Wahrheit und Falschheit nur innerhalb eines Sprachspiels stellen, aber nicht über ein Sprachspiel als solches. Dies bestreitet Alston: Man könne sehr wohl fragen, ob eine doxastische Praxis zuverlässig sei und die Wirklichkeit wahrheitsgemäß wiedergebe. Es ist die realistische Perspektive, die Alstons Ansatz von Wittgensteins Konzeption unterscheidet.[150]

---

[149] ALSTON, W., Perceiving God, 154f.

[150] Eben diesen Unterschied stellt D.Z. Phillips auch zwischen Plantinga und Wittgenstein fest. Plantinga gehört wie Alston der sogenannten Reformierten Epistemologie an:
„This marks an important difference between the nature of the enterprises that Reformed epistemology and Wittgenstein are engaged in. Plantinga's purpose is the discovery of what in fact is true. He wants to give a correct picture of the world. This is very different from Wittgenstein's conception of philosophy. For Plantinga, people have different noetic structures. Some have belief in God among their foundational beliefs and some have not. For him, the vital question concerns which noetic structure truly shows things as they really are. In Wittgenstein, on the other hand, his discussion of what he calls a world-picture has nothing to do with endeavouring to draw up a list of approved propositions which can be known or believed to be true. He is not raising the question of what *can* be known. Rather, he is investigating what goes deep in our ways of thinking, what constitutes bedrock in them. […] The language-games we play vary enormously. No one account of what 'agreement with reality' amounts to can be given, since the meaning of what agreement with reality comes to is itself determined by the language-games we play and the forms of life they enter into." PHILLIPS, D.Z., Faith After Foundationalism, 54f.

1.3.3.2 Reids ‚Arten der Evidenz'

Inwiefern knüpft Alston an Reid an?

Der Begriff der doxastischen Praxis ist nicht nur von Wittgensteins Sprachspielbegriff inspiriert, sondern auch von Thomas Reids ‚Arten der Evidenz' oder dem, was er die allgemeinen Prinzipien der menschlichen Natur nennt.[151] Was ist darunter zu verstehen? In seinem Spätwerk „Essays on the Intellectual Powers of Man" schreibt Reid:

> "The common occasions of life lead us to distinguish evidence into different kinds, to which we give names that are well understood; such as the evidence of sense, the evidence of memory, the evidence of consciousness, the evidence of testimony, the evidence of axioms, the evidence of reasoning: All men of common understanding agree, that each of these kinds of evidence may afford just ground of belief, and they agree very generally in the circumstances that strengthen or weaken them."[152]

Und weiter heißt es:

> „I confess that, although I have, as I think, a distinct notion of the different kinds of evidence above mentioned, and perhaps of some others, which it is unnecessary here to enumerate, yet I am not able to find any common nature to which they may all be reduced. They seem to me to agree only in this, that they are all fitted by Nature to produce belief in the human mind, some of them in the highest degree, which we call certainty, others in various degrees according to circumstances."[153]

Reids ‚Arten der Evidenz' sind also verschiedene Kategorien von Überzeugungsgründen.[154] Er unterscheidet diese Überzeugungsgründe danach, aus welcher Erkenntnisquelle sie stammen. Die Quellen unserer Erkenntnis sind nach Reid Sinneserfahrung, Erinnerung, das Bewusstsein unserer selbst, das Zeugnis anderer, Axiome und schlussfolgerndes Denken. Möglicherweise, sagt er,

---

[151] Vgl. ALSTON, W., Perceiving God, 164.

[152] REID, T., Essays on the Intellectual Powers of Man, 229.

[153] Ebd., 229.

[154] „We give the name of evidence to whatever is a ground of belief." Ebd., 228.

gebe es noch mehr. Was aufgrund einer dieser Erkenntnisquellen evident sei, bringe im menschlichen Geist eine Überzeugung hervor. Und diese Überzeugung sei je nach den Umständen mehr oder weniger gewiss.
Wie aus dem Zitat hervorgeht, hält Reid die verschiedenen Arten der Evidenz für irreduzibel. Das heißt, weder haben sie eine gemeinsame Natur, noch ist eine Erkenntnisquelle auf eine andere reduzierbar. Alston demonstriert dies am Beispiel der Sinneserfahrung: Erstens seien Gründe der Sinneserfahrung anderer Natur als die Gründe des schlussfolgernden Denkens. Ein Urteil beruhe auf logischen Ableitungen; für eine Überzeugung aufgrund einer Sinneserfahrung reiche ein Sinneseindruck. Dennoch sei eine Sinneserfahrung nicht weniger ein Grund für eine Überzeugung als ein Argument. Mit Axiomen habe eine Sinneserfahrung ebenso wenig gemein. Unter Axiomen versteht Reid notwendig wahre Sätze, also Sätze, die, unabhängig von Ort und Zeit, immer wahr sind. Überzeugungen aufgrund von Sinneserfahrungen seien dagegen kontingent, d.h. zeit- und ortsbezogen.
Drittens unterscheide sich die Evidenz einer Sinneserfahrung von dem Grund, den das Zeugnis eines anderen Menschen liefere. Denn wenn man aufgrund einer Zeugenaussage etwas glaube, verlasse man sich auf die Autorität einer anderen Person. Bei einer Überzeugung aufgrund von sinnlicher Erfahrung müsse man seinen eigenen Sinnen trauen. Schließlich weist Reid noch auf die Unterschiede zwischen Sinneserfahrung und Erinnerung hin: Erinnerung habe es mit vergangenen Inhalten zu tun, Sinneserfahrung mit gegenwärtigen. Und im Gegensatz zur Erinnerung sei Sinneserfahrung von körperlichen Organen abhängig, d.h. vom Kontakt eines Gegenstandes mit unseren Sinnesorganen.[155]

Es dürfte bereits deutlich geworden sein, dass sich das Konzept der doxastischen Praxis sehr stark an Reids ‚Arten der Evidenz' anlehnt. Genau wie Reid beschreibt Alston Überzeugungsbildung

[155] Vgl. ebd., 229ff.

als einen psychologischen Mechanismus. Und er übernimmt von ihm auch das Klassifikationsschema. Das heißt, die Überzeugungen werden danach gruppiert, aus welcher Erkenntnisquelle sie stammen. Alston erweitert Reids Schema um eine Erkenntnisquelle, nämlich mystische Erfahrung. Die Art und Weise, wie Alston den Prozess der Überzeugungsbildung beschreibt, ähnelt der von Reid sehr. Beide beschreiben den Prozess wie gesagt als einen psychologischen Mechanismus; die Überzeugung folgt gleichsam automatisch auf einen bestimmten Input. Die Entstehung einer Überzeugung aufgrund sinnlicher Erfahrung skizziert Reid folgendermaßen:

„Thus, when I grasp an ivory ball in my hand, I have a certain sensation of touch. Although this sensation be in the mind, and have no similitude to any thing material, yet, by the laws of my constitution, it is immediately followed by the conception and belief, that there is in my hand a hard smooth body of a spherical figure, and about an inch and a half in diameter. This belief is grounded neither upon reasoning, nor upon experience; it is the immediate effect of my constitution, and this I call original perception."[156]

Schließlich geht die These, die doxastischen Praktiken seien irreduzibel, offensichtlich auf Reid zurück. Wie Reid behauptet Alston, es gebe verschiedene Arten der Überzeugungsbildung, und wie Reid zählt er fünf oder sechs solcher Arten auf. Alston schließt nicht aus, dass es weitere Arten der Überzeugungsbildung gibt, aber in jedem Fall hält er diese für die wichtigsten. Nach Reid und Alston hat jede Art der Überzeugungsbildung ein eigenes Profil, und die Arten lassen sich klar voneinander abgrenzen.

Das Ringen mit dem Skeptizismus verbindet Alston nicht nur mit Wittgenstein; es verbindet ihn auch mit Reid. Reid ist ein dezidierter Vertreter einer Philosophie des Common Sense und hat für den Skeptizismus seines Zeitgenossen David Hume wenig Sympathie.[157] Den Zweifel an den Gegenständen der Außenwelt etwa hält Reid schlicht für absurd. Der Skeptiker, der die

---

[156] Ebd., 237.
[157] Vgl. REID, T., Inquiry into the Human Mind, 81f.

Außenwelt anzweifle, widerlege sich in der Praxis selber. Denn er renne wohl kaum gegen einen Pfosten und breche sich die Nase, weil er seinen Sinnen nicht traue.[158] Reid wendet sich gegen einen Skeptizismus, der die Zuverlässigkeit unserer Erkenntnisvermögen in Frage stellt.

„I conclude further, that it is no less a part of the human constitution, to believe the present existence of our sensations, and to believe the past existence of what we remember, than it is to believe that twice two make four. The evidence of sense, the evidence of memory, the evidence of the necessary relations of things, are all distinct and original kinds of evidence, equally grounded on our constitution: none of them depends upon, or can be resolved into another. To reason against any of these kinds of evidence, is absurd; nay, to reason for them, is absurd. They are first principles; and such fall not within the province of reason, but of common sense."[159]

Das Zutrauen in unsere Erkenntnisvermögen ist Reid zufolge ein Teil der menschlichen Natur. Es bleibe uns gewissermaßen auch gar nichts anderes übrig, als uns auf sie zu verlassen.[160] Dieses Zutrauen fasst Reid als ein Glauben an den Realitätsgehalt dessen, was uns durch unsere verschiedenen Erkenntnisquellen vermittelt wird. ‚Belief' bedeutet bei Reid so viel wie „belief in the existence of the believed". Von unseren Erkenntnisvermögen sagt Reid:

„They are employed about real existences, and carry with them the belief of their objects. When I feel pain, I am compelled to believe that the pain that I feel has a real existence. When I perceive any external object, my belief of the real existence of the object is irresistible. When I distinctly remember any event, though that event may not now exist, I can have no doubt but it did exist. That consciousness which we have of the operations of our own minds implies a belief of the real existence of those operations. Thus we see, that the powers of sensation, of perception, of memory, and of consciousness, are all employed solely about objects that do exist, or have existed."[161]

---

158 Vgl. ebd., 208.
159 Ebd., 30.
160 Vgl. REID, T., Essays on the Intellectual Powers of Man, 412.
161 Ebd., 310f.

Wenn wir einen Schmerz fühlen, können wir Reid zufolge gar nicht anders, als zu glauben, dass der Schmerz wirklich existiert. Wenn wir etwas wahrnehmen, seien wir unweigerlich von der realen Existenz des wahrgenommenen Gegenstandes überzeugt. Bei der Erinnerung an ein Ereignis hätten wir keinen Zweifel, dass dieses Ereignis einmal stattgefunden habe. Und das Bewusstsein von unseren geistigen Tätigkeiten beinhalte den Glauben an die reale Existenz dieser Tätigkeiten.

All dies hört sich nun eher nach einem Überzeugtsein an als nach einem Prozess der Überzeugungsbildung. Und in der Tat verfolgt Reid weniger das Anliegen, Prozesse der Überzeugungsbildung zu beschreiben, als auf die skeptische Infragestellung unserer Erkenntnisse eine Antwort zu finden. Er tut dies, indem er das Überzeugtsein vom Realitätsgehalt unserer Erkenntnisse als gottgewollt und in unserer Natur liegend begreift.[162] Hier liegt eine Gemeinsamkeit mit Alston, aber auch ein Unterschied. Alston greift das antiskeptische Anliegen von Reid auf, rekurriert aber nicht auf die menschliche Natur oder auf deren Schöpfer, sondern antwortet auf den Skeptizismus ähnlich wie Wittgenstein: Unsere Praktiken seien so fest in unserem Leben verankert, dass wir nicht anders könnten, als ihnen zu trauen.[163] Dieser Unterschied wird noch genauer herauszuarbeiten sein.

Wesentlich ist hier jedoch die Frage, ob und wie weit Alston Reids Überzeugungsbegriff (‚belief') übernimmt. Wie Nicholas Wolterstorff zutreffend feststellt, findet sich bei Reid wieder und wieder die Kombination: ein Gegenstand wird erfasst, und dies geht unmittelbar mit der Überzeugung einher, dass der Gegenstand existiert bzw. – im Falle der Erinnerung – existierte.[164] Weiter fragt Wolterstorff:

> „A question suggested ineluctably by the preceding discussion, as by the text of Reid himself, is this: ‚*Which* conception and *which* belief?' Over and over

---

[162] Ebd., 412. Später werde ich noch näher auf diese Stelle eingehen.

[163] Vgl. ALSTON, W., Perceiving God, 149ff.

[164] Vgl. WOLTERSTORFF, N., Thomas Reid and the Story of Epistemology, 9f.

we've been told that perception of an object occurs when a sensation that is an indicatory effect of the object evokes a conception of the object and a belief, about the object, that it exists as external – or a belief that implies that. This is Reid's account of that experiential objectivation that lies at the heart of perception.

'Which conception?' we want to know, and 'Which belief?' The answer is: It doesn't matter. It doesn't matter what one believes, about the object about which one believes something, just provided that one believes about it that it exists as external (or believes what implies this). And it doesn't matter what is the mental grip one gets on the object, just provided one gets a firm enough grip on it for one to have a belief about it."[165]

Reid geht es offensichtlich nicht um die konkreten Inhalte von ‚beliefs', also darum, welche ‚Inputs' zu welchen ‚Outputs' führen. Wenn er von ‚belief' spricht, dann meint er ein Überzeugtsein vom Realitätsgehalt des Wahrgenommenen, Erinnerten, usw. – er meint mit anderen Worten den Glauben an die Zuverlässigkeit unserer Erkenntnisvermögen. Man könnte auch sagen, es geht Reid um den erkenntnistheoretischen Status der Inputs, und nicht um deren Inhalt.

In diesem Sinne könnte man auch Alston verstehen, wenn er die Input-Output-Funktionen doxastischer Praktiken alle nach der Art beschreibt: Ein Informationsgehalt wird zu einer Überzeugung; und diese Überzeugung ist die Behauptung des Informationsgehalts als Sachverhalt.[166] Von daher wäre zu fragen, ob eine doxastische Praxis lediglich ein formaler Umsetzungsprozess ist, dergestalt, dass die Inhalte unserer Erkenntnisquellen zu Tatsachenbehauptungen werden. Um die Frage, welche Inhalte zu welchen Überzeugungen werden, würde es dann gar nicht gehen, denn es würde überhaupt nicht um die Inhalte gehen. Auf die Frage „Which belief?" müsste man mit Wolterstorff antworten „It doesn't matter."

[165] Ebd., 115.

[166] Jedenfalls gilt dies für die generierenden Praktiken.

Worin unterscheidet sich Alston von Reid?

Einen wesentlichen Unterschied zwischen Alston und Reid habe ich bereits angedeutet: Es ist die Begründung dafür, warum wir unseren überzeugungsbildenden Praktiken trauen können. Beide stimmen nämlich darin überein, *dass* wir dies tun, und zwar deswegen, weil wir gar nicht anders können. Aber Reid begründet dies damit, dass es in unserer Natur liegt, unseren Erkenntnisvermögen zu trauen, dass wir so geschaffen wurden, und dass es folglich der Wille Gottes ist.

„Our judgments of this kind are purely the gift of Nature, nor do they admit of improvement by culture. The memory of one man may be more tenacious than that of another; but both rely with equal assurance upon what they distinctly remember. One man's sight may be more acute, or his feeling more delicate than that of another; but both give equal credit to the distinct testimony of their sight and touch.

And as we have this belief by the constitution of our nature, without any effort of our own, so no effort of ours can overturn it. The Sceptic may perhaps persuade himself in general, that he has no ground to believe his senses or his memory: But, in particular cases that are interesting, his disbelief vanishes, and he finds himself under a necessity of believing both.

These judgments may, in the strictest sense, be called *judgments of nature*. Nature has subjected us to them whether we will or not. They are neither got, nor can they be lost by any use or abuse of our faculties; and it is evidently necessary for our preservation that it should be so. For if belief in our senses and in our memory were to be learned by culture, the race of men would perish before they learned this lesson. It is necessary to all men for their being and preservation, and therefore is unconditionally given to all men by the Author of Nature."[167]

Alstons Antwort auf den Skeptizismus ist pragmatisch: Unsere doxastischen Praktiken seien so tief in unserem Leben verwurzelt, dass der Skeptizismus gar keine Alternative sei. Die Arten, wie wir Überzeugungen bilden und bewerten, seien sozial etabliert und in unserer Psyche fest verankert. Alston beruft sich also wie

---

[167] REID, T., Essays on the Intellectual Powers of Man, 412.

Wittgenstein auf unser faktisches Handeln, auf das, wovon wir im Leben als selbstverständlich ausgehen.[168]
Die Antwort auf den Skeptizismus deutet einen weiteren Unterschied zwischen Reid und Alston an. Er liegt darin, dass Reid überzeugungsbildende Praktiken ausschließlich als psychologische Mechanismen beschreibt. Dies hängt natürlich damit zusammen, dass er im klassischen Sinne Geistesphilosophie betreibt. „Reid's perspective", sagt Alston „is that of a purely cognitive, mentalistic psychology."[169] Auch Alston fasst doxastische Praktiken als psychologische Mechanismen auf; aber im Gegensatz zu Reid sieht er diese Praktiken in einem sozialen und kulturellen Kontext verortet. Eine doxastische Praxis wird nach Alston von vielen (allen) Menschen geteilt, an kommende Generationen weitergegeben, unter Umständen ändert sie sich. Sie ist also empfänglich für kulturelle Einflüsse und greift diese auf. An diesem Punkt zeigt sich besonders deutlich, dass Alston doxastische Praktiken nicht wie Reid als angeborene Mechanismen begreift. Er orientiert sich hier mehr an Wittgenstein, der Überzeugungsbildung als ein durch und durch soziales Geschehen betrachtet, oder es vielmehr von dieser Seite beleuchtet.

1.3.4 Ergebnisse für den Begriff der doxastischen Praxis

Eine doxastische Praxis ist ein System oder eine Konstellation von Dispositionen oder Gewohnheiten, aufgrund bestimmter Daten bestimmte Überzeugungen zu bilden. Statt von Dispositionen oder Gewohnheiten spricht Alston vor allem von psychologischen *Mechanismen* der Überzeugungsbildung und -bewertung. Wie ich eingangs bereits bemerkt habe, gehört die Bewertung von Überzeugungen für Alston ebenso zu einer doxastischen Praxis wie deren Entstehung. Es stellt sich nun die Frage, welchen Status diese Mechanismen bei Alston haben, und wie infolgedessen die doxastischen Praktiken zu verstehen sind. Sind Alstons doxastische

---

[168] ALSTON, W., Perceiving God, 149ff., 168ff.
[169] Ebd., 165.

Praktiken einige wenige Typen psychologischer Mechanismen, die beliebige Informationen oder Prämissen in Überzeugungen verwandeln, oder komplexe Regelwerke, bei denen bestimmte Inhalte in konkrete Überzeugungen übersetzt werden?

Im ersten Fall wären doxastische Praktiken stereotype Mechanismen, die einen Input in eine Überzeugung mit demselben Inhalt umwandeln. Das heißt, inhaltlich würden sich Input und Output nicht unterscheiden, nur der Form bzw. dem Anspruch nach. In diese Richtung gehen Aussagen von Alston, denen zufolge eine doxastische Praxis ein formaler Umsetzungsprozess ist, bei dem die Inhalte unserer Erkenntnisquellen zu Tatsachenbehauptungen werden. Also etwa, wenn Alston die überzeugungsbildende Funktion von SP so beschreibt, dass wir aufgrund der Erfahrung, dass *X* als *φ* erscheint, zu der Überzeugung gelangen, dass *X φ ist*. Die Überzeugungsbildung besteht mit anderen Worten darin, dass ein Informationsgehalt als Sachverhalt behauptet wird. Bei generierenden Praktiken müsste der Informationsgehalt erst in eine sprachliche Form gebracht werden, bei transformierenden Praktiken nicht. In jedem Fall aber würden sich die Praktiken nicht in der Art der Überzeugungsbildung unterscheiden, sondern nur in ihrer Basis.

Fasst man eine doxastische Praxis in diesem Sinn als psychologischen Mechanismus auf, dann spielen Inhalte keine Rolle. Dann geht es nur darum, wie man von irgendwelchen Inhalten zu Überzeugungen gelangt bzw. wie man von irgendeinem Inhalt dazu gelangt, dass man von der Realität dieses Inhalts überzeugt ist. Und die Frage ist dann, wie zuverlässig dieser Prozess ist. Da bei dieser Lesart von den Inhalten gewissermaßen abstrahiert wird, bleibt die Frage völlig außen vor, wie sich ein kultureller Kontext auf die Überzeugungsbildung auswirkt. Man könnte sagen, dass die so von Reid her verstandenen doxastischen Praktiken kulturell invariant sind, da sich kulturelle Unterschiede auf den Erkenntnisprozess als solchen nicht auswirken.

Die zweite Lesart rührt von den Aussagen her, in denen Alston die doxastische Praxis sehr stark im Sinne von Wittgensteins Sprachspiel beschreibt. In diesem Fall wäre eine doxastische Praxis nicht bloß ein psychologischer Mechanismus, sondern ein soziales

und kulturelles Geschehen. Von den Inhalten könnte man auf keinen Fall absehen. Denn wenn das Begriffsschema und Bewertungssystem einer doxastischen Praxis sich ändert, dann werden dieselben Inputs zu anderen Überzeugungen. Seit man weiß, dass die Erde eine Kugel ist, wird man nicht mehr zu der gerechtfertigten Überzeugung gelangen, sie sei eine Scheibe. Das Wissen über einen Wirklichkeitsbereich spielt mit anderen Worten in die Überzeugungsbildung und -bewertung hinein. Für die Frage, welche Überzeugung ein Sinneseindruck hervorruft, wird der kulturelle Kontext relevant. Noch mehr gilt dies für die Frage, welche Überzeugungen zu welchen Überzeugungen führen.
Nach dieser Interpretation ist die Input-Output-Funktion eine kulturell geprägte Übersetzung von Informationen in Überzeugungen. Das heißt, dass ein bestimmtes Datenmaterial bzw. ein Informationsgehalt in einer bestimmten Kultur zu einer bestimmten Überzeugung ‚verarbeitet' bzw. in sie umgesetzt wird. In einer anderen Kultur könnte aufgrund dieses Informationsgehalts eine ganz andere Überzeugung herauskommen. Der Umsetzungsprozess wäre in diesem Fall als Korrelation von Inhalten zu verstehen, und zwar als kulturspezifische Korrelation, die sich in kulturell geprägten Denkgewohnheiten und Verhaltensdispositionen zeigt.
Diese von Wittgenstein herrührende Lesart scheint mit der ersten wenig kompatibel. Man versteht Alston wohl am ehesten, wenn man die psychologische und die kulturelle Perspektive nicht als einander ausschließend, sondern als einander ergänzend begreift. Sieht man sich die folgende Stelle zu den Input-Output-Funktionen von SP noch einmal an, dann scheint genau dies sein Anliegen zu sein:

„There are [...] important similarities in functions, though the presence of background beliefs of many different kinds and modes of relevance makes a simple formulation of the commonality impossible. A strong thread is the connection between ‘looks P' and ‘is P'. Leaving background beliefs out of the picture, we can say that a common type of function here is one that goes from 'looks P' to 'is P' (e.g., from something's looking red to the belief that it is red), in the absence of any reason to suspect that output."[170]

Alston hält zwar auch hier an seiner üblichen Formulierung der überzeugungsbildenden Funktion fest, aber er macht doch deutlich, dass diese Formulierung eine Vereinfachung ist, weil sie Hintergrundüberzeugungen außer Acht lässt. Würde man die Hintergrundüberzeugungen von SP mit in Betracht ziehen, dann wäre die Überzeugungsbildung aufgrund von Sinneserfahrung wohl kein stereotyper Mechanismus, sondern ein komplexer Prozess. In diesem Prozess würde der kulturelle Kontext sehr wohl eine Rolle spielen; er würde sich inhaltlich sowohl auf die Überzeugungsbildung als auch auf die Überzeugungsbewertung auswirken. Das heißt, die kulturelle und damit inhaltliche Sichtweise ist bei Alston sehr wohl vorhanden. Dennoch arbeitet er einfache psychologische Mechanismen der Überzeugungsbildung heraus, und dies liegt wohl daran, dass Alston der Auffassung ist, dass diese sich bei aller Komplexität kontextunabhängig ausmachen lassen.

1.3.5 Die christlich-mystische doxastische Praxis

Unter einer mystischen doxastischen Praxis, kurz ‚MP', versteht Alston „the practice of forming M-beliefs on the basis of mystical experience"[171]. MP weise alle Eigenschaften einer doxastischen Praxis auf und lasse sich folgendermaßen charakterisieren. Erstens sei MP durch eine bestimmte Art überzeugungsbildender Mechanismen gekennzeichnet. Es kam bereits zur Sprache, dass Alston für MP und SP dieselbe Input-Output-Funktion annimmt, da er beide als perzeptive Praktiken betrachtet. Diese Funktion führt laut Alston von der Erfahrung, dass einem *X* als φ erscheint, zu der Überzeugung, dass *X* φ ist.

Zweitens weist Alston nach, dass die oben genannten Merkmale einer doxastischen Praxis auf MP zutreffen. In der Regel werde MP erlernt, lange bevor man sich der Praxis als solcher bewusst werde

[170] ALSTON, W., The Reliability of Sense Perception, 8.
[171] ALSTON, W., Perceiving God, 184.

und kritisch über sie reflektiere. Die Tradierung von MP ist laut Alston ein zutiefst soziales Geschehen. MP verfüge über ein ‚overrider system' und sei wie SP in einen weiteren Handlungskontext eingebettet. Als distanzierter Beobachter lerne man nicht, Gott wahrzunehmen. Dies lerne man nur, indem man zu ihm bete, ihn verehre, auf seine Stimme höre, ihn um Vergebung bitte und das Leben und die Welt im Lichte seiner Schöpfung sehe. Des weiteren sei MP mit anderen doxastischen Praktiken verknüpft. Das Hintergrundsystem von MP könne man sich nicht aneignen, ohne etwa von der Sinneswahrnehmung und den aus ihr resultierenden Überzeugungen Gebrauch zu machen. Alston denkt dabei z.B. an die Lektüre heiliger Schriften. MP sei wie alle doxastischen Praktiken der Veränderung unterworfen, und ebenso mache sie ihre ganz eigenen Voraussetzungen. Zu diesen Voraussetzungen zählt, dass Gott existiert, und dass MP eine zuverlässige Praxis ist, einen also in der Regel zu wahren Überzeugungen führt.

Die Strukturähnlichkeit von MP und SP kann Alston zufolge jedoch nicht über einen wesentlichen Unterschied hinwegtäuschen: Für SP spiele kulturelle Verschiedenheit kaum eine Rolle, für MP sehr wohl. Überzeugungsbildung aufgrund von Sinneserfahrung laufe bei allen Menschen, zumindest bei allen Erwachsenen, gleich oder zumindest ähnlich ab. In der heutigen Welt mache es keinen Unterschied, in welcher Kultur man lebe: Überzeugungen aufgrund von Sinneserfahrung würden im wesentlichen ähnlich formuliert und bewertet. SP werde weltweit von allen Menschen geteilt. Dies gelte nicht für MP: Bei Überzeugungsbildung aufgrund von mystischer Wahrnehmung habe man es weltweit weder mit einem einheitlichen Begriffsschema noch mit einem einheitlichen Bewertungssystem zu tun. Aufgrund dessen sei es höchst fraglich, ob die verschiedenen Formen von MP denselben Gegenstandsbereich haben.

„The ways in which theists, Hinayana Buddhists, Mahayana Buddhists, and Hindus of one or another stripe think of the objects of their worship (and of what they take to be Ultimate Reality) differ enormously. The differences are as great as that between personal and impersonal, positive and negative, concerned and unconcerned about morality, all-inclusive and related to others. There are also differences in the ways God is conceived in the different theistic religions, but they seem like family squabbles compared to the differences between all of them and the nontheistic religions. Thus if the use of a uniform conceptual scheme, with only minor deviations, is required for a single doxastic practice, we will have to deny that there is any single MP. We will have to distinguish as may MP's as there are different conceptual schemes for grasping Ultimate Reality."[172]

Da die Religionen laut Alston mit völlig verschiedenen Begriffsschemen einhergehen, die teilweise sogar zu gegensätzlichen Aussagen über die letzte Wirklichkeit führen, könne man deren überzeugungsbildende Praktiken nicht einfach zusammenfassen. Vielmehr müsse man für jede Religion eine eigene doxastische Praxis annehmen.
Nicht ganz so klar sei die Situation im Hinblick auf den Gegenstandsbereich. Dieser werde normalerweise durch das jeweilige Begriffsschema abgesteckt. Wenn der Gegenstandsbereich jedoch derart am Begriffsschema hänge, könne man nicht davon ausgehen, dass die verschiedenen Religionen es mit demselben Gegenstandsbereich zu tun haben. Nun sei die übliche Auffassung jedoch nicht, dass die Religionen es zwar mit verschiedenen, aber gleichermaßen wirklichen Gegenständen zu tun haben, sondern dass nur eine Religion die letzte Realität erfasst. In diesem Fall hätten die anderen Religionen entweder gar keinen wirklichen Gegenstandsbereich, oder sie würden diesen falsch charakterisieren. Alston stellt diese Alternativen in den Raum, verfolgt sie zunächst jedoch nicht weiter.
Die These, dass die überzeugungsbildenden Praktiken sich von Religion zu Religion unterscheiden, begründet Alston schließlich mit der Verschiedenheit der Bewertungssysteme. Alston sieht einen engen Zusammenhang zwischen dem Bewertungssystem einer Religion und deren Lehre. Die religiöse Lehre fließe derart in das Bewertungssystem ein, dass jeder lehrmäßige Unterschied sich in letzterem bemerkbar mache.

[172] Ebd., 188f.

„This background scheme differs widely across different religions. The Hindu, Buddhist, and Judeo-Christian-Moslem stories about the nature of Ultimate Reality and our relations thereto, and about the marks of an accurate perception of that reality, differ greatly. [...] And among theistic religions there are enough differences – contrasting emphases on God's justice or love, quite different stories as to what God expects and requires of us, as to what His plans for us are, and as to His activities in history – to make a significant difference to the associated overrider system. Two pictures of the subject matter don't have to differ in their most fundamental features in order to make an important difference to the overriding function."[173]

Dass Alston den Religionen verschiedene doxastische Praktiken zuordnet, begründet er also damit, dass sich deren Begriffsschemen und Bewertungssysteme unterscheiden. Die Frage, ob es die Religionen mit demselben Gegenstandsbereich zu tun haben oder nicht, lässt er einstweilen offen.[174]

Im Zentrum von „Perceiving God" steht eine bestimmte Form von MP, nämlich die christlich-mystische doxastische Praxis. Alston definiert sie folgendermaßen:

„The discussion will focus on the practice of forming perceptual beliefs about God that is standard in what we may think of as mainline Christianity. I will arrogate to this practice the title 'Christian mystical perceptual practice' ('CMP' for short). CMP takes the Bible, the ecumenical councils of the undivided church, Christian experience through the ages, Christian thought, and more generally the Christian tradition as normative sources of its overrider system."[175]

Freilich gebe es verschiedene Meinungen zum Status und zur Interpretation der Bibel. Uneinigkeit bestehe auch über die Autorität konziliarer, episkopaler, päpstlicher oder anderer Verlautbarungen. Christliche Erfahrungsberichte seien oft widersprüchlich, und christliches Denken sei von jeher kontrovers. Man denke nur an die Auseinandersetzungen über das Sühneopfer und die Person Jesu Christi. Aus all diesen Gründen könne der Begriff der christlich-

---

[173] Ebd., 190f.
[174] Vgl. ebd., 184-192.
[175] Ebd., 193.

mystischen Praxis nicht vollkommen präzise sein. Es ist Alston zufolge eher so, dass das Hintergrundsystem von CMP ein gewisses Spektrum an Auffassungen abdeckt, nämlich die Glaubensrichtungen, die im Zentrum der christlichen Tradition stehen. Dazu rechnet Alston die orthodoxe, die römisch-katholische und die anglikanische Kirche, sowie die konservativere Richtung der reformierten, der lutherischen, der baptistischen und der methodistischen Glaubensgemeinschaft. Dass sich CMP über all diese Konfessionen erstrecke, bedeute freilich nicht, dass man qua Konfessionszugehörigkeit an CMP teilnehme. Denn nicht jeder Christ gelange aufgrund mystischer Erfahrungen zu religiösen Überzeugungen.[176]

[176] Vgl. ebd., 193f.

1.4 Die epistemische Relevanz mystischer Erfahrung: Rechtfertigung religiöser Überzeugungen

1.4.1 Die Zuverlässigkeit einer doxastischen Praxis im Allgemeinen

1.4.1.1 Kein nicht-zirkulärer Nachweis der Zuverlässigkeit einer doxastischen Praxis

Die Frage, die Alston in „Perceiving God" umtreibt, ist epistemischer Natur: „Is the standard or customary practice of forming M-beliefs a source of prima facie justification for those beliefs?"[177] Rechtfertigende Kraft hat eine doxastische Praxis laut Alston dann, wenn sie zuverlässig ist. Eine zuverlässige Praxis bringe wahre Überzeugungen hervor – jedenfalls in der Regel.[178] Es besteht also eine Korrelation zwischen der Zuverlässigkeit einer doxastischen Praxis und der Wahrheit der aus dieser Praxis hervorgehenden Überzeugungen. Da es Alston um die Frage geht, ob und wie religiöse Überzeugungen gerechtfertigt werden können, hängt alles daran, ob die christlich-mystische Praxis zuverlässig ist und unser volles Vertrauen verdient. In der Regel werde der Überzeugungsbildung aufgrund von Sinneswahrnehmung diese Zuverlässigkeit ohne weiteres zugesprochen, während es Überzeugungen aufgrund mystischer Wahrnehmung schwer hätten.

---

[177] ALSTON, W., Perceiving God, 102.

[178] „Is that practice a reliable one, one that generally will or would yield true beliefs?" Ebd., 102.

"[…] a doxastic practice is reliable provided *it would yield mostly true beliefs in a sufficiently large and varied run of employments in situations of the sorts we typically encounter*." Ebd., 104f.

Kann man nachweisen, dass CMP oder eine andere doxastische Praxis zuverlässig ist? Nach Alston kann man es nicht, da der Versuch, eine doxastische Praxis als zuverlässig auszuweisen, fast zwangsläufig zirkulär sei.

„What sources of belief are such that we can provide no otherwise impressive argument for their reliability without falling into epistemic circularity? I won't be able to go into this issue properly here, but it is a familiar story that our best attempts to establish the reliability of memory, introspection, deductive reasoning or inductive reasoning will make use of premises derived from the practice under consideration, and so fall into epistemic circularity. Thus it seems plausible to suppose that the most fundamental of our sources of belief are faced with the very problem we pointed out for sense perception in Chapter 3."[179]

Im dritten Kapitel von "Perceiving God" zeigt Alston am Beispiel von SP, dass deren Zuverlässigkeit nicht ohne Zirkel nachgewiesen werden kann. Von den zahlreichen Versuchen, unsere Sinneswahrnehmung als zuverlässige Erkenntnisquelle auszuweisen, wählt Alston einige repräsentative Beispiele aus. Die Diskussion der verschiedenen Ansätze fasse ich im folgenden kurz zusammen.

Am offensichtlichsten ist die epistemische Zirkularität bei einfachen empirischen Argumenten für die Zuverlässigkeit von SP. Ein solches Argument wäre zum Beispiel, dass die meisten aus SP gewonnenen Überzeugungen richtig sind. Das Vorgehen wäre in diesem Fall induktiv; man würde im Rahmen eines Tests überprüfen, in wie vielen Fällen SP zutreffende Outputs hervorbringt. Von einer Mehrzahl richtiger Outputs würde man dann auf die Zuverlässigkeit von SP schließen. Um einen Zirkel zu vermeiden, dürfte man die Outputs von SP nicht durch Sinneswahrnehmung überprüfen. Dem, sagt Alston, entkomme man jedoch nicht. Nun sei schlussfolgerndes Denken zwar eine andere Erkenntnisquelle als die Sinneswahrnehmung, aber das, woraus Schlüsse gezogen werden, seien doch beobachtete und damit sinnlich wahrgenommene Tatsachen. Ebenso könnte man sagen, die

---

[179] Ebd., 146.

Instrumente zur Überprüfung der Outputs seien doch eine unabhängige Instanz. Aber die Instrumente wurden nicht nur aufgrund der Ergebnisse sinnlicher Wahrnehmung entwickelt; sie können auch gar nicht ohne Sinneswahrnehmung genutzt werden. Schließlich könnte man sich noch auf abstrakte Theorien als unabhängige Überprüfungsmethode berufen. Aber auch diese Theorien hätten es früher oder später mit beobachtbaren Daten zu tun. Denn eine Theorie bewähre sich nur dann, wenn sie empirisch verifizierbar sei.

Wie man es auch wendet, eine unabhängige Instanz zur Überprüfung der Outputs von SP wird man laut Alston nicht finden. Jede Überprüfung und jeder Test setze seinerseits schon voraus, dass SP zuverlässig ist. Nun müsse man eine zirkuläre Argumentation nicht unbedingt für disqualifizierend halten. Für einen Kohärenztheoretiker würde sie zum Beispiel kein Problem darstellen. Denn dass der Glaube an die Zuverlässigkeit von SP durch die Ergebnisse von SP unterstützt wird, ist laut Alston nur die besondere Anwendung eines Prinzips, das der Kohärenztheoretiker entschieden verficht.[180] Alston ist jedoch der Auffassung, dass ein Argument durch einen Zirkel entwertet wird.[181]

Ehe Alston sich elaborierteren empirischen Argumenten zuwendet, geht er auf eine Reihe apriorischer Argumente ein. Dazu zählt erstens Descartes' Argument, dass wir eine sehr starke Neigung haben, unserer Sinneswahrnehmung zu trauen. Und da Gott uns so geschaffen habe und kein Betrüger sei, könnten wir vernünftigerweise davon ausgehen, dass uns die Sinneswahrnehmung ein zutreffendes Bild von der Wirklichkeit vermittelt. Dieses Argument setzt freilich die Existenz Gottes voraus, die Descartes jedoch aufgrund seines ontologischen Arguments bewiesen glaubt.[182] In „Perceiving God" bezeichnet Alston dieses Argument als „not epistemically circular"[183]. In dem

[180] Vgl. ebd., 149.

[181] Vgl. ebd., 106ff.

[182] Vgl. DESCARTES, R., Meditationen III, V, VI.

[183] ALSTON, W., Perceiving God, 109.

etwas später erschienenen Werk „The Reliability of Sense Perception" argumentiert er anders. Für den Theismus, sagt Alston, sei das ontologische Argument nicht ausreichend. Es bedürfe vielmehr einer kumulativen Argumentation. Dazu gehöre zum Beispiel, dass Menschen Gott erfahren haben und ihm begegnet sind. Dazu gehöre auch die Erfahrung, wohin ein Leben in der Gegenwart Gottes führe. Und schließlich gehörten dazu andere Argumente der natürlichen Theologie, wie zum Beispiel der teleologische und der kosmologische Gottesbeweis. Diese beiden Gottesbeweise und die genannten Erfahrungen beruhten jedoch größtenteils auf Sinneserfahrung, und somit komme SP doch wieder ins Spiel.[184]

Es folgen Argumente Ludwig Wittgensteins oder Argumente, die im Geiste Wittgensteins sind, so etwa das verifikationistische Argument. Nach Alstons Darstellung versucht es die Zuverlässigkeit von SP folgendermaßen zu beweisen: Die Frage, ob SP zuverlässig ist, mache nur Sinn, wenn die Hypothese, dass SP nicht zuverlässig ist, auch Sinn mache. Es müsse also vorstellbar sein, dass unsere Sinneswahrnehmung so sei, wie sie uns erscheine, und uns dennoch keine zuverlässigen Informationen über die Wirklichkeit liefere. Dies sei jedoch keine vernünftige Hypothese, denn man könne sie nicht empirisch bestätigen. Zwar könnten wir sehr wohl einzelne Sinneswahrnehmungen empirisch widerlegen, aber für die These, die Sinneswahrnehmung sei als solche trügerisch, gebe es keine empirische Bestätigung. Wenn es nun aber zur Zuverlässigkeit von SP keine sinnvolle Alternative gebe, müsse man aufgrund bedeutungstheoretischer Überlegungen davon ausgehen, dass SP zuverlässig sei.[185]

Dieses Argument ist laut Alston deswegen zirkulär, weil das verifikationistische Bedeutungskriterium die Zuverlässigkeit von SP

---

[184] Vgl. ebd., 109f; The Reliability of Sense Perception, 26-30.

[185] Vertretern eines verifikationistischen Bedeutungskriteriums geht es meistens nicht um den Nachweis der Zuverlässigkeit von SP. Sinnlos ist für sie nicht erst die These, SP sei nicht zuverlässig, sondern schon die Frage überhaupt. – Alston weist auf diesen Punkt hin. Vgl. Perceiving God, 111.

voraussetze. Denn was würde es für einen Sinn machen, die empirische Verifizierbarkeit von *p* als notwendige Bedingung für die faktische Bedeutung von *p* zu bestimmen, wenn es nicht möglich wäre, *p* tatsächlich zu verifizieren? Letzteres sei aber nur dann möglich, wenn SP im großen und ganzen zuverlässig sei.[186]

Einen weiteren Versuch, die Zuverlässigkeit von SP bedeutungstheoretisch zu begründen, sieht Alston in der auf Wittgenstein zurückgehenden Auffassung, physikalische Gegenstandsbegriffe hätten Kriterien für ihre Anwendung, wobei ein Kriterium ein Grund dafür ist, dass der jeweilige Begriff einen bestimmten Gegenstand bezeichnet. Dies gelte nicht unbedingt nur für physikalische Gegenstände und Eigenschaften; es gelte auch für mentale Eigenschaften und Arten. Wenn zum Beispiel das Verhaltenskriterium für ‚upset' zutreffe, dann bedeute dies zwar nicht notwendigerweise, dass die jeweilige Person verstört sei. In der Regel sei es jedoch so, dass das Verhaltenskriterium tatsächlich auf diesen Seelenzustand hindeutet. Die Anwendungskriterien sind mit anderen Worten in der Bedeutung des Begriffs enthalten. Statt von Anwendungskriterien spricht John Pollock von Rechtfertigungsbedingungen, und er geht sogar so weit, zu sagen, dass die Rechtfertigungsbedingungen eines Satzes konstitutiv für dessen Bedeutung sind.[187]

Wenn physikalische Gegenstandsbegriffe ihre Anwendungskriterien enthalten, dann sind unsere Begriffe eine Gewähr dafür, dass SP zuverlässig ist. Nun gesteht Alston zu, dass Wittgenstein und Pollock eigentlich nicht für die Zuverlässigkeit von SP argumentieren. Sie schließen vielmehr von der Bedeutung physikalischer Gegenstandsbegriffe auf die Rechtfertigung unserer gewöhnlichen Wahrnehmungsüberzeugungen. Alston wirft diesem Argument nicht vor, dass es zirkulär sei; er hält es im Hinblick auf die Zuverlässigkeit von SP schlicht für unzureichend:

„How could the fact that a belief that a tree is before me satisfies requirements for justification that are built into the concept of a tree guarantee the *truth* of

[186] Vgl. ebd., 110f.

[187] Vgl. POLLOCK, J., Knowledge and Justification, 21.

the belief? Any sense of 'truth' in which I could guarantee truth just by building justification conditions into my concepts would be a wildly nonrealistic conception that I would not dream of taking seriously, nor does Pollock. It can't be that easy to bring it about that our thoughts conform to the way things are. Hence no concept of justification that is such that what it takes for justification depends on the constitution of our concepts can carry any implications for truth or reliability."[188]

Wenn Begriffe auch ihre Anwendungskriterien enthalten, so könne dies doch keine Garantie für deren Anwendung sein. Oder anders formuliert: Wenn die Rechtfertigungsbedingungen einer Überzeugung ganz an der begrifflichen Bedeutung dieser Überzeugung hängen, hat die Rechtfertigung einer Überzeugung nichts mit deren Wahrheit zu tun. Und das heißt für Alston: Ein bedeutungstheoretisches Argument trägt nichts aus für die Zuverlässigkeit von SP.[189]
Als nächstes diskutiert Alston das sogenannte Paradigm Case Argument. Dieses Argument bezieht sich auf Fälle, in denen wir die Bedeutung eines Begriffs lernen – es geht nach wie vor um Begriffe für materielle, also sinnlich wahrnehmbare Gegenstände. In der Regel lernen wir einen solchen Begriff, indem uns der betreffende Gegenstand gezeigt wird. Was das Wort ‚Hund' bedeutet, lernen wir durch eine Reihe von Situationen, in denen uns ein Hund gezeigt und als solcher benannt wird. In diesen Situationen, wird argumentiert, müssen wir nun wirklich einen Hund wahrnehmen; sonst würden wir gar nicht lernen, was dieses Wort bezeichnet. Das heißt, das Erlernen von Begriffen für materielle Dinge setzt voraus, dass wir uns mindestens in diesen ‚Musterfällen' auf unsere Sinneswahrnehmung verlassen können. Somit wäre dies ein Argument für die Zuverlässigkeit von SP.
Laut Alston ist auch dieses Argument zirkulär. Denn das, was bewiesen werden soll, setzt das Argument bereits voraus. Die Lernsituationen führen nur dann zum Ziel, wenn uns unsere Sinneswahrnehmung nicht täuscht und wir uns auf SP verlassen

---

[188] ALSTON, W., The Reliability of Sense Perception, 45.
[189] Vgl. ALSTON, W., Perceiving God, 111-115.

können. Wie also könne die Zuverlässigkeit von SP erwiesen werden, wenn man doch schon von ihr ausgehe?[190]

Unter der Rubrik apriorischer Argumente diskutiert Alston schließlich noch das Privatsprachenargument. Es ist von Wittgenstein inspiriert, findet sich aber in dieser Form nicht bei Wittgenstein. Alston beruft sich auf nicht veröffentlichte Äußerungen von Peter van Inwagen, der auf einem Symposium der Central Division of the American Philosophical Association das Argument für Alstons Diskussion fruchtbar gemacht hat.
Wenn der Ausdruck ‚P' nicht in einer öffentlichen Sprache vorkommen kann, hat er keine Bedeutung.[191]
Wenn die Sinneswahrnehmung nicht zuverlässig ist, kann es keine öffentliche Sprache geben. Denn wir lernen eine Sprache, indem wir beobachten, was andere Menschen tun und sagen.
Wenn die Sinneswahrnehmung nicht zuverlässig ist, kann also kein Ausdruck eine Bedeutung haben.
Wenn kein Ausdruck eine Bedeutung haben kann, können wir die Frage nach der Zuverlässigkeit von SP gar nicht stellen.
Wenn es möglich ist, diese Frage zu stellen, dann muss unsere Sinneswahrnehmung zuverlässig sein. Denn dann haben Ausdrücke eine Bedeutung (4), was wiederum heißt, dass unsere Sinneswahrnehmung zuverlässig ist (3).
Es handelt sich also eigentlich um ein Retorsionsargument: Wer behaupte, unsere Sinneswahrnehmung sei nicht zuverlässig, widerlege sich durch die Behauptung selbst. Denn wenn seine Behauptung einen Sinn haben soll, dann muss er eine öffentliche Sprache annehmen und an ihr teilnehmen. Und dies bedeute, dass er sich in Tun und Reden auf seine Sinne verlasse. Alston hält auch dieses Argument für zirkulär. Offensichtlich werde dies in der Begründung für (2), wo gezeigt werde, inwiefern wir uns auf unsere Wahrnehmungen verlassen müssen, um eine Sprache zu erlernen.

---

[190] Vgl. ebd., 115-118.

[191] Der Ausdruck ‚öffentliche Sprache' ist ein Gegenbegriff zu dem, was Wittgenstein unter einer Privatsprache versteht.

Alston diskutiert noch zwei weitere Argumente, die einander nicht unähnlich sind: Nach dem ersten Argument lässt sich unsere Sinneserfahrung am besten dadurch erklären, dass die materielle Welt tatsächlich so ist, wie wir sie uns nach heutigen wissenschaftlichen Erkenntnissen vorstellen. Und dies würde implizieren, dass unsere Sinneserfahrung zuverlässig ist, dass sie uns also zuverlässige Informationen über die Beschaffenheit der Wirklichkeit liefert. Die Zuverlässigkeit von SP wäre somit eine theoretische Erklärung von Grundmustern unserer Sinneserfahrung. Da in diesem Fall nicht aus empirischen Daten auf die Zuverlässigkeit von SP geschlossen, sondern diese als hypothetische Erklärung der Sinneserfahrung angenommen werde, sei das Argument nicht zirkulär.
Dennoch hat es nach Alston keinen Bestand, und zwar deswegen, weil es alternative Erklärungen unserer Sinneserfahrung gebe und eine Entscheidung zwischen ihnen nicht möglich sei. Man könne unsere Sinneserfahrung genauso gut durch den Cartesischen Dämon oder Berkeleys Gott erklären. Weitere Alternativen seien ein Panpsychismus oder die These, dass alle Sinneserfahrung vom Bewusstsein selbst erzeugt wird. Diese Theorien werden laut Alston in der gegenwärtigen Diskussion als gleichwertig angesehen, weil sie alle den gleichen Umfang an Daten erklären. Man könne sie zwar auf ihre Einfachheit, Ökonomie oder Tiefe hin vergleichen, aber die Qualitätskriterien einer Theorie seien nicht unbedingt ein Hinweis auf deren Wahrheit. So bleibe dieses Argument letztlich ein „nonstarter“.[192]

Das zweite Argument dieser Art bezieht sich nicht auf die Sinneserfahrung als solche, sondern auf unseren Erfolg bei der Vorhersage unserer Erfahrungen. Unsere Voraussagen zukünftiger Erfahrungen seien nur so zu erklären, dass unser Begriffsschema für die materielle Welt diese adäquat wiedergibt und unsere Überzeugungsbildung aufgrund von Sinneserfahrung zuverlässig

---

[192] Vgl. ALSTON, W., Perceiving God, 123-135.

ist. Denn wie könne man es sich sonst erklären, dass sich unsere Vorhersagen so oft bewahrheiten? Wenn SP nicht zuverlässig wäre, wäre dies eine unglaubliche Serie glücklicher Zufälle. Folglich sei die Zuverlässigkeit von SP die beste Erklärung dafür, dass wir unsere Erfahrungen so gut vorhersagen können.
Obwohl dieses Argument unter den nicht-zirkulären das beste sei, sei es nur ein schwacher Grund für die Zuverlässigkeit von SP. Denn erstens sei das Explanandum auf die eigene Sinneserfahrung und deren Vorhersage beschränkt, und zwar deswegen, weil die Berufung auf den Erfolg anderer Personen wieder in einen Zirkel führe.[193] Dies sei aber eine viel zu schmale Basis, um für die Zuverlässigkeit von SP argumentieren zu können. Zweitens sei die Vorhersagekraft einer Praxis nicht unbedingt ein Beweis für deren Wahrheit. Als Beispiele führt Alston die Volkspsychologie oder die Newton'sche Mechanik an. Die populäre Psychologie sei zwar nützlich zum Beschreiben und Vorhersagen von Verhaltensweisen; dennoch dürfe man sie nicht immer eins zu eins nehmen, da sie vieles vereinfache und schwerwiegende Mängel habe. Ebenso könne man mit Newtons Gesetzen vieles vorhersagen, und dennoch müsse man seine Physik nach dem heutigen Stand als einfachere Annährung an die Wahrheit betrachten als die sehr viel komplexere Relativitätstheorie.[194]

Das Ergebnis dieser Untersuchung ist nach Alston folgendes:

„At the end of the last chapter we were confronted with what looked to be a desperate situation. The course of the argument led us to the conclusion that with respect to even those sources of belief of which we are normally the most confident we have no sufficient noncircular reason for taking them to be reliable. Concentrating on sense perception, we examined the most impressive of the many attempts to show that the belief-forming practice we labeled 'SP'

---

[193] Sobald man es mit anderen Personen zu tun habe, müsse man sich schon auf SP verlassen. Die Zuverlässigkeit von SP, für die eigentlich argumentiert werden solle, werde dann bereits vorausgesetzt.
[194] Vgl. ALSTON, W., Perceiving God, 135-143.

is reliable, and we found that all those that were not otherwise disqualified were vitiated by epistemic circularity."[195]

Was Alston an SP gezeigt hat, gilt nach ihm für jede doxastische Praxis: Die Argumentation für die Zuverlässigkeit einer doxastischen Praxis sei fast zwangsläufig zirkulär, und zwar deswegen, weil wir nicht in der Lage seien, uns neben eine doxastische Praxis zu stellen und sie von außen zu beurteilen. Durch die Teilnahme an einer überzeugungsbildenden Praxis sei uns ein objektiver oder neutraler Standpunkt verwehrt, um diese selbst zu beurteilen, und so fließe in eine Argumentation immer das ein, wovon wir bereits ausgehen. Da eine zirkuläre Argumentation nach Alston wertlos ist, sieht er keine Möglichkeit, die Zuverlässigkeit einer doxastischen Praxis argumentativ nachzuweisen.[196]

1.4.1.2 Praktische Rationalität

„[...] I am going beyond the purely internalist reaction to the menace of epistemic circularity by exploring what can be usefully and defensibly said, in general, about the epistemic status of our established ways of forming and evaluating beliefs. The basic point is this. Given that we will inevitably run into epistemic circularity at some point(s) in any attempt to provide direct arguments for the reliability of one or another doxastic practice, we should draw the conclusion that there is no appeal beyond the practices we find firmly established, psychologically and socially. We cannot look into any issue whatever without employing some way of forming and evaluating beliefs; that applies as much to issues concerning the reliability of doxastic practices as to any issue. Hence what alternative is there to employing the practices we find ourselves using, to which we find ourselves firmly committed, and which we could abandon or replace only with extreme difficulty if at all?"[197]

Angesichts dessen, dass Argumente für die Zuverlässigkeit einer doxastischen Praxis zum Scheitern verurteilt sind, bleibt Alston zufolge nur eine pragmatische Reaktion. Wenn es keinen Weg gebe,

---

[195] Ebd., 146.
[196] Vgl. ebd., 150.
[197] Ebd., 149f.

uns unserer Praktiken argumentativ zu vergewissern, sei das einzig Sinnvolle, ihnen weiterhin zu vertrauen. Dieses Vertrauen sieht Alston jedoch darin begründet, dass die besprochenen Praktiken tief in unserem Leben verwurzelt sind. Sie sind psychologisch und sozial fest etabliert. Unsere überzeugungsbildenden Praktiken seien nicht nur fest im Leben und in der Welt verankert; wir hätten auch keine Alternativen zu ihnen. Von daher sei es nur recht und billig, ihnen zu folgen. Es ist mit anderen Worten rational, unsere Überzeugungen so zu bilden und zu beurteilen, wie wir dies normalerweise tun.

Alston schreibt den doxastischen Praktiken also eine praktische Rationalität zu, fügt aber hinzu dass sie diesen Status nur prima facie haben. Wenn eine doxastische Praxis zu massiven Widersprüchen führe, könne dies ihre Rationalität außer Kraft setzen. Dies könnten entweder starke interne Widersprüche sein oder eine massive Inkonsistenz mit den Überzeugungssystemen anderer Praktiken. Wenn solche Widersprüche vom jeweiligen Overrider-System einer doxastischen Praxis nicht mehr bewältigt werden können, bestehe ein Zweifel an der Zuverlässigkeit dieser Praxis. Und damit sei es nicht mehr rational, diese Art der Überzeugungsbildung zu praktizieren. Diese Situation sei bei den bestehenden doxastischen Praktiken jedoch nicht gegeben. Zwar stoße man immer wieder auf Widersprüche innerhalb einer Praxis oder zwischen mehreren Praktiken, aber das Ausmaß dieser Widersprüche sei nicht so groß, dass es eine der doxastischen Praktiken disqualifiziere.[198]

Alston glaubt gezeigt zu haben, dass es prima facie rational ist, an einer etablierten doxastischen Praxis teilzunehmen. Damit sei zwar nicht gezeigt, dass diese Praxis tatsächlich zuverlässig sei, aber es sei doch gezeigt, dass es rational sei, sie für zuverlässig zu halten. Denn man könne die Teilnahme an einer Praxis nicht für rational halten, ohne an die Zuverlässigkeit dieser Praxis zu glauben. Die Teilnahme an einer doxastischen Praxis impliziere mit anderen

---

[198] Vgl. ebd., 168-173.

Worten den Glauben, dass es rational ist, sie für zuverlässig zu halten.[199]

1.4.2 Das Paritätsargument: Die Zuverlässigkeit von CMP im Besonderen

Alstons Ausführungen zu seiner Konzeption von epistemischer Rechtfertigung sowie zum Begriff und Stellenwert der doxastischen Praxis bilden eigentlich nur den erkenntnistheoretischen Hintergrund für die Bewertung der christlich-mystischen doxastischen Praxis, abgekürzt CMP. Unter einer mystischen doxastischen Praxis versteht Alston wie gesagt die Praxis der Überzeugungsbildung und -bewertung aufgrund mystischer Erfahrung. Die christlich-mystische Praxis ist die mystische Praxis im Traditionsstrom des Christentums. Zur Erinnerung sei auch noch einmal gesagt, dass Alston mystische Erfahrung als Wahrnehmung Gottes auffasst.
Im fünften und sechsten Kapitel von „Perceiving God“ gelangt Alston also zu seiner Hauptthese:

> „My main thesis in this chapter, and indeed in the whole book, is that CMP is rationally engaged in since it is a socially established doxastic practice that is not demonstrably unreliable or otherwise disqualified for rational acceptance. If CMP is, indeed, a socially established doxastic practice, it follows from the position defended in Chapter 4 that it is prima facie worthy of rational participation. And this means that it is prima facie rational to regard it as reliable, sufficiently reliable to be a source of prima facie justification for the beliefs it engenders. And if, furthermore, it is not discredited by being shown to be unreliable or deficient in some other way that will cancel its prima facie rationality, then we may conclude that it is unqualifiedly rational to regard it as sufficiently reliable to use in belief formation.“[200]

In den genannten beiden Kapiteln versucht Alston, die christlich-mystische Praxis gegen Anfechtungen zu verteidigen. Es gibt dabei zwei Arten von Anfechtungen: Die erste stellt in Frage, dass es sich bei CMP überhaupt um eine doxastische Praxis im qualifizierten

---

[199] Vgl. ebd., 178ff.
[200] Ebd., 194.

Sinne handelt, die zweite bringt Gründe für deren Unzuverlässigkeit vor. Durch die Widerlegung dieser Einwände hofft Alston zeigen zu können, dass es nicht weniger rational ist, an CMP teilzunehmen als an SP oder einer anderen doxastischen Praxis.

1.4.2.1 Ist CMP überhaupt eine doxastische Praxis im qualifizierten Sinne?

Der erste Einwand bezieht sich auf die Tatsache, dass es sich bei CMP im Gegensatz zu allen anderen Arten der Überzeugungsbildung nicht um eine universelle Praxis handelt. Alston entgegnet, dass diese Tatsache dem erkenntnistheoretischen Anspruch von CMP keinen Abbruch tue. Denn a priori scheine es genauso wahrscheinlich, dass einige Aspekte der Wirklichkeit nur Personen zugänglich sind, die bestimmte Bedingungen erfüllen, wie andere Aspekte allen Menschen gleichermaßen zugänglich seien. Die höhere Mathematik und die theoretische Physik seien ein Beispiel für eine doxastische Praxis, an der nur ein Bruchteil der Menschheit partizipiere. Als weiteres Beispiel führt Alston Weinkenner an, die die verschiedensten Weinsorten am Geschmack unterscheiden könnten, während der Normalverbraucher nur eine grobe Einteilung zustandebringe. Auch Musikern, die den einzelnen Stimmen in komplexen Orchesterstücken folgen können, sei ein Bereich der Wirklichkeit erschlossen, zu dem die meisten Menschen gar keinen Zugang hätten. Für den epistemischen Anspruch einer doxastischen Praxis spiele es also keine Rolle, wie viele Menschen an ihr teilnehmen.

Alston wirft diesem Einwand zwei schwerwiegende Fehler vor: Erstens komme es einem epistemischen Imperialismus gleich, wenn die Merkmale *einer* doxastischen Praxis – in diesem Fall SP – ungerechtfertigterweise zum Maßstab für *alle* doxastischen Praktiken erklärt würden. Nur weil die Universalität ein Merkmal von SP sei, sei es noch nicht gerechtfertigt, sie zum Merkmal einer doxastischen Praxis überhaupt zu erklären. Die obigen Überlegungen beweisen nach Alston eher das Gegenteil – dass es

nämlich willkürlich ist, von der Universalität einer doxastischen Praxis von vornherein auszugehen.
Dem Einwand sei zweitens vorzuwerfen, dass er mit zweierlei Maß messe. Was im Fall des Weinkenners oder des theoretischen Physikers kein Problem sei, werde CMP zum Verhängnis. Beim Weinkenner und beim theoretischen Physiker habe die geringe Partizipation epistemisch keine Konsequenzen; der christlich-mystischen Praxis dagegen werde derselbe Tatbestand zu Lasten gelegt, und zwar ohne weitere Begründung. Darin liege eine Willkür, die das Argument seiner Überzeugungskraft beraube.[201]
Der zweite Einwand stellt in Frage, dass es sich bei CMP überhaupt um eine weit verbreitete *Praxis* handelt, die von vielen Menschen geteilt wird. Die Frage ist also, ob es überhaupt eine sozial etablierte Art der Überzeugungsbildung aufgrund von mystischer Erfahrung gibt, oder ob Überzeugungen aufgrund von mystischen Erfahrungen nicht vielmehr subjektiver Natur sind. Im zweiten Fall hätte das, was Alston unter CMP versteht, wenig Substanz. Alston gesteht zu, dass die Art der Überzeugungsbildung tatsächlich schwer zugänglich sei, weil wir für die phänomenalen Qualitäten mystischer Erfahrungen keine eigene Sprache hätten. Allerdings könne man durchaus beobachten, dass Christen von ähnlichen Erfahrungen zu ähnlichen Aussagen über Gott gelangen. Die Intersubjektivität der christlich-mystischen Praxis könne leichter an der Überzeugungs*bewertung* gezeigt werden. Denn es gebe einen ganzen Katalog von Kriterien für die Echtheit einer mystischen Erfahrung, und dieser Katalog sei zur Unterscheidung der Erfahrungen von den Mystikern im Laufe der Jahrhunderte entwickelt worden.[202] Ein solcher Katalog aber diene der intersubjektiven Überprüfung mystischer Erfahrungen und sei somit

---

[201] Vgl. ebd., 197ff.

[202] Kriterien für die Echtheit einer mystischen Erfahrung sind zum Beispiel die geistige und gefühlsmäßige Verfassung der jeweiligen Person, die moralischen Früchte der Erfahrung und natürlich, ob die Erfahrung mit der Tradition konform ist.

ein Beleg für das tatsächliche Bestehen einer christlich-mystischen Praxis.[203]

Wenn man nun auch zugestehe, dass CMP eine echte doxastische Praxis ist, so könne man doch fragen, ob sie eine echte Quelle neuer Informationen ist. Bringt CMP aus Erfahrungen tatsächlich neue Überzeugungen hervor, oder werden nicht vielmehr bereits bestehende Überzeugungen in irgendwelche Erfahrungen hineingelesen? Man könnte diesen Einwand nun so verstehen, dass man immer schon mit einem bestimmten Begriffsschema an seine Erfahrungen herangeht – also etwa in dem Sinn, dass die Erfahrungen durch das Begriffsschema konstituiert werden – und dass man folglich gar keine neuen Informationen aus den Erfahrungen gewinnen kann. Diesen Einwand widerlegt Alston folgendermaßen:

„I dare say that the overwhelming majority of perceptual situations, both SP and CMP, involve the application of antecedently possessed concepts. The main point I want to make is that in neither case does this have any tendency to prevent one from genuinely perceiving objective realities or gaining new information about them. If it did we would rarely learn anything in sense perception. Indefinitely many specific bits of information can be formulated by the same conceptual scheme, and the fact that I antecedently possess the concepts that I use to articulate a given perception has no tendency to show that I already had the information I claim to derive from that perception."[204]

Die Tatsache, dass man bereits bekannte Begriffe auf eine Wahrnehmungssituation anwendet, sagt laut Alston überhaupt nichts über den Informationsgehalt der Wahrnehmung aus. Denn man könne unzählig viele Informationen mit demselben Begriffsschema formulieren. Und die Tatsache, dass einem die Begriffe bereits bekannt waren, bedeute nicht, dass einem auch die Informationen bereits bekannt waren.
Man könnte den Einwand auch so verstehen, dass eine mystische Erfahrung deswegen keine neuen Informationen bringt, weil sie

[203] Vgl. ALSTON, W., Perceiving God, 199-205.
[204] Ebd., 206.

letztlich nichts als eine neutrale Matrix ist, in die bisherige Überzeugungen hineingelesen werden. Dass mystische Erfahrungen sehr wohl einen Informationsgehalt haben, macht Alston an drei Punkten fest: Erstens gehe es in mystischen Erfahrungen oft um die Beziehung zwischen Gott und dem Gläubigen. Und wie diese Beziehung zum Zeitpunkt der Erfahrung sei, könne von dem bestehenden Überzeugungssystem nicht vorweggenommen werden. Zweitens werde eine bereits bestehende Überzeugung mit jeder weiteren Erfahrung erneuert. Man könne zwar bereits von der Liebe Gottes überzeugt sein, aber jede weitere Erfahrung könne diese Überzeugung nur umso mehr bestätigen. Schließlich könne einem jede Erfahrung tiefere Einsichten schenken und einen so das Gedankengut des Christentums besser verstehen lassen. Eine Vertiefung von Überzeugungen bringt zwar nun keine neuen Überzeugungen, aber sie gibt den bestehenden doch einen neuen Gehalt.[205]

Auch der nächste Einwand zielt auf den Informationsgehalt von MP ab und kommt zu dem Ergebnis, dass MP im Vergleich zu SP negativ abschneidet. Mit den Sinnen würden wir, wenn wir wach sind, ununterbrochen wahrnehmen; mystische Wahrnehmung sei dagegen ein sehr seltenes Phänomen. Die Sinneserfahrung sei reich an Informationen und liefere uns ein detailliertes Bild der jeweiligen Situation. Oft könnten wir die Informationen gar nicht alle aufnehmen. Mystische Erfahrung sei dagegen meist dunkel und vom Informationsgehalt her dürftig. Der Gesamteffekt dieser Unterschiede sei, dass MP als Quelle von Informationen weit weniger nützlich ist als SP. Alston stimmt zu, dass MP einen geringeren Informationsgehalt habe als SP, aber dies schmälere den erkenntnistheoretischen Anspruch von MP nicht.[206]

Auch der folgende Einwand beruht auf einem Vergleich zwischen MP und SP. Sinneswahrnehmungen, so wird behauptet, könnten

[205] Vgl. ebd., 205ff.

[206] Vgl. ebd., 207ff.

ohne weiteres durch Beobachter derselben Szene überprüft werden. Diese Möglichkeit intersubjektiver Überprüfung gebe es bei einer mystischen doxastischen Praxis nicht, und dies wirke sich auf deren erkenntnistheoretischen Status negativ aus:

„But they all take it that the lack in CMP of the kinds of checks from other observers that is characteristic of SP is a serious epistemological defect and that it prevents us from supposing M-beliefs based on mystical perception to be in a strong epistemic position. I shall be discussing this charge in my own terms, taking it to amount to the claim that since CMP lacks this kind of check by other observers it does not have the kind of overrider system that a doxastic practice must possess if it is to confer prima facie justification to its outputs. Experientially based beliefs must be subject to test by the experience of other observers in the SP way if they are to count as prima facie justified by that experience. The price of justification for an objective claim about the world is subjection to an appropriate objective scrutiny by other members of the community. *Objective* epistemic worth requires *intersubjective* validation. Otherwise we are left with only the subject's predilection for a particular interpretation."[207]

Auch dieses Argument sei ein Beispiel für epistemischen Imperialismus, da die Test- und Korrekturstrategien *einer* doxastischen Praxis ohne weitere Begründung zur Norm erklärt würden. Nun liege es aber keineswegs auf der Hand, warum die Überzeugungen verschiedener Praktiken denselben Tests unterworfen werden sollen. Bei Introspektion sei ein intersubjektiver Zugang ja auch nur bedingt möglich, und dennoch spreche man Berichten über innere seelische Vorgänge nicht ihre epistemische Berechtigung ab. Und bei mathematischen Aussagen verlange man doch auch nicht, dass sie durch Beobachtung überprüft werden.

Abgesehen davon gebe es innere Gründe, warum eine Bestätigung durch andere Beobachter, wie es bei der Sinneswahrnehmung der Fall ist, in der christlich-mystischen Praxis nicht zu erwarten sei. Einen Test könne man nur dann machen, wenn man es mit regelmäßigen und vorhersehbaren Vorgängen zu tun habe, die man

---

[207] Ebd., 215f.

dann gegebenenfalls verifizieren oder falsifizieren kann. Ein Test setze schon viel Wissen über einen bestimmten Gegenstandsbereich voraus, denn nur dies erlaube einem, Regelmäßigkeiten zu erkennen und Tests auf diese auszurichten. Wie aber könnten wir uns derartige Erkenntnisse im Bereich der Mystik erhoffen? Außerdem sei Gott als Schöpfer der Welt den Naturgesetzen nicht unterworfen. Regelmäßigkeiten im Handeln Gottes seien nie zu erwarten, sondern liegen laut Alston immer in seinem freien Willen begründet.[208]

Alston hält die genannten Einwände für widerlegt; CMP sei damit als doxastische Praxis ausgewiesen. Von daher sei es prima facie rational, an CMP teilzunehmen, vorausgesetzt natürlich, dass diese Prima-facie-Rationalität nicht durch gewichtige Gründe aufgehoben werde. Dies wäre zum Beispiel dann der Fall, wenn gezeigt werden könnte, dass die christlich-mystische Praxis unzuverlässig ist. Aber zunächst sei gegen die Rationalität von CMP nichts einzuwenden. Die Rationalität von CMP gründet laut Alston darin, dass es sich um eine sozial etablierte Praxis handelt. Die Analogien zwischen CMP und SP spielten in dem Argument zwar auch eine Rolle, seien aber für die Begründung der Rationalität von CMP nicht entscheidend. In diesem Punkt werde er von Richard Gale missverstanden, der Alstons Argument in erster Linie als Analogieargument lese.
Gale kritisiert nämlich, dass die zahlreichen Unterschiede, die Alston zwischen CMP und SP feststelle – er meint vor allem die Unterschiede in den Test- und Korrekturstrategien – eine Analogie zwischen den beiden Praktiken massiv schwäche, wenn nicht sogar zerstöre.

„Wainwright and Alston admit these disanalogies but try to neutralize them by claiming that they are due to a difference in the categoreal nature of the apparent object of sense and religious experience. [...] This explains why the agreement and prediction tests will not apply to religious experiences in the same way that they do to sense experience.[...]

---

[208] Vgl. ebd., 209-222.

There are two difficulties with this response. First, to explain why the tests for sense and religious experiences are not analogous is not to explain away the disanalogies; and these disanalogies are devastating to the analogical argument.[...]

[A second difficulty is a, M.W.] tension, if not inconsistency, in Alston's work. It is between his demands, on the one hand, for parity of treatment of the religious- and sense-experience doxastic practices and, on the other, that we not be chauvinistic, that we not uphold the epistemological principles of one practice as a standard by which to judge the adequacy of others. Alston's demand for parity of treatment of the two practices is based on the claim that the religious- experience doxastic practice is sufficiently analogous to the sense-experience doxastic practice so as to be subject to all of the cognitive rights and privileges thereunto appertaining to the latter.[...]

Therefore, it would be most inconsistent of him to charge an objector with being an objectionable chauvinist when it is claimed that the religious-experience doxastic practice fails to count as cognitive because its tests are quite disanalogous to those of the sense-experience doxastic practice."[209]

Es sei also nicht nur so, dass die bestehenden Unterschiede zwischen CMP und SP die Analogie zwischen den beiden Praktiken untergraben. Es sei auch inkonsistent, wenn Alston einerseits eine gleichberechtigte Behandlung der beiden Praktiken einfordere, es aber andererseits für chauvinistisch halte, wenn eine doxastische Praxis an den Maßstäben einer anderen gemessen würde. Gales Kritik ist wohl so zu verstehen, dass Alston mit dem Paritätsargument einerseits eine Vergleichbarkeit von CMP und SP postuliert, die er andererseits mit der These von den irreduziblen Rechtfertigungsstandards in Frage stellt.

Alston antwortet, dass sein Argument eben nicht in erster Linie auf einer Analogie zwischen SP und CMP beruhe, sondern darauf, dass CMP eine sozial etablierte Praxis sei. Ganz abgesehen davon beruhe ein Analogieargument immer auf *bestimmten* Vergleichspunkten. Und in den für das Argument entscheidenden Punkten seien SP und CMP tatsächlich analog: In beiden Fällen hätte man es mit einer sozial etablierten Praxis zu tun mit je eigenen Input-Output-

---

[209] GALE, R., On the Nature and Existence of God, 318-321.

Funktionen und einem funktionierenden Overrider-System. Keine der beiden Praktiken sei erwiesenermaßen unzuverlässig. Es spreche im Gegenteil einiges für die Zuverlässigkeit der beiden Praktiken, wenn diese auch nicht ohne Zirkel bewiesen werden könne. Bei all diesen Punkten handelt es sich um formale Eigenschaften einer doxastischen Praxis. Wenn Alstons Argument ein Paritätsargument ist – und es spricht alles dafür – dann beruht es auf einer strukturellen Analogie zwischen CMP und SP, und nicht auf einer inhaltlichen.[210]

1.4.2.2 Gibt es Gründe für die Unzuverlässigkeit von CMP?

Bisher hat Alston gezeigt, dass das, was er die christlich-mystische Praxis nennt, alle Kriterien einer doxastischen Praxis erfüllt. Die Teilnahme an der christlich-mystischen Praxis sei von daher prima facie rational. Sollte sich jedoch zeigen, dass CMP aus irgendwelchen Gründen unzuverlässig ist oder den Wirklichkeitsbereich, den sie zu beschreiben vorgibt, nur vermeintlich beschreibt, dann würde sie den Status der Rationalität verlieren. Alston untersucht eine Reihe solcher Gründe im sechsten Kapitel von „Perceiving God".

Ein erster Grund könne sein, dass es keine Beweise für die Zuverlässigkeit von CMP gebe. Dieser Einwand kommt aus der Ecke einer rigiden Epistemologie, die die Zuverlässigkeit von CMP etwa nur dann anerkennt, wenn es hinreichend Gründe dafür gibt, dass Gott existiert (1), dass er erfahren werden kann (2), und dass diese Möglichkeit manchmal realisiert wird (3). Alston sieht darin die Forderung nach einem externen Beweis für die Zuverlässigkeit von CMP. Da diese Forderung jedoch bei keiner doxastischen Praxis erfüllt werden könne, da jede Bestätigung einer doxastischen Praxis von deren Vorgaben geprägt sei, sei dies kein Grund für die Unzuverlässigkeit von CMP.[211]

---

[210] Vgl. ALSTON, W., Perceiving God, 223ff.

[211] Vgl. ebd., 226f.

Naturalistische Erklärungen mystischer Erfahrung stellen einen weiteren Einwand gegen CMP dar:

„It is widely held that mystical experience can be adequately explained naturalistically, whether in terms of psychodynamic mechanisms à la Freud, in terms of social or economic forces à la Marx or Durkheim, in terms of neurophysiological functioning, or otherwise. But, as was pointed out in Chapter I, it is plausible to hold that an experience can be an experience of an objective reality only if that reality is among the causes of that experience, only if that reality figures importantly in an adequate causal explanation of that experience. Normal visual experience can justifiably be taken to be an experience of items in the field of vision just because we can't understand why the visual experience occurs as it does without taking into account the causal influence of those items (in this case their reflection of light which then strikes the retina ...). But if the occurrence of mystical experience can be adequately explained solely in terms of this-worldly factors, God need never be mentioned in an adequate explanation. Nous n'avons pas besoin de cette hypothèse. Hence we have no justification for supposing that God is causally involved in the generation of the experience and thus no justification for supposing that the experience is a perception of God."[212]

Wenn mystische Erfahrung naturalistisch erklärt werden kann, dann – so lautet die Argumentation – brauche man die Ursache der Erfahrung nicht in Gott suchen. Nun seien aber mit Freuds psychologischer Erklärung, mit den sozialen und ökonomischen Theorien von Marx und Durkheim, aber auch mit neurophysiologischen Erklärungen eine Reihe von Theorien gegeben, die mystische Erfahrung allein von weltlichen Faktoren her erklären könnten. Da man bei gleicher Erklärungskraft der einfacheren Hypothese den Vorrang geben müsse, seien die naturalistischen Erklärungen der religiösen vorzuziehen. Von daher sei es nicht gerechtfertigt, mystische Erfahrung für eine Wahrnehmung Gottes zu halten.

Diesem Einwand hält Alston folgendes entgegen: Erstens sei es keineswegs ausgemacht, dass man mystische Erfahrung von rein natürlichen Ursachen her erklären kann. Versuche in diese Richtung seien höchst spekulativ, denn mystische Erfahrung sei

[212] Ebd., 228.

wissenschaftlich schwer zugänglich. Es gebe zwar Experimente, die von drogeninduzierten Erfahrungen Rückschlüsse auf mystische Erfahrungen ziehen, aber allein die These, dass diese beiden Erfahrungstypen analog sind, bereite schon große Probleme. Man müsse sich zur Untersuchung mystischer Erfahrungen ganz auf Zeugenberichte verlassen, und die Ungewissheit und Vagheit solcher Berichte schlage sich automatisch im Untersuchungsergebnis nieder.

Abgesehen davon würden sich die bekanntesten Theorien – also die oben genannten – auf kausale Mechanismen berufen, die selbst schwer festzustellen und zu messen seien: Die Psychoanalyse postuliere unbewusste psychische Prozesse wie Unterdrückung, Identifikation, Regression und Verteidigungsmechanismen; die Theorien von Marx und Durkheim gingen von sozialen Wirkungsmechanismen bei der Ideologie- und Meinungsbildung aus. Da die Behauptung dieser Mechanismen empirisch kaum gesichert sei, könnten die naturalistischen Theorien gegenüber einer religiösen Erklärung keine Überlegenheit beanspruchen.

Drittens müsse man für eine weltliche Erklärung mystischer Erfahrung gar nicht auf psychoanalytische oder Marxistische Ideen zurückgreifen. Es genüge die These, dass jede Erfahrung unmittelbar von neurophysiologischen Prozessen im Gehirn verursacht wird und folglich auf diese reduziert werden kann. Mystische Erfahrung wäre dann nicht mehr und nicht weniger als ein neurophysiologischer Prozess. Ein solcher Naturalismus würde jedoch nicht nur die mystische Erfahrung, sondern auch die Sinneserfahrung betreffen. Und von daher müsste man laut Alston auch behaupten, dass die Tatsache, dass ein bestimmtes Buch in meinem Blickfeld nicht zu den unmittelbaren Ursachen meiner visuellen Erfahrung gehört, bedeute, dass das Buch in dieser Erfahrung gar nicht wahrgenommen werde. Dies würde nun aber keiner behaupten wollen. Denn wenn das Buch auch nicht der *unmittelbare* Grund der visuellen Erfahrung sei, so liege es doch in der Ursachenkette, die zu der Erfahrung führe. Und damit sei die

kausale Bedingung für eine Wahrnehmung erfüllt.[213] Und wieso, fragt Alston, sollte dies bei der mystischen Wahrnehmung anders sein?
Alston geht viertens auf Freuds These ein, mystische Erfahrung sei nichts anderes als eine infantile Regression. In diesem Zustand aber nehme man die Welt vereinfacht, wenn nicht sogar verzerrt wahr – wie könne er dann ein Bewusstsein von der Gegenwart Gottes sein? Alston wendet ein, dass sich dies keineswegs ausschließen müsse. Selbst wenn mystische Erfahrung psychologisch als infantile Regression zu erklären sei, warum solle dies nicht die Art und Weise sein, wie Gott sich uns in unserer Erfahrung zeigt?
Alston zufolge sind die naturalistischen Theorien empirisch weit weniger untermauert als dies auf den ersten Blick erscheint. Mit empirischen Belegen könne ihre Überlegenheit jedenfalls nicht begründet werden. Außerdem schließe ein naturalistischer Ansatz die religiöse Erklärung nicht zwangsläufig aus. So schließe die neurophysiologische Erklärung einer Wahrnehmung nicht aus, dass diese auch vom wahrgenommenen Gegenstand her erklärt werden kann. Und wenn eine mystische Erfahrung psychologisch beschrieben und erklärt werden kann, dann bedeute dies nicht, dass das Phänomen ein areligiöses ist. Die naturalistischen Erklärungen fechten die religiöse folglich nicht an und rütteln somit auch nicht an der Rationalität der christlich-mystischen Praxis.[214]

Wäre der Output von CMP in hohem Maße inkonsistent, dann wäre dies nach Alston ein Zeichen für die Unzuverlässigkeit dieser doxastischen Praxis. Er untersucht also die Frage, ob dies der Fall ist. Nun sei keine doxastische Praxis ganz ohne Widersprüche. Ein gewisses Maß an Widersprüchen disqualifiziere eine doxastische Praxis jedoch noch nicht. Erst wenn das Overrider-System mit den

---

[213] Es reiche natürlich nicht aus, dass das Buch *irgendwo* in der Ursachenkette der Wahrnehmung liegt. Denn eine Wahrnehmung hätte viele Ursachen, die selbst gar nicht wahrgenommen würden. Das Buch müsse als Gegenstand der Wahrnehmung also einen *spezifischen* kausalen Beitrag leisten.
[214] Vgl. ALSTON, W., Perceiving God, 228-234.

widersprüchlichen Überzeugungen nicht mehr zu Rande komme, müsse man die jeweilige doxastische Praxis als unzuverlässig bezeichnen.

> „Now the basic rationale for allowing internal inconsistency, so long as it is not too 'persistent and/or massive' is that inconsistencies that do not exhibit those features can be handled sufficiently by the overrider system, whereas if they are too massive they will overwhelm it, flood it with a volume of inconsistency greater than it can deal with. And if they are too persistent, at least in too considerable a quantity, the overrider system has repeatedly failed to do its job well enough. Thus the criterion is best put by saying that a practice is disqualified as insufficiently reliable provided it generates significantly more inconsistencies than the overrider system can handle."[215]

Die Einschätzung der Inkonsistenzen hängt nach Alston noch an zwei weiteren Punkten: Erstens sei nicht nur die Anzahl der Widersprüche entscheidend, sondern auch die Frage, ob diese Widersprüche eine große Bedeutung haben. Zweitens dürfe man nicht von allen Praktiken die gleiche Gewissheit erwarten. Unser Wissen über die physikalische Welt sei wesentlich größer und detaillierter als unser Wissen über die Geschichte des Menschen, über soziale Interaktionen oder über Gott und die Heilsgeschichte. Da ein größeres Wissen weit eher die Lösung von Widersprüchen erlaube, sei es nicht verwunderlich, dass SP weniger zu inkonsistenten Überzeugungen führe als CMP. Diese unterschiedlichen Bedingungen müsse man in die Bewertung der Inkonsistenzen miteinbeziehen. Ziehe man all diese Dinge in Betracht, dann könne man aber mit gutem Gewissen sagen, dass die Inkonsistenzen der christlich-mystischen Praxis nicht so zahlreich und schwerwiegend sind, dass sie diese ihrer Rationalität berauben.[216]

Schwerwiegende Konflikte mit anderen doxastischen Praktiken wären laut Alston ein weiterer Grund für die Unzuverlässigkeit der christlich-mystischen Praxis. Solche Konflikte könne man sich mit

---

[215] Ebd., 235f.
[216] Vgl. ebd., 234-238.

den Naturwissenschaften vorstellen, mit den Ergebnissen historischer Forschung oder auch mit einer naturalistischen Metaphysik. Alston untersucht die potentiellen Konfliktfelder in der genannten Reihenfolge.

In Bezug auf die Naturwissenschaften seien drei Konfliktbereiche denkbar: Erstens könnten wissenschaftliche Ergebnisse, Hypothesen oder Theorien bestimmten religiösen Lehren widersprechen. Solche Konfliktsituationen habe es im Laufe der Geschichte auch immer wieder gegeben; Alston denkt an den Konflikt zwischen dem Kopernikanischen und dem Ptolemäischen Weltbild oder an das Aufkommen der Evolutionstheorie, die einem wörtlichen Verständnis der Schöpfungsgeschichte widerspricht. Die neuen Theorien hätten das überkommene Glaubens- und Bibelverständnis zwar tatsächlich in Frage gestellt, aber man habe den christlichen Glauben im Sinne dieser Theorien reformulieren können, ohne dass von seiner Substanz etwas verloren ging.

Alston sieht auch in den heutigen naturwissenschaftlichen Erkenntnissen keinen Widerspruch zum christlichen Glauben. Dies sei kein Zufall, sondern liege in der Natur der Sache: Die Wissenschaft beschäftige sich mit den Gesetzen des physikalischen Universums, die Religion frage dagegen nach dem Grund des Universums. Alston behauptet also, dass sich Naturwissenschaft und Religion nur an den Rändern treffen und von daher die Ergebnisse der einen den Kern der anderen gar nicht treffen *können*.

Zwischen Religion und Naturwissenschaft seien zweitens methodologische Konflikte denkbar und drittens Konflikte zwischen den jeweiligen theoretischen Voraussetzungen. Aber nach Alston gibt es weder zu ersteren noch zu letzteren Anlass, und zwar aus eben dem Grund, dass der Gegenstandsbereich der Religion ein anderer ist als der der Naturwissenschaft, und dass sich folglich Vorgehensweise und theoretischer Hintergrund unterscheiden.

Was die Konflikte mit den Ergebnissen historischer Forschung angeht, so seien diese zwar denkbar, aber nach dem gegenwärtigen Wissensstand nicht Realität. Ein solcher Konflikt würde etwa dann entstehen, wenn schriftliche Zeugnisse oder archäologische Funde

auftauchen würden, die darauf hindeuteten, dass das Grab Jesu am dritten Tag nach seinem Tod nicht leer war.
Alston zufolge stellen also weder die Naturwissenschaften noch die Geschichtsforschung die christlich-mystische Praxis in Frage. Mit einer naturalistischen Metaphysik sei dagegen ein echter Konflikt gegeben. Denn die Grundannahmen einer naturalistischen Metaphysik seien mit dem theistischen Weltverständnis unvereinbar: Der Naturalismus schließe per definitionem die Existenz eines transzendenten Wesens aus, und der Materialismus stehe im Widerspruch zu der christlichen Annahme, Gott sei ein rein geistiges Wesen. Dass das materialistische Denken gegenwärtig so sehr dominiert, liegt nach Alston vor allem an den Errungenschaften der Naturwissenschaften. Die Naturwissenschaften erklären die materielle Welt, und dass sie dies so erfolgreich tun, werde oft als Bestätigung eines materialistischen Weltverständnisses gewertet. Dabei sei es eine Sache, die materielle Welt zu erklären, eine andere, einen Materialismus zu postulieren. Ersteres ist nach Alston ein berechtigtes naturwissenschaftliches Anliegen, letzteres dagegen eine zweifelhafte metaphysische These. Zweifelhaft ist sie nach Alston deswegen, weil sie den Gegenstandsbereich der Wissenschaften zur Wirklichkeit überhaupt erklärt und damit in imperialistischer Manier das Wirklichkeitsverständnis der Naturwissenschaften verallgemeinert.
Fazit: Das Konfliktpotential mit den besprochenen Praktiken ist Alston zufolge nicht so groß, dass es Zweifel an der Zuverlässigkeit der christlich-mystischen Praxis aufkommen lässt. Was das Verhältnis von Religion und Naturwissenschaft angeht, lasse sich ganz im Gegenteil zeigen, dass diese gar nicht oder nur in Einzelfragen miteinander konkurrieren. Schwierig werde es nur dann, wenn die Naturwissenschaften den alleinigen Anspruch auf die Weltdeutung erheben. Doch dies glaubt Alston als epistemischen Imperialismus entlarvt zu haben.[217]

---

[217] Vgl. ebd., 238-248.

1.4.2.3 Gibt es Gründe für die Zuverlässigkeit von CMP?

Nachdem Alston eine ganze Reihe von Einwänden gegen die Rationalität der christlich-mystischen Praxis widerlegt hat – jedenfalls geht er davon aus, dass ihm dies gelungen ist – fragt er, ob es nicht auch Gründe *für* die Zuverlässigkeit dieser doxastischen Praxis gibt. Freilich könne es keine externen Gründe geben, wohl aber Gründe, die zwar zirkulär, aber dennoch nicht trivial seien. Solche Gründe wären im Fall von SP zum Beispiel, dass diese Praxis es uns in hohem Maße ermöglicht, den Lauf der Dinge vorherzusagen und entsprechend zu kontrollieren. Außerdem seien wir aufgrund von SP in der Lage, unsere Sinneswahrnehmung besser zu verstehen, wie sie funktioniert, warum sie im großen und ganzen zuverlässig ist, und unter welchen Bedingungen sie weniger zuverlässig ist. Diese Gründe setzen den Glauben an die Zuverlässigkeit von SP voraus und können diese folglich nicht nicht-zirkulär beweisen. Dennoch hält Alston sie für erwähnenswert, da sie weder im engen Sinne zirkulär noch trivial seien. Denn die Dinge, zu denen uns SP befähige, seien schon von daher ein Argument für die Zuverlässigkeit dieser doxastischen Praxis, weil sie in den anderen Praktiken nicht unbedingt eine Parallele hätten.

Auch für CMP seien solche nicht-trivialen Gründe auszumachen: Diese Praxis der Überzeugungsbildung gebe uns ein Bild von Gott und führe uns in unserer Beziehung zu ihm.

„CMP, along with the other sources that are drawn on to build up the Christian scheme of things, has the function of giving us a picture of God, His purposes, activities, requirements on us and plans for us, a picture that will guide us in our interaction with Him. That is a large order, of course. To give the discussion a bit more focus, I will concentrate on one aspect of this, namely, the spiritual development of the individual, the transformation of the individual into what God intended her to be, into the sort of person that is capable of entering into the loving communion with God for which we were created. We may as well use the traditional Christian term for this process, *sanctification*. Thus CMP proves itself, if at all, by the fact that it provides guidance in the all important enterprise of sanctification, guidance in the pilgrimage that leads, if things go right, to eternal loving communion with God."[218]

Durch die Teilnahme an CMP werde man in seiner spirituellen Entwicklung geführt, und das heißt nach Alston, dass man immer mehr zu dem werde, wie Gott einen wolle, dass man sich abwende von egoistischen Zielen, und dass man letztendlich immer mehr liebe. CMP helfe einem nicht nur darin, in der Liebe immer mehr zu wachsen und zu reifen; diese Praxis schärfe auch das Wahrnehmungsvermögen für Dinge und Geschehnisse in der physischen und sozialen Umwelt, für die man andernfalls vermutlich blind wäre. All diese Dinge gehören laut Alston zu den Früchten der christlich-mystischen Praxis und können unser Vertrauen in sie bestätigen.[219]

1.4.3 Die Rechtfertigung religiöser Überzeugungen

Die epistemische Relevanz mystischer Erfahrung liegt für Alston darin, dass sie religiöse Überzeugungen rechtfertigen kann.

„The central thesis of this book is that experiential awareness of God, or as I shall be saying, the *perception* of God, makes an important contribution to the grounds of religious belief. More specifically, a person can become justified in holding certain kinds of beliefs about God by virtue of perceiving God as being or doing so-and-so. The kinds of beliefs that can be so justified I shall call 'M-beliefs' ('M' for *manifestation*). M-beliefs are beliefs to the effect that God is doing something currently vis-à-vis the subject – comforting, strengthening, guiding, communicating a message, sustaining the subject in being – or to the effect that God has some (allegedly) perceivable property – goodness, power, lovingness. The intuitive idea is that by virtue of my being aware of God as sustaining me in being I can justifiably believe that God *is* sustaining me in being."[220]

Ich habe an anderer Stelle Alstons Rechtfertigungsbegriff bereits ausführlich dargelegt, möchte dessen Grundzüge jedoch noch einmal kurz zusammenfassen. Alston vertritt einen objektivistischen

[218] Ebd., 251.
[219] Vgl. ebd., 250-254.
[220] Ebd., 1.

Rechtfertigungsbegriff: Eine Überzeugung muss *objektiven* und nicht nur subjektiven Standards genügen, damit sie im epistemischen Sinne gerechtfertigt ist. Das heißt für Alston, dass epistemische Rechtfertigung nicht eine Frage der Pflichterfüllung ist, sondern eine Frage danach, ob der Grund der Überzeugung objektiv angemessen und von daher ein starker Hinweis auf deren Wahrheit ist. Da Alston danach fragt, ob ein Subjekt *S* in der Überzeugung *p* gerechtfertigt ist, kommen als Gründe Erfahrungen und Überzeugungen des Subjekts in Frage.

Eine Überzeugung ist nach Alston dann und nur dann gerechtfertigt, wenn sie auf einem angemessenen Grund beruht. Es geht dabei wie gesagt um die *tatsächliche* Angemessenheit des Grundes. Ob ein Grund angemessen ist, liegt also nicht im Ermessen des Subjekts. Somit ist die faktische Angemessenheit des Grundes eine notwendige und hinreichende Bedingung für die Rechtfertigung einer Überzeugung. Für die Rechtfertigung einer Überzeugung ist es Alston zufolge nicht nötig, dass das Subjekt auch um die Angemessenheit des Grundes weiß oder diese begründeterweise annimmt. Der Grund ist zwar insofern ‚subjektiv', als er ein psychologischer Zustand des Subjekts ist, aber bewertet wird er von einem objektiven Standpunkt aus.

Die Rechtfertigung, die von einer Erfahrung ausgehen kann, ist nach Alston immer eine Prima-facie-Rechtfertigung, also keine Rechtfertigung schlechthin. Wenn jemand also eine religiöse Erfahrung gemacht hat, sei es, dass er sich von Gott getröstet und gestärkt fühlt, sei es, dass er seine Liebe erfahren hat, dann ist er in der Überzeugung, dass Gott ihm auf diese Weise begegnet ist, prima facie gerechtfertigt. Das heißt, er ist zunächst einmal in dieser Überzeugung gerechtfertigt, braucht also abgesehen von der Erfahrung keine weiteren Gründe vorbringen. Die Überzeugung wäre dann nicht mehr gerechtfertigt, wenn sie durch gewichtige Gründe widerlegt würde, oder wenn Zweifel an der Erfahrung des Subjekts aufkämen.[221]

---

[221] Siehe hierzu die ausführliche Darstellung von Alstons Rechtfertigungsbegriff unter Punkt 1.2.

„[...] I said that the basic problem of the book could be formulated as follows. 'Is the standard or customary practice of forming M-beliefs a source of prima facie justification for those beliefs?' And since the concept of justification we are using is both truth-conducive and source-relevant, this involves the question 'Is the practice a reliable one, one that generally will or would yield true beliefs?'"[222]

Religiöse Überzeugungen können Alston zufolge nur dann durch mystische Erfahrungen gerechtfertigt werden, wenn die christlich-mystische Praxis eine zuverlässige Erkenntnisquelle ist. Zuverlässig ist sie nach Alston dann, wenn sie in der Regel wahre Überzeugungen hervorbringt. Die Rechtfertigung von Überzeugungen hängt somit an der Zuverlässigkeit der jeweiligen doxastischen Praxis. Und dies ist auch der Grund, warum Alston dieses Thema in aller Ausführlichkeit erörtert.

Nun haben Alstons Überlegungen zur Zuverlässigkeit doxastischer Praktiken folgendes Bild ergeben: Versuche, eine doxastische Praxis als zuverlässig auszuweisen, sind ihm zufolge fast zwangsläufig zirkulär. Denn man könne kaum für die Zuverlässigkeit einer doxastischen Praxis argumentieren, ohne sich auf deren Prämissen bereits zu verlassen. Wenn nun aber kein Argument imstande sei, die Zuverlässigkeit unserer Erkenntnisquellen zu beweisen, bleibe nur eine pragmatische Reaktion: Angesichts fehlender Alternativen sei das einzig Sinnvolle, ihnen weiterhin zu vertrauen. Da die verschiedenen Arten der Überzeugungsbildung fest in unserem Leben verankert seien – psychologisch wie sozial – sei dieses Vertrauen nicht unbegründet, sondern vernünftig.

Es ist nach Alston also rational, an einer etablierten doxastischen Praxis teilzunehmen.[223] Es wäre nur dann nicht mehr rational, wenn

[222] ALSTON, W., Perceiving God, 102.

[223] Man merkt, dass Alston in erster Linie an die christlich-mystische Praxis denkt, denn eigentlich macht es nur bei einer religiösen Praxis Sinn, von *Teilnahme* zu sprechen. An Erinnerung, Introspektion oder Sinneserfahrung nimmt man nicht wirklich teil. An einer religiösen Praxis kann man dagegen

die jeweilige doxastische Praxis erwiesenermaßen unzuverlässig wäre, und dies wäre dann der Fall, wenn sie zu massiven Widersprüchen führen würde. Wenn die Teilnahme an einer doxastischen Praxis aber rational sei, dann sei es auch rational, sie für zuverlässig zu halten. Eigentlich impliziere die Teilnahme an einer doxastischen Praxis schon den Glauben an deren Zuverlässigkeit. Denn es wäre nach Alston ein pragmatischer Widerspruch, wenn man einer doxastischen Praxis einerseits folgte, sie andererseits aber für unzuverlässig hielte.[224]

Alston hat konkret die christlich-mystische Praxis im Auge, und so untersucht er, ob diese Art der Überzeugungsbildung als rational bezeichnet werden kann. An CMP teilzunehmen, ist nach Alston schon deswegen rational, weil es sich dabei um eine sozial etablierte Praxis handelt. Bei einer sozial etablierten Praxis mit einer langen Geschichte habe man allen Grund, anzunehmen, dass sie zuverlässig ist. Dies könne man von irgendwelchen persönlichen Spleens, wie dem Konsultieren getrockneter Tomaten, nicht sagen.

> „When a doxastic practice has persisted over a number of generations, it has earned a right to be considered seriously in a way that Cedric's consultation of sun-dried tomatoes has not. It is a reasonable supposition that a practice would not have persisted over large segments of the population unless it was putting people into effective touch with some aspect(s) of reality and proving itself as such by its fruits. But there are no such grounds for presumption in the case of idiosyncratic practices. Hence we will proceed more reasonably, as well as more efficiently, by giving initial, ungrounded credence to only the socially established practices. Newcomers will have to prove themselves."[225]

Freilich könne die Prima-facie-Rationalität der christlich-mystischen Praxis durch übergeordnete Gründe in Frage gestellt werden. Es könnte sich zum Beispiel zeigen, dass CMP gar keine

---

schon teilnehmen, da man sich dafür entscheiden kann, ob man dieser Art der Überzeugungsbildung folgen will oder nicht – jedenfalls kann man dies ab einem gewissen Alter.

[224] Ein pragmatischer Widerspruch liegt dann vor, wenn das, was man behauptet, dem, was man tut, widerspricht.

[225] ALSTON, W., Perceiving God, 170.

doxastische Praxis im qualifizierten Sinne ist. Es könnte sich aber auch zeigen, dass die christlich-mystische Praxis aus irgendwelchen Gründen unzuverlässig ist oder den Wirklichkeitsbereich, den sie zu beschreiben vorgibt, nur vermeintlich beschreibt. Dass weder das eine noch das andere auf CMP zutrifft, glaubt Alston im fünften und sechsten Kapitel von „Perceiving God" gezeigt zu haben. Er stellt bei den Argumenten gegen die Zuverlässigkeit der christlich-mystischen Praxis immer wieder eine Gemeinsamkeit fest, nämlich dass sie unvorteilhaft mit SP verglichen wird. Dies äußere sich entweder in einem epistemischen Imperialismus, der die Maßstäbe für eine doxastische Praxis ungerechtfertigterweise aus SP beziehe, oder aber darin, dass bei der epistemischen Bewertung von SP und CMP mit zweierlei Maß gemessen werde.

Nun war einerseits von der Rechtfertigung religiöser Überzeugungen durch mystische Erfahrungen die Rede, andererseits von der Zuverlässigkeit der christlich-mystischen Praxis. Es bleibt zu fragen, wie sich doxastische Praxis und einzelne Überzeugung zueinander verhalten. Die doxastische Praxis ist definiert als ein System überzeugungsbildender und -bewertender Mechanismen. Ob diese Mechanismen als formale Umsetzungsprozesse zu verstehen sind, bei denen es nur darum geht, dass die Inhalte unserer Erkenntnisquellen zu Tatsachenbehauptungen werden, oder als komplexe Regelwerke, bei denen die Übersetzung von Erkenntnisgehalten in Überzeugungen kulturell geprägt ist, war nicht mit letzter Sicherheit zu klären. Fest steht, dass eine doxastische Praxis Datenmaterial zu propositionalen Inhalten formt, welche dann die einzelnen Überzeugungen sind.
So weit scheint das Verhältnis von doxastischer Praxis und einzelner Überzeugung nicht problematisch. Weit weniger klar ist es dagegen, wie der strenge Rechtfertigungsbegriff für Überzeugungen und die skeptische Bewertung doxastischer Praktiken zusammenpassen sollen.

„Now we must relate the conclusions of this section [Chapter 4, M.W.] to the discussion of justification in Chapter 2. There we took the concept of epistemic justification to embody a 'reliability constraint', such that if a belief is epistemically justified it is thereby conceptually implied that the belief is at least likely to be true. In chapter 3 we found severe difficulties in showing that familiar doxastic practices like SP are sources of justification in this sense. And now we have moved to arguing that the claim of reliability (and hence of being a source of justification in the Chapter 2 sense) for SP enjoys a certain kind of practical rationality, a kind that doesn't entail a likelihood of truth for that claim and hence does not entail a likelihood of truth for the outputs of SP and other established practices."[226]

Wie kann eine Überzeugung im strengen Sinne gerechtfertigt sein – also so, dass die Gründe der Überzeugung diese sehr wahrscheinlich machen – wenn von der Quelle dieser Überzeugung – der jeweiligen doxastischen Praxis – nicht mehr gesagt werden kann, als dass es rational ist, sie für zuverlässig zu halten? Wenn eine doxastische Praxis nicht als zuverlässig ausgewiesen werden kann, dann – so lautet der Einwand – kann von den aus ihr hervorgehenden Überzeugungen auch nicht behauptet werden, sie seien aller Wahrscheinlichkeit nach wahr.

Alston antwortet, man müsse zwei Ebenen unterscheiden: die Ebene der doxastischen Praxis und die Ebene der einzelnen Überzeugungen. Da ihn die Frage interessiere, ob religiöse Überzeugungen tatsächlich gerechtfertigt sind, und nicht nur, so weit wir dies sagen können, habe er von Anfang an einen evaluativen Rechtfertigungsbegriff vertreten.[227] Nun habe für Wahrnehmungsüberzeugungen freilich nicht gezeigt werden können, dass diese in einem starken Sinne gerechtfertigt sind, also so, dass sie aller Wahrscheinlichkeit nach wahr sind. Alstons Weg sei ein anderer gewesen: Er habe gezeigt, dass es rational ist, SP und die anderen doxastischen Praktiken für zuverlässig zu halten, und dass es folglich rational ist, anzunehmen, dass die aus den etablierten Praktiken hervorgehenden Überzeugungen in einem wahrheitsrelevanten Sinn gerechtfertigt sind.

Damit eine Überzeugung im starken Sinne gerechtfertigt sei, müsse es *wahr* sein, dass die jeweilige doxastische Praxis zuverlässig ist;

---

[226] Ebd., 181.

[227] Und nicht etwa einen deontologischen. Vgl. Punkt 1.2.

sie müsse nicht als zuverlässig *ausgewiesen* worden sein. Alstons Argument läuft darauf hinaus, dass das, was in Bezug auf den epistemischen Status einer doxastischen Praxis *gezeigt* werden kann, den Rechtfertigungsbegriff gar nicht tangiert. Dass die Zuverlässigkeit einer doxastischen Praxis nicht bewiesen werden kann, bedeutet Alston zufolge nicht, dass die aus ihr hervorgehenden Überzeugungen nicht objektiv gerechtfertigt sind. Freilich, wenn Zweifel an der Zuverlässigkeit einer doxastischen Praxis bestünden, dann wären die einzelnen Überzeugungen auch nicht mehr objektiv gerechtfertigt. Aber der fehlende Beweis hebelt deren Rechtfertigung nicht aus. Ob Alstons Antwort wirklich zu überzeugen vermag, wird noch zu untersuchen sein.[228]

---

[228] Vgl. ALSTON, W., Perceiving God, 181ff.

1.5 Der Stellenwert von Erfahrung unter den Gründen für religiöse Überzeugungen

Alston untersucht in „Perceiving God", ob und wie religiöse Überzeugungen durch mystische Erfahrungen gerechtfertigt werden können. Unter einer mystischen Erfahrung versteht er ein Wahrnehmungserlebnis: Dem Subjekt wird die Gegenwart Gottes bewusst; es kann Gott auf eine nicht-sinnliche Weise wahrnehmen. Alston gelangt bei seiner Untersuchung zu einem positiven Ergebnis: Mystische Erfahrungen liefern eine Prima-facie-Rechtfertigung für religiöse Überzeugungen. Das heißt, solange keine Einwände auftauchen, rechtfertigt einen eine mystische Erfahrung in der Überzeugung, dass man Gott auf diese oder jene Weise wahrgenommen hat. Mystische Erfahrungen sind nach Alston also Gründe für religiöse Überzeugungen.
Am Schluss seines Buches fragt Alston nach dem Stellenwert von solchen Erfahrungen unter den Gründen für religiöse Überzeugungen.[229] Zu diesen Gründen rechnet er neben den religiösen Erfahrungen die natürliche Theologie, die Tradition und die Offenbarungen Gottes. Bei den religiösen Erfahrungen unterscheidet er direkte und indirekte Wahrnehmungen Gottes sowie Erfahrungen, die keine Wahrnehmungen sind, aber dennoch am besten durch Gottes Wirken erklärt werden können. Was Alston unter direkten Wahrnehmungen Gottes versteht, ist nun hinlänglich bekannt. Von indirekten Wahrnehmungen spricht er dann, wenn Menschen Gottes Gegenwart etwa in der Schönheit der Natur oder in den Worten eines anderen Menschen wahrnehmen. Ein Beispiel für die dritte Art von Erfahrung wäre ein spürbares Wachsen im Glauben und in der Liebe. Wenn einem Menschen solches

[229] Vgl. im folgenden ALSTON, W., Perceiving God, 286-307.

geschehe, dann könne dies am besten durch das Wirken des Heiligen Geistes erklärt werden.
Die natürliche Theologie ist Alston zufolge der Versuch, die Existenz Gottes aus nicht-religiösen Prämissen zu beweisen. Gemeint sind freilich die klassischen Gottesbeweise. Was die Tradition angeht, so sei sie nur aus der Perspektive des Subjekts ein Grund für religiöse Überzeugungen. Denn das Subjekt könne aus der Tradition Gründe für seine religiösen Überzeugungen schöpfen. Aus der Perspektive der Gemeinschaft sei die Tradition dagegen ein gewachsenes Überzeugungssystem, das man seinerseits auf seine Gründe hin befragen könne. Schließlich unterscheidet Alston drei Formen der Offenbarung: Gott offenbare sich, indem er seinem Volk durch ausgewählte Menschen Botschaften übermittle; er offenbare sich in Schrift und Wort, und schließlich offenbare er sich in der Geschichte.
Nach Alston lassen sich die genannten Gründe letztlich auf zwei Grundkategorien zurückführen: Entweder handle es sich um eine Wahrnehmung Gottes, welcher Art auch immer, oder um eine theologische und somit theoretische Erklärung. Wie kommt Alston dazu, die verschiedenen Gründe auf diese zwei Grundtypen zu reduzieren? Die Tradition streicht Alston kurzerhand, und zwar deswegen, weil die Tradition ein Überzeugungssystem ist, das selbst aus Überzeugungen oder Erfahrungen hervorgegangen ist, und Alstons Aufmerksamkeit ja nicht dem gewachsenen Überzeugungssystem, sondern dessen Gründen gilt. Die erste Form der Offenbarung, die göttliche Botschaft, sei eine besondere Form mystischer Erfahrung im Alston'schen Sinn. Denn damit der von Gott Auserwählte die göttliche Botschaft verstehe, müsse er Gott als den zu ihm Sprechenden wahrnehmen.
Die anderen Gründe schließlich hält Alston für theologische Erklärungen: Die zweite Form der Offenbarung, die göttliche Inspiration religiöser Schriften oder Reden, sei eine theologische Erklärung für die spirituelle Kraft dieser Texte. Und die dritte Form der Offenbarung, das Handeln Gottes in der Geschichte, sei eine theologische Erklärung für den Verlauf bestimmter Ereignisse. Was

die Gottesbeweise angehe, so seien auch sie Versuche, die Welt zu erklären:

„Most of the traditional philosophical arguments for the existence and nature of God boil down to explanatory claims also. A supreme being with certain attributes is invoked by the cosmological argument as the best explanation for the existence of the universe, by the teleological argument as the best explanation for the (apparent) design in the universe, by the moral argument as the best explanation for moral obligation, the distinction between right and wrong, or moral value. The only major argument that does not fit this pattern is the ontological argument, which proceeds by analyzing the concept of God."[230]

Schließlich sei das Wirken des Heiligen Geistes eine Erklärung für das spirituelle Wachstum eines Menschen, das sich in seinem Leben, seiner Persönlichkeit und seiner Beziehung zu anderen Menschen zeigen könne.

Die Gründe für das christliche Überzeugungssystem müssen laut Alston in einem Zusammenhang gesehen werden. Einerseits würden sie einander ergänzen, andererseits bestehe auch eine gewisse Abhängigkeit zwischen ihnen. Mystische Wahrnehmungen etwa könnten nur dann zu vertretbaren Überzeugungen führen, wenn es ein Hintergrundsystem gebe, das Kriterien für deren Echtheit angebe. Und so ein Hintergrundsystem beruhe zwar seinerseits auch auf bereits gemachten Erfahrungen, aber eben nicht nur. Das Overrider-System der christlich-mystischen Praxis speise sich aus der ganzen Lehre des Christentums. Somit hänge die Überzeugungsbildung aufgrund mystischer Erfahrung an den anderen Gründen für religiöse bzw. in diesem Fall christliche Überzeugungen.

Alston fragt, ob mystische Erfahrungen denn einen besonderen Beitrag zum Überzeugungssystem des Christentums leisten könnten, einen Beitrag, den womöglich nur diese Erfahrungen leisten können. Mit seiner Antwort auf diese Frage möchte ich das Kapitel über die Möglichkeit religiöser Erkenntnis bei William Alston schließen.

---

[230] Ebd., 292.

„For some time now I have been stressing the ways in which mystical perception depends on other grounds for its operation. This may give the impression that I take mystical perception to have a wholly subsidiary, derivative, and peripheral role, so far as the justification of religious belief is concerned. But that is not my view. A close reading of the last two sections will disclose an insistence that mystical perception makes its own contribution to the total system of Christian belief. (1) It is the only source for particular beliefs about what God is doing vis-à-vis one at the moment and about God's will for one's own life. (2) It gives the human bearer of revelation access to the divine communicator. (3) It is an important source of our assurance that the source of general revelation, the chief actor in the drama of salvation, and the creator of the universe, really does exist."[231]

[231] Ebd., 302.

2 Die Deutung religiöser Sprache und Überzeugungen. Semantische Fragestellungen.

Ging es im ersten Teil um die in „Perceiving God" vorgelegte Epistemologie mystischer Erfahrungen, so soll es im zweiten Teil um Alstons Realismus gehen. Die Realismus-Debatte hat ihren Ursprung in der Analytischen Sprachphilosophie und dreht sich im wesentlichen um die Frage, ob die Wirklichkeit von unserem Denken und unserer Sprache unabhängig ist oder nicht. Ein Vorläufer dieser Debatte war die neuzeitliche Diskussion um den Idealismus. So hatte Berkeley im 18. Jahrhundert den bis dahin eigentlich selbstverständlichen Realismus erstmals ausdrücklich in Frage gestellt, nämlich indem er behauptete: „Esse est percipi"[232], also „Sein ist Wahrgenommenwerden". Wenn die Realität das ist, was von uns wahrgenommen wird, dann ist sie das von uns Erkannte. Die Realität ist somit nicht unabhängig von unserer Erkenntnis, sondern wesentlich durch diese bestimmt.

Die Frage, was denn die Wirklichkeit sei, und wie wir diese erkennen können, hat im 20. Jahrhundert eine semantische Wendung genommen. Sie wird in der Analytischen Philosophie gestellt als die Frage nach dem *Verhältnis* von Sprache bzw. Denken und Wirklichkeit.[233] Obwohl der Begriff des Realismus philosophisch eindeutig eine bestimmte Richtung benennt, finden sich doch unterschiedliche Definitionen. Und so werden für den Realismus auch nicht immer genau die gleichen Kriterien angegeben. Die wichtigsten Kriterien für einen Realismus möchte ich aus den folgenden Zitaten herausarbeiten. Nach Willaschek

---

[232] BERKELEY, G., Eine Abhandlung über die Prinzipien der menschlichen Erkenntnis, § 3.

[233] Vgl. WILLASCHEK, M., Realismus, 16ff. Siehe auch BLASCHE, S. u.a. (Hg.), Realismus und Antirealismus, 7f.

> „versteht man unter Realismus die These, daß die Wirklichkeit *denkunabhängig* ist, genauer: daß die *Existenz* und die *Beschaffenheit* der Wirklichkeit nicht davon abhängen, was Menschen (und andere Wesen) darüber *denken* (sagen, wissen) können.“[234]

Nun könne man die Unabhängigkeit der Wirklichkeit von unserem Denken freilich verschieden verstehen. Ein radikaler Realismus wäre es, wenn man behauptete, dass die Realität von allem Mentalen unabhängig ist. Ein gemäßigter Realismus wäre entweder die These, dass die Realität von unseren Denkmöglichkeiten unabhängig ist, oder aber die These, dass die Realität unabhängig ist von dem, was wir erkennen oder verifizieren können. Bei der These, dass die Wirklichkeit unabhängig ist von unserem tatsächlichen Wissen über sie, müsse man von einem schwachen Realismus sprechen.[235] In dieselbe Richtung geht die Definition von Köhler:

> „In mindestens zwei Merkmalen dürften alle verschiedenen Definitionen des Realismus übereinstimmen. Sie nehmen sowohl die Existenz einer (Außen-)Welt an als auch die Unabhängigkeit dieser Welt vom menschlichen Bewußtsein. Im Unterschied dazu würde ein Skeptiker die Existenz und ein Idealist die Unabhängigkeit dieser Welt leugnen.“[236]

Die Grundthese des Realismus wäre somit, dass die Wirklichkeit von unseren Vorstellungen, unserer Sprache und unserem Denken – überhaupt von unserem Bewusstsein – unabhängig ist. Ein weiteres Merkmal realistischer Philosophie ist es, dass die Aussagen über einen bestimmten Gegenstandsbereich wörtlich genommen werden. Dies würde in Bezug auf religiöse Aussagen etwa heißen, dass sie assertorisch, und nicht etwa nur expressiv aufgefasst werden. Was wie eine Tatsachenbehauptung aussieht, muss demzufolge auch als Tatsachenbehauptung verstanden werden und darf nicht in einem anderen Sinne interpretiert werden. Letzteres tun Antirealisten,

---

[234] Ebd., 10.
[235] Vgl. ebd., 11f.
[236] KÖHLER, W., Realismus und Antirealismus, 7.

wenn sie in religiösen Aussagen in erster Linie den Ausdruck einer Lebenseinstellung sehen.
Nach Dummett ist abgesehen davon auch das Prinzip der Zweiwertigkeit ein Merkmal des Realismus. Dieses Prinzip besagt, dass jede Aussage mit Bestimmtheit entweder wahr oder falsch ist – von vagen Aussagen muss man da allerdings absehen. Es ist die denk- und erkenntnisunabhängige Wirklichkeit, die eine Aussage wahr macht, und nicht unsere Erkenntnis. Dummett schreibt:

> „Für alle Varianten des Realismus unerläßlich sind sowohl das Prinzip der Zweiwertigkeit für Aussagen der strittigen Klasse als auch, diese Aussagen, wenn man sie interpretiert, beim Wort zu nehmen, das heißt: anzunehmen, daß sie auch wirklich jene semantische Form haben, die sie, oberflächlich betrachtet, zu haben scheinen. Die Ablehnung eines dieser beiden Merkmale ist ein Mittel, den Realismus zurückzuweisen, und stellt im Hinblick auf die Aussagen der strittigen Klasse eine, wie auch immer eingeschränkte, Form des Antirealismus dar."[237]

Wenn Dummett das Prinzip der Zweiwertigkeit als Kriterium des Realismus nennt, dann heißt dies, dass Realisten einen nicht-epistemischen Wahrheitsbegriff vertreten, also einen Wahrheitsbegriff, der weder an unser Wissen noch an unsere

---

[237] DUMMETT, M., Realismus und die Theorie der Bedeutung, in: WILLASCHEK, M. (Hg.), Realismus, 147.
Was Dummett in einem engen Zusammenhang sieht, betrachtet Wright dagegen als zwei völlig verschiedene Debatten:
„In der philosophischen Literatur zum Realismus zeigen sich ebenso viele Meinungsverschiedenheiten darüber, was eigentlich strittig ist, wie darüber, auf welcher Seite man stehen sollte. Ein auffälliges Beispiel dafür ist die Tatsache, daß zwei voneinander fast völlig unabhängige Debatten über den Realismus geführt werden: Zum einen gibt es die Debatte über den Realismus als Gegenposition zum *Antirealismus* Dummetts – über den Realismus, der unter anderem glaubt, daß Wahrheit von den Gründen des Fürwahrhaltens unabhängig ist. Und zum anderen gibt es die Auseinandersetzung über den Realismus als Gegenposition zum *Irrealismus* oder *Projektivismus* – über den Realismus, der glaubt, daß sich moralische, ästhetische oder wissenschaftlich-theoretische Redeweisen beim Wort nehmen und als Feststellung von Tatsachen deuten lassen." WRIGHT, C., Wohin führt die aktuelle Realismusdebatte?, in: WILLASCHEK, M. (Hg.), Realismus, 209.

Erkenntnisbedingungen geknüpft ist, für den allein die Wirklichkeit ausschlaggebend ist.
Kriterien des Realismus wären somit erstens die ontologische Unabhängigkeitsthese, zweitens die wörtliche Lesart von Aussagen einer bestimmten Klasse und drittens der nicht-epistemische Wahrheitsbegriff.

Da sich Alston ganz unabhängig von religionsphilosophischen Fragen mit der Realismus-Debatte befasst hat, werde ich seine Thesen zum Verhältnis von Sprache und Wirklichkeit ganz an den Anfang stellen. Ich beziehe mich dabei auf zwei Texte, die auch zwei Themen markieren. Der erste Text ist der 2001 erschienene Aufsatz „A Sensible Metaphysical Realism" – Alston plädiert darin, wie der Titel schon sagt, für einen vernünftigen metaphysischen Realismus. Der zweite Text ist das 1996 erschienene Buch „A Realist Conception of Truth", in dem Alston für einen realistischen Wahrheitsbegriff argumentiert.
Religionsphilosophisch zeigt sich sein Realismus vor allen Dingen in der Deutung religiöser Überzeugungssysteme und in der semantischen Bestimmung der Rede von Gott. So widme ich diesen beiden Themen je ein Kapitel. Das Kapitel zu den religiösen Überzeugungssystemen wird sich vor allem um die Frage drehen, wie Alston mit dem Problem des religiösen Pluralismus umgeht – es gibt hierzu ein entsprechendes Kapitel in „Perceiving God". Was die semantische Bestimmung der Rede von Gott angeht, so hat Alston hierzu eine Reihe von Aufsätzen veröffentlicht, die alle in dem Band „Divine Nature and Human Language" gesammelt sind.

2.1 Das Verhältnis von Sprache und Wirklichkeit

2.1.1 Metaphysischer Realismus

2.1.1.1 Alstons Definition von Realismus und Antirealismus

Als Einstieg in die Frage, wie Alston das Verhältnis von Sprache und Wirklichkeit bestimmt, bietet sich sein Aufsatz „A Sensible Metaphysical Realism" an. Was Alston unter einem vernünftigen metaphysischen Realismus versteht, und wie er dafür argumentiert, werde ich im folgenden darlegen.

> „The species of metaphysical realism I will treat here is a denial of the view that whatever there is, is constituted, at least in part, by our cognitive relations thereto, by the ways we conceptualize or construe it, by the language we use to talk about it or the theoretical scheme we use to think of it."[238]

Den Antirealismus, den Alston im Auge hat, führt er auf Kants „kopernikanische Revolution" zurück, derzufolge alles, worüber wir Wissen erlangen können, zumindest seine grundlegende Struktur den Kategorien des Verstandes verdanke. Die Art von Antirealismus, von der Alston sich absetzen will, werde gegenwärtig von Hilary Putnam vertreten. Wenn Putnam behaupte, die Frage, aus welchen Gegenständen die Welt bestehe, mache nur *innerhalb* einer Theorie oder Beschreibung Sinn, und wenn er des weiteren behaupte, es gebe mehr als eine 'wahre' Theorie oder Beschreibung der Welt[239], so sage er damit, dass alles, was es gebe, nur innerhalb einer Art des Beschreibens oder Begreifens dessen, was es gibt, existiere, und das sei, was es ist.[240]

---

[238] ALSTON, W., A Sensible Metaphysical Realism, 8.
[239] Vgl. PUTNAM, H., Reason, Truth, and History, 49.
[240] Vgl. ALSTON, W., A Sensible Metaphysical Realism, 8f.

Bei der Frage nach Realismus und Antirealismus geht es um das Verhältnis von Erkenntnis und Wirklichkeit; Alston spricht auch von der Beziehung zwischen Denken und Welt. Bezeichnenderweise beschreibt er dieses Verhältnis als das Verhältnis zweier Seiten. So schreibt er etwa von der Erkenntnis*seite* des Verhältnisses von Erkenntnis und Realität oder hinsichtlich der Beziehung zwischen Denken und Welt von der Welt*seite*.[241] Putnam gebrauche verschiedene Begriffe, um das zu benennen, wodurch die Realität von der Erkenntnisseite her jedenfalls teilweise konstituiert werde: 'Theorie', 'Beschreibung', und (an anderer Stelle) 'Begriffsschema' und 'Sprache'. Der Einfachheit halber beschränkt Alston sich auf das Begriffsschema und das theoretische System als diejenigen Faktoren, von denen der Antirealist behaupte, sie konstituierten – jedenfalls teilweise – die Realität.[242]

Wenn der Antirealist behaupte, die Realität werde durch unsere begrifflichen und theoretischen Vorannahmen konstituiert, mache er eine Allaussage: *alles* hänge – jedenfalls teilweise – von unseren begrifflichen und theoretischen Rahmenbedingungen ab. Wenn Alston diese Allaussage zurückweise, bedeute dies jedoch nicht, dass er sich damit zur gegenteiligen Aussage verpflichte, dass nämlich *nichts* von unseren begrifflichen und theoretischen Rahmenbedingungen abhänge. In der Tat geht Alston davon aus, dass Teile der Realität durch unsere Begriffsschemen und Theorien konstituiert werden. Er macht mit anderen Worten Zugeständnisse an den Antirealismus; seine Kritik gilt einem uneingeschränkten Antirealismus – und eben nur diesem.[243]

Der Antirealismus postuliert Alston zufolge also, dass die Realität in ihrer Existenz und ihrem Wesen jedenfalls teilweise von unserer Erkenntnis abhängt. So formuliert ist die antirealistische These und

---

[241] Vgl. ebd., 9f., 21.

[242] Dass in dem besprochenen Aufsatz der Begriff der Sprache nicht auftaucht, begründet Alston damit, dass die Sprache ihre wirklichkeitskonstituierende Funktion dadurch erlange, dass sie Begriffe ausdrücke. Daher genüge die Rede von Begrifflichkeit bzw. Begriffsschema. Vgl. ebd., 9f.

[243] Vgl. ebd., 10.

damit zwangsläufig ihr realistisches Gegenstück relativ vage. Denn was heißt in diesem Zusammenhang 'abhängen'? Eben dies zu präzisieren, macht Alston sich zur Aufgabe. Freilich sei es absurd, diese Abhängigkeit als eine kausale zu verstehen. Himmel und Erde existierten nicht erst, seit Menschen dafür Begriffe hätten.[244] Es klang bereits an, dass Alston die Abhängigkeit im Gegensatz dazu als eine konstitutive begreift. Im Falle von abstrakten Entitäten wie Propositionen und Überzeugungen hält Alston die Rede von einer konstitutiven Abhängigkeit für plausibel. Er vertritt im Hinblick auf Propositionen und Überzeugungen also einen Antirealismus:

In der gegenwärtigen Philosophie gebe es die Auffassung, alle notwendigen Aussagen drückten dieselbe Proposition aus. Diese auf Frege zurückgehende Auffassung von Propositionen sei nützlich für die Zwecke einer formalen Logik. Sie widerspreche jedoch unserer natürlichen Intuition. Denn es würde im täglichen Leben wohl niemandem in den Sinn kommen, dass jemand mit den Sätzen „2+2 = 4" und „Die Winkel eines Euklidischen Dreiecks ergeben zusammen 180 Grad" dasselbe sagt, also dieselbe Proposition zum Ausdruck bringt. Nach dieser natürlicheren Lesart sind Propositionen durch ihren begrifflichen Inhalt bestimmt. Zwei Sätze unterschiedlichen Inhalts drücken demzufolge zwei verschiedene Propositionen aus.

Entscheidend für die Argumentation ist die Schlussfolgerung, die Alston aus diesem Beispiel zieht: Die Identität von Propositionen hänge von unserem Begriffsrahmen und unserer jeweiligen philosophischen Theorie ab. Ähnliches gelte für Überzeugungen. Gehe man davon aus, dass jede Überzeugung andere Überzeugungen impliziere, so laufe dies auf die Annahme hinaus, dass jeder Mensch unendlich viele Überzeugungen habe, da ja jede implizite Überzeugung ihrerseits andere Überzeugungen impliziere, usw. Diese Auffassung von Überzeugungen sei philosophisch möglich, aber nicht zwingend. Es gebe Ansätze, die zu

---

[244] Vgl. ebd., 11.

gegenteiligen Aussagen gelangten, jedoch gleichermaßen vernünftig und berechtigt seien.[245]

„Hence if we think of propositions and beliefs as part of reality, part of what is involved in 'the way things go in the world' (as we surely do, especially with beliefs, which we recognize as playing a large role in the motivation and guidance of behavior), then we must take them as examples of how the existence and nature of things in the world, including their individuation, is partly constituted by one or another way of conceptualizing them and theorizing about them. This is not the *causal* dependence that we have seen to be absurd. Our theorizing clearly does not exercise that kind of influence. It is what we might call *constitutive dependence*. Propositions are what they are in these respects *by virtue of* our shaping our thought of them in one or another way."[246]

Propositionen und Überzeugungen sind nach Alston also durch unsere Begriffe konstituierte Entitäten. Das heißt, er begreift sie als abstrakte Entitäten, deren ontologischer Status von dem sie definierenden Begriffsschema bestimmt wird. Der ontologische Status dessen, was wir 'Proposition' nennen, variiert demzufolge, je nachdem, von welcher philosophischen Theorie wir ausgehen.
Um zu spezifizieren, was mit 'konstitutiver Abhängigkeit' gemeint ist, führt Alston einen weiteren Begriff ein, den der Relativität. In Bezug auf Propositionen bedeute dies, sie hätten ihre besondere Eigenart nicht in einem absoluten Sinn, sondern relativ zu einem bestimmten theoretisch-begrifflichen Rahmen. Im Hinblick auf Propositionen sei eine absolut gesetzte Aussage unvollständig. Wenn man Propositionen als Ansammlungen möglicher Welten definiere und es dabei bewenden lasse, mache man eine unvollständige Aussage. Damit diese Aussage wahrheitsfähig sei, müsse man einen Index hinzufügen, der die zugrundeliegende philosophische Theorie kenntlich mache. Man müsse beispielsweise sagen „In Theorie *C* sind Propositionen Ansammlungen möglicher

[245] Vgl. ebd., 15f.
[246] Ebd. 17f.

Welten". 'In Theorie *C*' bedeute dabei nichts anderes als 'relativ zu Theorie *C*'.[247]

Eine Aussage über Propositionen kann demzufolge nicht theorieunabhängig wahr oder falsch sein, sondern nur innerhalb eines theoretischen Rahmens – eben deswegen, weil der theoretische Rahmen den Referenten erst konstituiert. 'Relativ' heißt also nicht einfach nur, dass man die Bedeutung des Begriffs 'Proposition' nur vor dem Hintergrund einer philosophischen Theorie verstehen kann; 'relativ' heißt, dass die jeweilige Theorie den Realitätsgehalt von Propositionen bestimmt. Kann man so weit gehen, zu sagen, dass diesen Überlegungen zufolge durch das Benennen und Definieren etwas geschaffen wird? Diese Frage ist nicht mit letzter Sicherheit zu beantworten.

Einerseits spricht Alston etwa im Fall von Propositionen von 'relativen Entitäten'[248] und davon, dass nach antirealistischer Auffassung etwas nur relativ zu einem bestimmten Begriffsschema *existiere*. Andererseits sagt er, das, was relativ existiere, existiere nicht erst durch das Begriffsschema.[249] Wenn etwas nicht erst durch das Begriffsschema existiert, wie kann es in seiner Existenz dann vom Begriffsschema abhängen? Die Unschärfe dessen, was mit 'konstitutiver Abhängigkeit' gemeint ist, wird noch verstärkt durch Alstons steten Zusatz „at least in part", dass nämlich die Realität *teilweise* durch unsere Begriffe und Theorien konstituiert werde. Ich bin hiermit bei Alstons Definition von Realismus und Antirealismus angelangt, auf die sich eben diese Unschärfe überträgt.

„Antirealism (AR) – Everything and every fact exists or obtains, and is what it is, at least in part, relative to certain conceptual-theoretical choices that have equally viable alternatives.

[247] Vgl. ebd., 19.
[248] Vgl. ebd., 20.
[249] Vgl. ebd., 22.

Realism (R) – Vast stretches of reality are what they are absolutely, not in any way relative to certain conceptual-theoretical choices that have equally viable alternatives."[250]

2.1.1.2 Zugeständnisse an den Antirealismus

Wie sich am Beispiel von abstrakten Entitäten wie Propositionen und Überzeugungen zeigte, lehnt Alston die antirealistische These nicht schlechthin ab, sondern nur deren universalistische Variante. Neben diesen führt Alston noch weitere Fälle an, in denen er die antirealistische These für plausibel hält. Dazu gehören erstens mereologische Summen. Die Mereologie ist die Lehre von den Teilen und vom Ganzen und stellt etwa die Frage, wie viele Teile ein Objekt umfasst. Alston bringt Putnams Lieblingsbeispiel, wonach zwei Menschen in einem Raum sind, wo sich nichts anderes befindet als ein Stuhl und ein Tisch mit einer Lampe, einem Notizblock und einem Kugelschreiber. Der eine fragt den anderen, wie viele Gegenstände in diesem Raum seien, woraufhin der andere antwortet, fünf. Was aber, sagt der eine, sei mit ihnen beiden? Der andere lacht, er dachte nicht, dass Menschen auch als Gegenstände zählten. Aber gut, sagt er, sieben. Der andere fährt mit dem Fragen fort, wie sei es mit den Seiten des Notizblockes? An diesem Punkt komme dem Befragten wahrscheinlich der Verdacht, der andere führe ihn an der Nase herum.[251]

Für die Frage, was ein Objekt und was Teil eines Objekts sei, gibt es laut Alston keine von unseren begrifflichen und theoretischen Vorannahmen unabhängige Antwort. Die Antwort liegt seiner Meinung nach nicht in objektiven Tatsachen begründet. Was wir als zusammengehörige Teile betrachten, hänge vielmehr von unserer begrifflichen Strukturierung der Wirklichkeit ab und stehe insofern in unserem Belieben. Dies heißt für Alston nichts anderes, als dass es theoretisch mehrere Möglichkeiten gibt, die Sache zu betrachten, und dass es sich bei diesen Möglichkeiten um gleichwertige

---

[250] Ebd., 23.

[251] Vgl. PUTNAM, H., Representation and Reality, 110f.; zitiert in ALSTON, W., A Sensible Metaphysical Realism, 42.

Alternativen handelt, um „equally viable alternatives"[252], wie Alston zu sagen pflegt.
Ähnlich liege der Fall bei der Frage, wie sich bei einer Statue wie etwa Michelangelos David Form und Materie verhalten. Soll im Sinne einer Substanzontologie nur die Statue als ganze als Substanz gelten, oder ist es auch zulässig, den Marmor unabhängig von seiner Formung als Substanz zu betrachten? Nach Alston komme es auch hier ganz auf das zugrundegelegte Begriffssystem an, und so könne man sich verschiedene Lösungen dieses Problems vorstellen, die jedoch alle ihre Berechtigung hätten.
Drittens führt Alston metaphysische Theorien über die Wirklichkeit an, die sich um Fragen drehen wie etwa: Sollen dauerhafte Objekte von ihren räumlichen Teilen her gedacht werden, oder kann man sie auch im Sinne zeitlicher Teile denken? Hierher gehöre auch die Frage, ob man für die physikalische Welt eine Substanz- oder eine Prozessmetaphysik annimmt. All diese Theorien, die laut Alston zu verschiedenen, ja gegensätzlichen Aussagen über die Wirklichkeit gelangen, fasse man am besten antirealistisch auf. Denn auch hier habe man es mit gleichwertigen Alternativen zu tun.[253]

Was ist das Gemeinsame dieser Fälle, und welche Schlussfolgerungen lassen sich daraus für Alstons Antirealismus-Begriff ziehen? Zunächst fällt auf, dass Alston ausschließlich metaphysische Theorien diskutiert, und zwar solche, die bestenfalls miteinander konkurrieren, schlimmstenfalls zu unvereinbaren Aussagen führen.[254] Dass er im Falle dieser Theorien für einen Antirealismus plädiert, begründet er damit, dass es sich um gleichermaßen berechtigte Theorien handle. Alston hat also Fälle

---

[252] ALSTON, W., A Sensible Metaphysical Realism, 43.
[253] Vgl. ebd., 41-54.
[254] Unvereinbarkeit liegt streng genommen nur bei kontradiktorischen Aussagen vor, also etwa in folgendem Fall: „Is there a straightforward factual issue between those who assert and those who deny that physical objects have temporal parts?" – Ebd., 46. Was von den einen behauptet wird, wird von den anderen verneint.

vor Augen, in denen keine von zwei gegensätzlichen Theorien als die überlegene ausgewiesen werden kann.
Er zieht den Schluss, dass die von den jeweiligen Theorien behaupteten Tatsachen nur relativ zu diesen bestehen. Werden die Tatsachen aber von den Theorien konstituiert, dann stellt sich die Frage nach der Überlegenheit einer Theorie gar nicht mehr, denn dann hat jede Theorie es mit ihren eigenen Tatsachen zu tun, und Tatsachen sind nicht mehr, was sie nach realistischer Auffassung waren: gemeinsamer Bezugspunkt verschiedener Theorien. Mit dem gemeinsamen Bezugspunkt fällt jedoch die Vergleichbarkeit, und damit hat sich das Problem der Unvereinbarkeit erledigt. Denn wo über Verschiedenes gesprochen wird, oder wo zwar über das Gleiche, aber auf unterschiedliche und nicht vergleichbare Art und Weise gesprochen wird, dort kann es gar nicht zu kontradiktorischen Aussagen kommen. Die Thesen der von Alston angeführten metaphysischen Theorien sind vor diesem Hintergrund nur auf den ersten Blick unvereinbar, bzw. solange man sie realistisch auffasst.
Alstons Antirealismus-Begriff impliziert also einen Wahrheitsrelativismus und einen ontologischen Relativismus: einen Wahrheitsrelativismus, weil die Frage nach Wahrheit oder Falschheit bei den genannten Theorien nur systemimmanent gestellt werden kann. Er impliziert einen ontologischen Relativismus, weil die von den Theorien behaupteten Tatsachen und besprochenen Gegenstände nur relativ zu diesen bestehen, d.h. von diesen erst konstituiert werden. Bemerkenswert ist in diesem Zusammenhang die Rolle des Tatsachenbegriffs. Im Hinblick auf die mereologischen Summen fragt Alston:

„Is there an objective fact of the matter as to whether there are all these mereological sums, independently of what we choose to recognize? Or do we have a free choice in the matter? I can't see that our choices are limited here by facts that obtain independently of those choices. Each of us is free to treat any group of entities as an entity, or refrain from doing so. Here, so far as I can see, is a prime candidate for facts that obtain only relative to a certain theoretical choice, to which there are equally viable alternatives."[255]

Einerseits spricht Alston von *objektiven* Tatsachen; das sind die theorieunabhängigen Tatsachen, von denen er an anderer Stelle sagt, sie bestünden in einem absoluten Sinn. Alston spricht andererseits von theorieabhängigen Tatsachen; das sind die Tatsachen, die nur relativ zu einem Begriffsschema bestehen.[256] Den ontologischen Status dieser zwei Arten von Tatsachen bewertet Alston unterschiedlich:

„To be sure, as a realist I do consider things that exist absolutely and facts that obtain absolutely, not relative to some optional mode of conception or theorizing, to be more *real*, to have a higher mode of reality than what exists or obtains only relative to one of several equally viable theoretical-conceptual schemes."[257]

Alston teilt die Welt gewissermaßen in objektive und konstituierte Tatsachen auf. Dass diese Doppeldeutigkeit des Tatsachenbegriffs nicht unproblematisch ist, mag an folgenden Punkten deutlich werden: Erstens stellt sich wohl auch angesichts sogenannter konstituierter Tatsachen die Frage der Objektivität; das Kriterium der Objektivität ist nicht auf einen bestimmten Tatsachenbereich beschränkt. Zweitens könnte man auch im Hinblick auf das, was Alston 'objektive Tatsachen' nennt, fragen, inwieweit diese etwa durch unsere sprachliche Formulierung konstituiert werden. Die Frage, ob Tatsachen durch unsere Begriffe konstituiert werden, betrifft – wenn sie dies tut, dann – alle Tatsachen, also auch die von Alston als objektiv bezeichneten Tatsachen. Der Gegensatz von objektiven und konstituierten Tatsachen wirkt von daher konstruiert. Es stellt sich drittens die Frage, wie die einen Tatsachen mit den anderen zu vermitteln sind. Dazu müsste festlegt werden, in welche Kategorie eine bestimmte Tatsache gehört. Es mag plausibel sein, dass metaphysische Systeme es mit konstituierten Tatsachen

---

[255] Ebd., 43.
[256] Vgl. ebd., 57f.
[257] Ebd., 22.

zu tun haben. Wie aber verhält es sich in anderen Bereichen, wo ist die Grenze zwischen theorieabhängigen und theorieunabhängigen Tatsachen? Wie ist es etwa in den verschiedenen Wissenschaften, wie mit Behauptungen im alltäglichen Leben? Die Dopplung des Tatsachenbegriffs ist der Preis, den Alston für seine Zugeständnisse an den Antirealismus zu zahlen hat.

2.1.1.3 Kritik am Antirealismus

Für den gesunden Menschenverstand ist es nach Alston selbstverständlich, die uns umgebende Welt realistisch aufzufassen. Folglich sei der Realismus die unproblematische Position, und die Beweislast liege beim Antirealismus. In seiner Verteidigung des Realismus beschränkt Alston sich von daher auf eine Kritik an unhaltbaren Thesen des Antirealismus. Gemeint ist hier ein globaler Antirealismus im Sinne von Alstons Definition.
Das erste Argument gegen einen uneingeschränkten Antirealismus lautet folgendermaßen: Angenommen, man habe eine Anzahl gleichberechtigter Begriffsschemen, denen zufolge physikalische Gegenstände und Tatsachen einen bestimmten Charakter haben. Die Gegenstände und Tatsachen sind den Begriffsschemen entsprechend unterschiedlich konstituiert. Wie aber, fragt Alston, ist es nun mit den Begriffsschemen selber? Haben diese Begriffsschemen ihre Existenz und Identität auch nur relativ zu einem von verschiedenen Begriffsschemen?
Wenn nicht, werde die uneingeschränkte Verallgemeinerung der antirealistischen These aufgegeben.[258] Wenn dem aber so sei, dann stelle sich unweigerlich die Frage, was mit den Begriffsschemen zweiten Grades sei. Offensichtlich zeichne sich ein unendlicher Regress ab. Die uneingeschränkte Verallgemeinerung der These, dass Gegenstände und Tatsachen durch unsere Begriffe konstituiert

---

[258] Denn dann konstituieren die Begriffsschemen zwar die Gegenstände und Tatsachen, werden aber ihrerseits nicht von anderen Begriffsschemen konstituiert. Die Begriffsschemen selber sind somit von der Konstitutionsthese ausgenommen, und damit fällt die Universalität der antirealistischen These.

werden, werde in diesem Fall durch eine unendliche Hierarchie von Begriffsschemen erkauft.
Beim zweiten Argument tritt der Begriff der Unvereinbarkeit in den Mittelpunkt. Der antirealistischen These zufolge müssten die verschiedenen Begriffsschemen so aufgefasst werden, dass sie unvereinbare Konstruktionen der von ihnen abhängigen Entitäten hervorbringen. Andernfalls sei nichts dagegen einzuwenden, dass die Entitäten das, was sie sind, in einem absoluten Sinn, also unabhängig von einem begrifflichen Rahmen, sind. Alston behauptet also, dass der Antirealist eine Unvereinbarkeit der Begriffsschemen annehmen muss, denn sie sei die Begründung für die Relativitätsthese.
Nun aber, sagt Alston, könnten diese Konstruktionen nur dann unvereinbar sein, wenn sie sich auf *dieselben* Entitäten beziehen. Denn als Konstruktionen verschiedener Entitäten könnten sie ohne weiteres in einer einzigen Wirklichkeit nebeneinander bestehen. Beziehen sich die Konstruktionen aber auf dieselben Entitäten, so setze dies einen gemeinsamen Gegenstand voraus. Dieser gemeinsame Bezugsgegenstand wäre von der Relativität zu einem begrifflichen Rahmen jedoch ausgenommen. Und damit müsste die These, *alles* bestehe relativ zu einem Begriffsschema, fallen gelassen werden. Suche man einen Ausweg darin, dass man von dem gemeinsamen Bezugsgegenstand behaupte, er sei seinerseits von verschiedenen Begriffsschemen abhängig, so gerate man erneut in einen infiniten Regress.[259]
Man könnte dieses zweite Argument so zusammenfassen: Aufgrund der Unvereinbarkeit der Begriffsschemen behauptet der Antirealist deren Relativität, genauer: die Relativität der von diesen Begriffsschemen konstituierten Entitäten. Unvereinbarkeit setzt jedoch voraus, dass sich die jeweiligen Konstruktionen auf dieselben Entitäten beziehen, und dies heißt, dass diese nicht relativ sein können. Der Antirealist behauptet demzufolge die Relativität von Entitäten, die der Logik seines eigenen Arguments entsprechend gar nicht relativ sein können.

---

[259] Vgl. ALSTON, W., A Sensible Metaphysical Realism, 32ff.

Geht es beim ersten Argument um den Status der Begriffsschemen, so stehen beim zweiten Argument die von diesen Begriffsschemen konstituierten Entitäten im Mittelpunkt. Während das erste Argument einleuchtet, ist das zweite nicht unproblematisch. Zunächst ist festzustellen, dass Alston seine eigene Begründung für die Plausibilität des Antirealismus für zwingend hält. Alston begründet seine Zugeständnisse an den Antirealismus damit, dass man gleichermaßen berechtigte Theorien mit widersprüchlichen Implikationen am besten relativistisch auffasse.[260] Im Rahmen seiner Kritik des Antirealismus sagt Alston nun, dass der Antirealist von der Unvereinbarkeit der Begriffsschemen ausgehen *müsse*, und zwar deswegen, weil sonst einer realistischen Auffassung der von diesen Begriffsschemen konstituierten Entitäten nichts im Wege stünde.

Wie aber sollte der Antirealist von der Unvereinbarkeit der Begriffsschemen ausgehen, wo sich aus seiner Perspektive dieses Problem doch gar nicht stellt? Setzt man voraus, dass Tatsachen und Gegenstände von Begriffsschemen konstituiert werden und folglich nur relativ zu diesen bestehen, dann macht es keinen Sinn, die Begriffsschemen als unvereinbar aufzufassen. Denn von Unvereinbarkeit kann nur die Rede sein, wenn von demselben Gegenteiliges ausgesagt wird. Die Relativitätsthese bestreitet jedoch genau dies, dass verschiedene Begriffsschemen von denselben Tatsachen und Gegenständen sprechen. Es wäre also nicht klug, wenn der Antirealist seine Position mit der Unvereinbarkeit der Begriffsschemen begründen würde. In einem weiteren Schritt führt Alston die Begründung der antirealistischen Position ad absurdum. Was Alston ad absurdum führt, ist jedoch nicht die Begründung des

---

[260] Wichtig ist, dass beide Bedingungen erfüllt sind: Unvereinbarkeit und Gleichwertigkeit. Denn eine Unvereinbarkeit von Theorien ist nur dann problematisch, wenn es sich bei zwei Theorien um „equally viable alternatives" handelt, wenn sie also nicht zugunsten einer Seite aufgelöst werden kann.

Antirealisten, sondern es ist letztlich die eigene Begründung für seine Zugeständnisse an den Antirealismus.

2.1.2 Alstons realistischer Wahrheitsbegriff

Mit seinem metaphysischen Realismus erfüllt Alston das erste Kriterium eines philosophischen Realismus, mit seinem nicht-epistemischen Wahrheitsbegriff das dritte. In dem 1996 erschienenen Werk „A Realist Conception of Truth" verteidigt Alston einen realistischen Wahrheitsbegriff gegen deflationäre Wahrheitstheorien einerseits und ein epistemisches Wahrheitsverständnis andererseits. Ich möchte die genannten Theorien kurz skizzieren, um schließlich Alstons Wahrheitsbegriff vorzustellen.

Deflationäre Theorien leugnen, dass Wahrheit eine Eigenschaft ist, die man Wahrheitsträgern wie Propositionen, Aussagen, Überzeugungen und/oder Sätzen zuschreiben kann. Es scheine zwar so, dass 'Wahrheit' ein Prädikat ist. In Wirklichkeit aber sei der Wahrheitsbegriff inhaltsleer und von daher redundant. Diese Position geht zurück auf F.P. Ramsey, der sagte: „'It is true that Caesar was murdered' means no more than that Caesar was murdered."[261] Allgemein formuliert behauptet der Deflationismus also, dass mit dem Satz „Die Proposition, dass *p*, ist wahr" dasselbe ausgesagt wird wie mit „*p*". Diese Position wurde nach Ramsey auf verschiedene Weise weiterentwickelt, so zum Beispiel von Peter Strawson, der das Problem sprechakttheoretisch angeht: Wenn jemand von einer Proposition *p* sage, sie sei wahr, dann mache er nicht zusätzlich zu *p* noch eine weitere Aussage, sondern dann vollziehe er einen anderen Sprechakt, als wenn er bloß „*p*" behauptete. Er tue damit kund, dass er mit jemandem darin

[261] RAMSEY, F.P., Foundations, 44. Auf Deutsch: RAMSEY, F.P., Tatsachen und Propositionen, in: SKIRBEKK, G. (Hg.), Wahrheitstheorien, 224f.

übereinstimme, dass *p*, er bestärke die Behauptung, dass *p*, oder aber er gestehe zu, dass *p*.[262]

Der Satz „What Percy said is true" ist nach C.F.J. Williams gleichbedeutend mit dem Satz „There is exactly one *p* such that Percy says that *p*, and *p*". Aus der Tatsache, dass Wahrheitsaussagen durch Existenzquantoren ersetzt werden können, folgert er, dass der Wahrheitsbegriff überflüssig ist.[263]

Auch nach Grover, Camp und Belnap ist 'wahr' kein echtes Prädikat. Ihrer Theorie zufolge handelt es sich bei dem Satz „Das ist wahr" um eine Prosentenz, also um einen nicht weiter analysierbaren Ersatz für einen vorhergehenden Satz. „It's true that gold is malleable" könne folgendermaßen analysiert werden: „Gold is malleable. *That's true*." Nach Grover, Camp und Belnap lässt sich jede Wahrheitsaussage auf diese Weise analysieren. Der Satz „Das ist wahr" greife den vorhergehenden Satz schlicht auf, ohne inhaltlich etwas Neues hinzuzufügen. Und da das Wort 'wahr' immer Teil einer Prosentenz sei und keine eigenständige Bedeutung habe, sei es auch kein echtes Prädikat.[264]

Gegen diese Theorien führt Alston zwei Einwände an: Erstens seien die Sätze „Caesar was murdered" und „The proposition that Caesar was murdered is true" keineswegs gleichbedeutend. Denn während es in dem ersten Satz um Cäsar gehe, gehe es in dem zweiten Satz um eine Proposition. Zweitens sei zwar richtig, dass eine Wahrheitsaussage durch einen Existenzquantor ersetzt werden könne. Aber dies zeige nicht, dass Wahrheit nicht von einer Aussage prädiziert werden könne. Denn eine Äquivalenz sei ein symmetrisches Verhältnis: Warum also sollte dem Existenzquantor der Vorzug gegeben werden?[265]

---

[262] Vgl. STRAWSON, P., Truth, in: Analysis 9 (1949). Deutsch: STRAWSON, P., Wahrheit, in: SKIRBEKK, G. (Hg.), Wahrheitstheorien, 246-275.

[263] Vgl. WILLIAMS, C.J.F., What is Truth?, xii, 28, 84f.

[264] Die von GROVER, D., CAMP, J. und BELNAP, N.D. entwickelte Theorie findet sich in: GROVER, D., A Prosentential Theory of Truth, 70-120.

[265] Vgl. ALSTON, W., A Realist Conception of Truth, 41-51.

Alston wendet sich zweitens und vor allen Dingen gegen einen epistemischen Wahrheitsbegriff.[266] Epistemische Konzeptionen identifizieren Wahrheit mit einem positiven epistemischen Status des Wahrheitsträgers. Nach Bradley und Blanshard sei eine Aussage dann wahr, wenn sie auf ideale Weise den Standards einer kohärentistischen Epistemologie entspreche. Bei James und Dewey spiegle der für Wahrheit stehende epistemische Status eine pragmatistische Epistemologie wider. Und nach Putnam und Peirce sei eine Überzeugung oder Aussage dann wahr, wenn sie idealen epistemischen Maßstäben genüge. Da die Annahme idealer Standards den Schwächen einer einfachen Identifizierung von Wahrheit und Rechtfertigung entgeht, hält Alston die sogenannte 'ideal justifiability conception' für die plausibelste unter den epistemischen Wahrheitstheorien. Er definiert diese Konzeption folgendermaßen: „To say of a belief that it is true is to say that it would be justifiable in a situation in which all relevant evidence (reasons, considerations) is readily available."[267]

Eine Aussage dann als wahr zu bezeichnen, wenn sie unter idealen epistemischen Bedingungen gerechtfertigt werden kann, hält Alston aus drei Gründen für sehr problematisch: Erstens könne man sich Propositionen bzw. Aussagen vorstellen, die wahr, aber grundsätzlich nicht zu rechtfertigen seien, oder aber umgekehrt unter idealen Umständen zwar gerechtfertigt werden könnten, aber dennoch nicht wahr seien. Ersteres sei zum Beispiel dann der Fall, wenn ein Wirklichkeitsbereich der menschlichen Erkenntnis prinzipiell verschlossen sei.

Zweitens setze der Begriff einer idealen epistemischen Situation den Wahrheitsbegriff voraus. Der Begriff der epistemischen Rechtfertigung darf nach Alston nicht subjektivistisch verstanden werden, also in dem Sinn, dass eine Überzeugung dann gerechtfertigt ist, wenn man alle seine intellektuellen Pflichten erfüllt hat. Der Begriff der epistemischen Rechtfertigung müsse vielmehr einen objektivistischen Zug haben, also auf das Ziel der

---

[266] Vgl. ebd., 188-211.

[267] Ebd., 194.

Wahrheit ausgerichtet sein. Alston nennt diese Position die „truth-conducivity conception of justification"[268]. Dieser einzig sinnvolle Begriff von epistemischer Rechtfertigung komme jedoch nicht ohne den Wahrheitsbegriff aus. Die Definition von Wahrheit im Sinne idealer Rechtfertigung sei von daher zirkulär.
Drittens sei die Möglichkeit epistemischer Rechtfertigung nicht Teil der Bedeutung von 'wahr':

„The most direct attack on the intensional front would be an intuitive claim that by carefully reflecting on what we mean when we say of a proposition, statement, or belief that it is true, we find nothing about justifiability, ideal or otherwise, in that meaning."[269]

„Since the fact that *p* is (necessarily) both necessary and sufficient for its being true that *p*, that leaves no room for an epistemic necessary or sufficient condition for truth. Nothing more is required for its being true that *p* than just the fact that *p*; and nothing less will suffice. How then can some epistemic status of the proposition (belief, statement) that *p* be necessary and sufficient for the truth of *p*?"[270]

Ich bin hiermit bei Alstons Wahrheitsbegriff angelangt, den er selber als minimalistisch-realistischen bezeichnet. Nach Alston ist die Proposition, dass *p*, dann und nur dann wahr, wenn *p*. Der Inhalt der Proposition *p* legt demzufolge fest, wann *p* wahr ist – er ist laut Alston eine (notwendigerweise) hinreichende und notwendige Bedingung für die Wahrheit von *p*. Alston nennt dies das T-Schema, wobei 'T' für 'truth' steht. Wenn man für die Variable *p* eine konkrete Proposition einsetze, dann lege das T-Schema die Wahrheitsbedingung für diese Proposition fest – aber eben nur für diese. Um einen allgemeinen Begriff propositionaler Wahrheit zu erhalten, müsse man das T-Schema in eine Allaussage umformen: (*p*) The proposition that *p* is true *iff* *p*.[271]

[268] Ebd., 205.
[269] Ebd., 208.
[270] Ebd., 209.
[271] Vgl. ebd., 27f.

Den Minimalismus dieses Wahrheitsbegriffs bringt Alston durch einen Vergleich mit korrespondenztheoretischen Wahrheitskonzeptionen heraus. Was das T-Schema nahe lege, werde in einer korrespondenztheoretischen Formulierung explizit: dass eine Proposition *p* dann und nur dann wahr ist, wenn *p* eine Tatsache ist. T-Schema und Korrespondenztheorie bringen Alston zufolge dieselbe Intuition zum Ausdruck. Der Unterschied bestehe darin, dass der Korrespondenztheoretiker wesentlich mehr Verantwortung auf sich lade. Indem er Wahrheit als Übereinstimmung von Proposition und Tatsache definiere, müsse er darlegen, wann von 'Übereinstimmung' die Rede sein kann, und zu diesem Zweck müsse er das Verhältnis von Proposition und Tatsache bestimmen.
Dies bringe eine Reihe schwieriger Fragen mit sich: Warum ist eine Proposition gerade aufgrund dieser und nicht einer anderen Tatsache wahr? Inwiefern kann man von einer Übereinstimmung zwischen dieser Proposition und jener Tatsache sprechen? Besteht die Übereinstimmung darin, dass Proposition und Tatsache strukturell zusammenpassen? Die Klärung dieser Fragen erfordere eine ontologische Bestimmung des Tatsachen- und Propositionsbegriffs und führe in schwierige Grundfragen der Metaphysik. All dies bleibe dem Minimalisten erspart. Der Vorteil des T-Schemas liegt Alston zufolge darin, dass es einerseits mit einem korrespondenztheoretischen Wahrheitsverständnis kompatibel ist, andererseits dessen Schwierigkeiten vermeidet.[272]
Alston fragt nach den logischen Beziehungen zwischen einem Wahrheitsrealismus einerseits und einem metaphysischen Realismus andererseits. Um das Ergebnis vorwegzunehmen, er hält einen realistischen Wahrheitsbegriff metaphysisch gesehen für neutral. Die metaphysische Position wirke sich zwar darauf aus, welche Propositionen man für wahr hält, aber nicht darauf, wann eine Proposition wahr sei. Die metaphysische Position setzt laut Alston ein Wahrheitsverständnis voraus; sie trägt zu diesem nichts bei. Umgekehrt habe ein realistischer Wahrheitsbegriff keine

[272] Vgl. ebd., 32ff.

Konsequenzen für die metaphysische Fragestellung. Auch ein Antirealist könne sich die Auffassung zu eigen machen, dass die Proposition *p* dann und nur dann wahr ist, wenn *p*. Nur in einem minimalen Sinn könne man sagen, dass das T-Schema einen metaphysischen Realismus impliziert: nämlich insofern das, was eine Aussage wahr mache, dem T-Schema zufolge nie die Aussage selber, sondern etwas von der konkreten Äußerung Unabhängiges sei.[273]

Vor diesem Hintergrund darf nicht übersehen werden, dass Alstons Wahrheitsbegriff sich sehr gut in das Bild einer realistischen Religionsphilosophie fügt. Das T-Schema bzw. dessen Verallgemeinerung ist mit einem metaphysischen Realismus nicht nur kompatibel, sondern es bringt ihn meines Erachtens zum Ausdruck. Ich möchte Alston damit nicht widersprechen. Denn es ist eines, die logische Unabhängigkeit zweier Fragestellungen zu konstatieren, ein anderes, die darauf gegebenen Antworten auf dasselbe Motiv zurückzuführen. Dass hinter Alstons Wahrheitsbegriff derselbe Impetus steht wie hinter seinem metaphysischen Realismus, belegt (spätestens) die folgende Stelle:

> „Why do I call the position I defend in this book 'alethic *realism*'? What is realist about it? The basic point is this. What it takes to make a statement true on the realist conception is the actual obtaining of what is claimed to obtain in making that statement. If what is stated is that grass is green then it is grass's *being* green that is both necessary and sufficient for the truth of the statement. Nothing else is relevant to its truth value. This is a *realist* way of thinking of truth in that the truth *maker* is something that is objective vis-à-vis the truth *bearer*. It has to do with what the truth bearer is about, rather than with some 'internal' or 'intrinsic' feature of the truth bearer, such as its epistemic status, its place in a system of propositions, or the confidence with which it is held. This is a fundamental sense in which truth has to do with the relation of a potential truth bearer to a REALITY beyond itself."[274]

---

[273] Vgl. ebd., 77-84.

[274] Ebd., 7f.

2.2 Religiöse Überzeugungssysteme in realistischer Deutung

2.2.1 Eine abbildtheoretische Perspektive

Vor dem Hintergrund seines metaphysischen Realismus überrascht es nicht, dass Alston die religiösen Überzeugungen realistisch deutet. Was dies im einzelnen heißt, wird an folgender Stelle deutlich:

„In the present intellectual climate it would be well to make it explicit that this discussion is conducted from a full-bloodedly realist perspective, according to which in religion as elsewhere we mean what we assert to be true of realities that are what they are regardless of what we or other human beings believe of them, and regardless of the 'conceptual scheme' we apply to them (except, of course, when what we are talking about is our thought, belief, or concepts). I take this to be a fundamental feature of human thought and talk. Thus, in epistemically evaluating the practice of forming M-beliefs I am interested in whether that practice yields beliefs that are (often) true in this robustly realist sense – not, or not just, in whether it yields beliefs that conform to the rules of the relevant language-game, or beliefs that carry out some useful social function. [...] what I am interested in determining, so far as in me lies, is whether the practice succeeds in accurately depicting a reality that is what it is however we think of it."[275]

Alston bekennt sich also auch in "Perceiving God" zum Realismus, und dies beinhaltet erstens einen metaphysischen Realismus, zweitens einen Wahrheitsrealismus. Und drittens wird aus der zitierten Stelle deutlich, dass Alston das Verhältnis von Sprache und Wirklichkeit im Sinne einer Abbild-Relation denkt. Letztlich, sagt er, gehe es um die Frage, ob es einer Praxis gelinge, die Wirklichkeit richtig darzustellen. Nun verwendet Alston den Begriff der Abbildtheorie nicht. Der Begriff scheint mir dennoch angemessen. Jedenfalls gilt dies für „Perceiving God", wo Alston die Sprache hauptsächlich in ihrer abbildenden Funktion betrachtet. Dass er sie nicht darauf reduziert, dafür steht „Illocutionary Acts

[275] ALSTON, W., Perceiving God, 4.

and Sentence Meaning"[276] Pate. In diesem Werk entfaltet Alston eine Bedeutungstheorie, die an Austins Sprechakttheorie anknüpft.[277]

Wenn eine doxastische Praxis zuverlässig ist, bringt sie nach Alston wahre Überzeugungen hervor.[278] Die Wahrheit einer Überzeugung bemisst sich nach ihm nicht daran, ob sie sich konsistent in ein Überzeugungssystem hineinfügt oder praktisch bewährt, sondern daran, ob sie der Realität, und das heißt den Tatsachen, entspricht. Aus seiner realistischen Perspektive heraus sei es nicht so, dass sich jede doxastische Praxis ihre eigene Realität schaffe, sondern dass jede Praxis die eine Realität oder einen Teil von ihr zu beschreiben versuche.[279]

Was aus einer doxastischen Praxis hervorgeht, sind einzelne Überzeugungen und letztendlich ein ganzes Überzeugungssystem, von Alston ‚belief-system', ‚background system' oder ‚scheme' genannt. Wie verhalten sich die doxastische Praxis und das mit ihr einhergehende Überzeugungssystem? Zwei Dinge sind hierzu zu sagen: Zum einen entsteht das Überzeugungssystem aus der doxastischen Praxis, zum anderen ist es die inhaltliche Grundlage für das Overrider-System einer doxastischen Praxis.

Der Begriff des Overrider-Systems und der des Überzeugungssystems sind nicht deckungsgleich. Das Overrider-System ist das Bewertungssystem einer doxastischen Praxis und hat nicht nur eine theoretische, sondern auch eine praktische Komponente. Denn das Overrider-System gibt nicht nur inhaltliche Kriterien, sondern auch Methoden vor, wie die Überzeugungen

---

[276] ALSTON, W., Illocutionary Acts and Sentence Meaning.

[277] Austins Sprechakttheorie zufolge darf die Sprache nicht auf kognitive bzw. deskriptive Äußerungen reduziert werden. Denn viele Sprechakte hätten eine ganz andere Funktion als das Behaupten von Tatsachen, so etwa das Danken, Versprechen, Ernennen, Ratgeben oder Beurteilen.

[278] Auf die Korrelation zwischen der Zuverlässigkeit einer doxastischen Praxis und der Wahrheit der aus ihr hervorgehenden Überzeugungen bin ich unter Punkt 1.4.1.1 eingegangen.

[279] Vgl. ALSTON, W., Perceiving God, 155.

einer doxastischen Praxis zu bewerten sind.[280] Es vereint somit die Überprüfungsverfahren für die Überzeugungen einer bestimmten doxastischen Praxis. Die inhaltlichen Vorgaben für diese Überprüfungsverfahren liefert das Überzeugungssystem der betreffenden doxastischen Praxis. Man könnte also sagen, dass sich das Bewertungssystem einer doxastischen Praxis aus deren Überzeugungssystem speist. Alston spricht davon, dass die Hintergrundüberzeugungen für das Bewertungssystem *konstitutiv* sind.[281]

Das Überzeugungssystem einer doxastischen Praxis liefert Alston zufolge ein Bild von dem Gegenstandsbereich, den die betreffende Praxis zu erfassen sucht. Er betrachtet die Überzeugungssysteme als Beschreibungen der Welt und sieht ihren Ursprung in den doxastischen Praktiken:

> "[...] the checking system of a practice is typically built up, in good part, on the basis of what we have learned from the practice itself. In particular, in experiential practices like SP and CMP, the general picture of the subject matter that forms an important part of the checking system, is constructed, at least in part, on the basis of what that very practice has taught us."[282]

Dass Alston in den Überzeugungssystemen Bilder der Wirklichkeit oder eines Bereichs der Wirklichkeit sieht, bestätigt meine These, dass sein Realismus eine abbildtheoretische Perspektive beinhaltet.[283] Diese Abbild-Relation ist bei ihm freilich in einem

---

[280] Alston spricht davon „that attached to each practice is an ‚overrider system' of beliefs and procedures that the subject can use in subjecting prima facie justified beliefs to further tests when that is called for.“ Ebd., 159.

[281] Vgl. ebd., 234.

[282] Ebd., 217.

[283] Zur Illustration einige Beispiele:

„In Chapter 8 we will be considering the place of MP vis-à-vis other grounds of religious belief. But whatever the basis of the background scheme, such a scheme is operative wherever there is a well established form of MP. It will include both *a general picture of the nature of Ultimate Reality and our relations thereto*, and some generalizations concerning the conditions under which mystical perception is likely to be veridical or the reverse." ALSTON, W., Perceiving God, 190.

sehr globalen Sinn zu verstehen: Auf der einen Seite steht ein ganzes Überzeugungssystem, auf der anderen die Wirklichkeit oder ein Teil von ihr.

2.2.2 Die Pluralität der Religionen

Betrachtet man die Überzeugungssysteme der doxastischen Praktiken als Beschreibungen der einen Wirklichkeit, dann werfen Widersprüche zwischen den Überzeugungssystemen die Frage auf, welches von ihnen die Realität denn richtig wiedergibt.

„[...] my version of a doxastic practice epistemology makes room for interpractice conflict because, unlike the related views of Wittgenstein and his followers, it takes the realist view that there is a basic (roughly, 'correspondence') concept of truth, and a single concept of reality, that is common to all doxastic practices. They all aim at forming correct beliefs about a common reality, and so it is quite conceivable that they should contradict each other as to the nature of this reality."[284]

"And among theistic religions there are enough differences – contrasting emphases on God's justice or love, quite different stories as to what God expects and requires of us, as to what His plans for us are, and as to His activities in history – to make a significant difference to the associated overrider system. *Two pictures of the subject matter* don't have to differ in their most fundamental features in order to make an important difference to the overriding function." Ebd., 191.

"[...] the character of CMP is such that even if it is as reliable a cognitive access to God as you like, it still would not make provision for an effective check on particular perceptual beliefs by the perceptions of others. [...] Since what it purports to give us information about is not such as to allow for usable formulations of the conditions an observer must satisfy in order to serve as a relevant check on the observations of another, we would still not have any such checks available, *however accurate a picture CMP is giving us of that sphere of reality*." Ebd., 221f.
[Hervorhebungen, M.W.]
[284] Ebd., 239, Anm. 19.

Dieses Problem kann grundsätzlich zwischen allen doxastischen Praktiken auftauchen; in besonderem Maß besteht es nach Alston jedoch zwischen den verschiedenen Religionen. Wenn Alston von den Religionen spricht, meint er immer die großen Weltreligionen, die theistischen und die nicht-theistischen. Wie ich unter Punkt 1.3.2 ausgeführt habe, nimmt Alston für jede Religion eine eigene doxastische Praxis an und begründet dies mit der Verschiedenheit der Begriffsschemen und Bewertungssysteme. Alston deutet einen engen Zusammenhang zwischen Begriffsschema und Gegenstandsbereich an; an den bisher besprochenen Stellen ließ er jedoch offen, ob die Religionen es mit demselben Gegenstandsbereich zu tun haben oder nicht.
Wenn Alston im siebten Kapitel von „Perceiving God" die Unvereinbarkeit der Religionen behauptet, geht er über die Feststellung tiefgreifender Unterschiede hinaus.

„Prima facie the belief systems of the major world religions are, as wholes, seriously incompatible with each other. Let's be clear that we are concerned with logical conflicts between beliefs, or, if you prefer, between the propositions believed, conflicts that consist in the impossibility of both propositions being true."[285]

„Much of the controversy between religions comes not from incompatibility in positive assertions, but in [sic] the fact that each implicitly denies what is said by the others. If Vedanta or Yoga mystics report that they are aware of an undifferentiated unity, that attribution in itself is not incompatible with characterizing that same being as a personal agent, unless a denial of the latter is read into the former. Aquinas and many other theologians take the two to be compatible. Again, attributing to God the message that Jesus is His Son is not, so far as positive content is concerned, incompatible with attributing to God the message that Mohammed is His prophet, unless the former message also contains the stipulation that the life and work of Jesus Christ is the only way to salvation."[286]

Aus diesen beiden Abschnitten geht hervor, dass Alston den Begriff der Inkompatibilität im Sinne logischer Widersprüchlichkeit

---

[285] Ebd., 263.
[286] Ebd., 257.

gebraucht. Da ein kontradiktorischer Widerspruch nur dann vorliegt, wenn ein und dieselbe Aussage zugleich behauptet und verneint wird, stellt sich die Frage, wie ganze Religionen in einem derartigen Widerspruch stehen können. Eine mögliche Deutung wäre, dass Alston Widersprüche zwischen zentralen Glaubensaussagen auf die Religionen als solche hochprojiziert. Eine andere Deutung wäre, dass er den Begriff der Unvereinbarkeit nicht univok gebraucht, dass also in Bezug auf Aussagen kontradiktorische Widersprüchlichkeit gemeint ist und in Bezug auf die Religionen als solche eine globalere Unverträglichkeit. Fest steht jedenfalls, dass Alston eine Unvereinbarkeit nicht nur auf der Ebene einzelner Überzeugungen sieht, sondern auf der Ebene ganzer Glaubenssysteme.

Von Inkompatibilität war bereits an anderer Stelle die Rede, nämlich in Alstons Aufsatz „A Sensible Metaphysical Realism". Es ging dort um gleichermaßen berechtigte, jedoch prima facie unvereinbare metaphysische Theorien. Alston plädierte für eine antirealistische Lesart dieser Theorien, also für die Annahme, dass die von den Theorien behaupteten Tatsachen nur relativ zu diesen bestehen, bzw. von diesen erst konstituiert werden. Mit der antirealistischen Lesart erledigte sich das Problem der Unvereinbarkeit. Nun behauptet Alston von den religiösen Systemen ähnliches: Sie seien theoretisch unvereinbar, sozial jedoch gleichermaßen etabliert, und letzteres heißt für Alston, dass sie epistemisch gleichermaßen gerechtfertigt sind.
In der Tat zieht Alston in „Perceiving God" eine Parallele zwischen Formen von MP und unvereinbaren Systemen aus anderen Bereichen. Als Beispiele führt er den methodologischen Gegensatz zwischen Psychoanalyse und Behaviorismus an, ethische Konflikte und eben metaphysische Theorien. Anders als in dem oben genannten Aufsatz plädiert Alston jedoch nicht für eine antirealistische Interpretation dieser Theorien, sondern für eine pragmatische Reaktion:

„In the absence of any external reason for supposing that one of the competing practices is more accurate than my own, the only rational course for me is to sit tight with the practice of which I am a master and which serves me so well in guiding my activity in the world. [...] the rational thing for a practitioner of CP to do is to continue to form Christian M-beliefs, and, more generally, to continue to accept, and operate in accordance with, the system of Christian belief."[287]

Was für die christlich-mystische Praxis gelte, gelte selbstredend auch von den anderen Formen von MP.[288] Die antirealistische Lösung des erwähnten Aufsatzes zieht Alston also nicht in Erwägung. Das Problem der Unvereinbarkeit religiöser Systeme bleibt damit als theoretisches bestehen.

Auch John Hicks Antwort auf diese Frage – eine der prominentesten in der gegenwärtigen Religionsphilosophie – ist für Alston keine Alternative. Hick behauptet, dass alle Religionen – auch er hat dabei die Weltreligionen im Blick – auf dieselbe letzte Realität gerichtet sind. Hick bezeichnet diese letzte Realität als 'the Real'. Von Kant inspiriert unterscheidet Hick das Reale an sich und das Reale in seiner jeweiligen kulturellen Erscheinung. Das Reale können wir Hick zufolge immer nur in seiner kulturellen Bedingtheit erfahren, und als solches sei es von den Begriffen und Vorstellungen einer Religion konstituiert.[289]
Die religiösen Kategorien seien nie auf die letzte Realität an sich anwendbar, sondern immer nur darauf, wie sie sich uns zeige. Von der letzten Realität, wie diese in sich selbst sei, könnten wir dementsprechend keine wahrheitsfähigen Aussagen machen. Man könne von einer religiösen Lehre dann sagen, sie sei wahr, wenn sie uns in eine der transzendenten Realität angemessene Haltung bringe. Dies geschieht nach Hick dann, wenn sie den Menschen auf einen Heilsweg führt. Da dieses soteriologische Anliegen allen

[287] Ebd., 274.
[288] Vgl. ebd., 272-275.
[289] Vgl. HICK, J., An Interpretation of Religion, 236ff.

Religionen gemeinsam sei, seien sie – in ihren unterschiedlichen Schilderungen der letzten Realität – gleichermaßen wahr.[290]
Wie also löst sich das Problem der Unvereinbarkeit bei Hick? Indem Hick den gemeinsamen Bezugspunkt der Weltreligionen – das Reale an sich – als transkategorial bestimmt, ist von vornherein ausgeschlossen, dass er Gegenstand widersprüchlicher Aussagen ist. Von einer Unvereinbarkeit, wie Alston sie versteht, kann nur dann die Rede sein, wenn von demselben Gegenstand Gegenteiliges ausgesagt wird. Nun behauptet Hick zwar, dass die Religionen auf dasselbe ausgerichtet sind, aber er bestreitet dessen Aussagbarkeit.
Man könnte einwenden, dass das Reale in seiner jeweiligen kulturellen Erscheinung aber doch Gegenstand unvereinbarer Aussagen sein könnte. Religionsimmanent würde Hick dies wohl bejahen – und dies wäre weiter nicht problematisch. Aber auf der interreligiösen Ebene kann – dem Ansatz von John Hick gemäß – keine Unvereinbarkeit im Alston'schen Sinn auftreten. Denn wenn das Reale, wie wir es erfahren und denken können, durch die jeweiligen Religionen konstituiert wird, dann ist dieses konstituierte Reale *für uns* der letzte Bezugspunkt, also Maßstab und nicht zu Messendes. Jede Religion hat dann eben *ihren* letzten Bezugspunkt, und damit fehlt die erste Bedingung einer kontradiktorischen Aussage, nämlich dass die Religionen – wohlgemerkt auf der Ebene des Realen in seiner kulturellen Bedingtheit – von *demselben* Gegenstand sprechen.
Hick löst das Problem der Unvereinbarkeit also, indem er ontologisch zwei Ebenen unterscheidet. Alston findet diese Lösung zwar attraktiv, hält den Preis dafür jedoch für zu hoch.

„Nevertheless, from the standpoint of my concerns in this book, it [Hick's position, M.W.] will have to be viewed as a proposal for a reconception of religious doxastic practices, rather than as a description and evaluation of those practices as they are. It seems clear to me that most practitioners of one or another religion are pre-Kantian in their realist understanding of their beliefs. They think that these beliefs embody true accounts of the Ultimate as it really is in itself and in its relations to the Creation. [...] Therefore, since I

[290] Vgl. ebd., 246ff.

take my task to be the analysis and evaluation of real life religious doxastic practices, not the reform, or degradation, thereof, I will not avail myself of Hick's way out. I will continue to take the major systems of religious belief to be making (noumenal) truth claims that are logically incompatible with each other."[291]

Hicks These, die religiöse Sprache beziehe sich „nur" auf das Reale in seiner kulturellen Erscheinung, läuft laut Alston dem Selbstverständnis der Religionen zuwider. Denn die meisten religiösen Menschen seien überzeugt, dass ihre Religion Aussagen über die letzte Realität an sich mache, und dass diese Aussagen wahr seien. An eben diesem Selbstverständnis will Alston festhalten, und so bleibt er bei seiner Behauptung, dass die großen religiösen Systeme Wahrheitsansprüche erheben, die miteinander unvereinbar sind.

Wie charakterisiert Alston das Verhältnis der Religionen? Da es Alston ja um die mystischen doxastischen Praktiken geht, beschränkt er sich auf Überzeugungen, die aus mystischen Erfahrungen hervorgehen. Und der Einfachheit halber nimmt er an, dass sich diese Überzeugungen als singuläre Prädikatsaussagen formulieren lassen. Nun sei die offensichtlichste Art, wie zwei Überzeugungen unvereinbar sein können, die, dass sie demselben Subjekt unvereinbare Eigenschaften zuschreiben. Es sei zwar fraglich, aber immerhin denkbar, dass die Angehörigen der verschiedenen Religionen denselben Gott wahrnehmen, wenn sie diesen auch völlig unterschiedlich charakterisieren. In diesem Fall würden die Religionen über dasselbe Wesen reden, und die Aussagen über die von allen Religionen gemeinte Gottheit könnten im Widerspruch zueinander stehen.
Alston hält es jedoch für problematisch, interreligiöse Konflikte so zu beschreiben. Denn es sei keineswegs garantiert, ja höchst unsicher, dass die verschiedenen Religionen von demselben Subjekt sprechen. Und selbst wenn sie dies tun, liege nicht unbedingt auf der Hand, ob, und wenn ja, wo Widersprüche bestehen. Aus diesen

---

[291] ALSTON, W., Perceiving God, 265f.

Gründen wählt Alston einen anderen Zugang zu dem Problem. Er fragt, wie man mystische Praktiken in anderen Religionen als der christlichen ausmachen könne. Für CMP sei klar, dass die mystische Wahrnehmung auf Gott gerichtet sei. Worauf aber sei die mystische Wahrnehmung in nicht-theistischen Religionen gerichtet? Um den Begriff der mystischen doxastischen Praxis auch für nicht-theistische Religionen tauglich zu machen, führt Alston den Begriff der 'Ultimate Reality' ein.

„How do we determine what counts as a practice of forming beliefs on the basis of mystical perception in Buddhism or nontheistic forms of Hinduism? To do so we must enlarge our conception of mystical perception as follows. In the major religions of the contemporary world, those to which we are restricting our attention here, the religious responses of devotion, commitment, faith, hope, prayer, worship, adoration, and thanksgiving are directed to what is taken to be Ultimate, the ultimate determiner of one's existence, condition, salvation, destiny, or whatever. This Ultimate is conceived of differently in different religions. It may or may not transcend the world of nature, may or may not be personal, may or may not exhibit a tight unity. Thus as a wider conception of mystical perception I suggest the following. It is what is taken by the subject to be a direct experiential awareness of the Ultimate."[292]

Man fühlt sich spontan an Hicks Rede vom Realen erinnert, und tatsächlich setzt Alston 'the Ultimate' und den Hick'schen Begriff 'the Real' gleich.[293] Alston spricht wahlweise von 'the Ultimate' oder der 'Ultimate Reality' – diese Begriffe haben bei ihm die gleiche Bedeutung. 'The Ultimate' ist ein ontologischer Begriff und bezeichnet die letzten Dinge oder die letzte Wirklichkeit. Diese letzte Wirklichkeit werde von den Religionen verschieden gedacht. Und die unterschiedlichen, ja gegensätzlichen Vorstellungen über die letzte Wirklichkeit sind Alston zufolge der Grund, warum die Überzeugungen der verschiedenen Religionen nicht zu vereinbaren sind.

---

[292] Ebd., 258.

[293] So sei 'the Real' Hick's „latest preferred term for what we have been calling 'the Ultimate'". Vgl. ebd., 264.

Was die Religionen für die letzte Realität halten, kann nur dann unvereinbar sein, wenn es ihnen letztendlich um dasselbe geht. Und genau so scheint Alston es auch zu meinen.

> „The Hindu, Buddhist, and Judeo-Christian-Moslem stories about the nature of Ultimate Reality and our relations thereto, and about the marks of an accurate perception of that reality, differ greatly."[294]

> „Though a transcendent dimension of reality is recognized on all sides [in all of the major world religions, M.W.], that dimension is characterized very differently in theistic and non-theistic religions. [...] A nontheistic religion, not recognizing the Ultimate to be a personal agent, is not going to represent the Ultimate as carrying out an overall purpose in history. And among the theistic religions we get quite different accounts as to what God's master plan is and what he has been doing and will do to carry it out."[295]

Alston betrachtet die Überzeugungssysteme der verschiedenen Religionen als *Darstellungen* oder *Repräsentationen* der letzten Realität: als Geschichten über sie oder als Bilder von ihr. Die Überzeugungssysteme sind demzufolge Versuche, die letzte Realität abzubilden. Und die letzte Realität ist vor diesem Hintergrund gemeinsamer Referent der verschiedenen Religionen.[296] Alston denkt die religiösen Überzeugungssysteme demnach als unvereinbare Beschreibungen der letzten Realität. Man könnte es dabei bewenden lassen, doch dann wäre Alstons Position nur unzureichend beschrieben.

Denn was Alston zum Status mystischer doxastischer Praktiken sagt, legt keineswegs nahe, dass die verschiedenen Religionen es mit demselben Gegenstand oder Gegenstandsbereich zu tun haben. Ich möchte hierzu auf zwei Stellen verweisen. Die erste Stelle betrifft die Individuation mystischer doxastischer Praktiken. Wie ich bereits ausführlich dargelegt habe, macht Alston die Identität

---

[294] Ebd., 190f.

[295] Ebd., 263.

[296] Auf Seite 260 schreibt Alston, dass die verschiedenen Religionen auf unvereinbare Weise auf die letzte Realität *referieren.*

mystischer doxastischer Praktiken an deren Begriffsschema und Bewertungssystem fest. In diesem Zusammenhang sagt Alston:

> „The natural way to specify the sphere of reality with which a cognitive system is dealing is to use the concepts employed by that system. We use our physical-object conceptual scheme to specify the reality we learn about from sense perception. If that is the right way to proceed, we will have to deny that radically different religions are dealing with the same subject matter."[297]

Wenn der Wirklichkeitsbereich, mit dem eine doxastische Praxis es zu tun hat, durch deren Begriffsschema bestimmt wird, und wenn jede Form von MP ein anderes Begriffsschema hat, dann können die mystischen Praktiken der verschiedenen Religionen nicht denselben Gegenstandsbereich haben. Nun hält Alston das erste für plausibel[298] und das zweite für gegeben; die Schlussfolgerung kann also nicht nur hypothetisch sein – auch wenn Alston sich mit dem Bedingungssatz nicht ganz festlegt.

Die zweite Stelle, auf die ich verweisen möchte, betrifft die epistemischen Konsequenzen religiöser Pluralität für die einzelnen Formen von MP. Wenn es einen ernsthaften Konflikt zwischen gleichermaßen etablierten doxastischen Praktiken gebe, und wenn dieser Konflikt nicht zu lösen sei, dann bestehen laut Alston Zweifel an der Zuverlässigkeit *beider* Praktiken. Nach Alston befinden sich die mystischen doxastischen Praktiken in einer solchen Situation, und die Frage ist für ihn, was dies für deren epistemischen Status bedeutet. Nun sei es in der Tat so, dass die Widersprüche zwischen den Religionen die Zuverlässigkeit der mystischen Praktiken bis zu einem gewissen Grad in Frage stellen.

Deren grundsätzliche Glaubwürdigkeit bleibe davon jedoch unberührt. Und dies liegt nach Alston unter anderem daran, dass wir die mystischen Praktiken nicht von einem neutralen Standpunkt aus beurteilen können. Es fehle der gemeinsame Boden, von dem aus man die Praktiken vergleichen und eine von ihnen als die

---

[297] ALSTON, W., Perceiving God, 189.

[298] Vgl. auch ebd., 216, wo Alston einer doxastischen Praxis neben besonderen Input-Output-Funktionen ein besonderes Begriffsschema, einen besonderen Gegenstandsbereich und ein besonderes Bewertungssystem zuordnet.

überlegene ausweisen könne. Die Unvereinbarkeit zweier Systeme hat laut Alston dann massive Folgen für deren epistemischen Status, wenn klar ist, wie diese zu vergleichen und zu bewerten sind. Gebe es jedoch keinen gemeinsamen Maßstab, dann wirke sich die Unvereinbarkeit zweier Systeme weit weniger auf deren epistemischen Status aus.[299] Wenn Alston im Hinblick auf die mystischen doxastischen Praktiken aber vom „lack of a common ground"[300] spricht, dann ist es fraglich, dass diese von demselben Gegenstand reden.

Die Art und Weise, wie Alston das Verhältnis der Religionen beschreibt, ist also nicht frei von einer gewissen Spannung. Einerseits spricht Alston den verschiedenen Formen von MP einen gemeinsamen Gegenstandsbereich ab, den er andererseits mit der Ultimate Reality postuliert. Dass Alston die religiösen Überzeugungssysteme als unvereinbare Darstellungen der letzten Realität sieht, zeigt, dass er letztlich doch einen gemeinsamen Bezugspunkt annimmt. Denn nach Alstons Verständnis liegt Unvereinbarkeit nur dann vor, wenn von demselben Gegenstand Gegenteiliges ausgesagt wird. Wenn die Religionen jedoch zu widersprüchlichen Aussagen über die letzte Realität führen, können sie laut Alston nicht gleichermaßen wahr sein.

„Since each form of MP is, to a considerable extent, incompatible with all the others, not more than one such form can be (sufficiently) reliable as a way of forming beliefs about the Ultimate. For if one is reliable, then most of the beliefs that issue from it are true; and hence, because of the incompatibility, a large proportion of the beliefs issuing from each of the others will be false; and so none of those others is a reliable practice."[301]

Alston geht also davon aus, dass nur *eine* mystische doxastische Praxis zu wahren Überzeugungen über die letzte Realität führen kann. Dies heißt, dass alle anderen im Falle des Widerspruchs

---

[299] Vgl. ALSTON, W., Perceiving God, 268-275.
[300] Ebd., 272.
[301] Ebd., 268f.

falsche Überzeugungen hervorbringen.[302] Nun ist Alston zwar von der Überlegenheit des Christentums überzeugt[303]; in „Perceiving God" sieht er jedoch davon ab, diese argumentativ zu begründen. Er begnügt sich vielmehr mit der oben schon erwähnten pragmatischen Reaktion: Angesichts der Unmöglichkeit, eine der mystischen Praktiken als die überlegene auszuweisen, solle jeder seiner eigenen Religion treu bleiben.[304]

---

[302] Vgl. auch ebd., 189.

[303] Vgl. ebd., 270. Siehe auch Alstons Aussagen in HICK, J., Dialogues in the Philosophy of Religion, 48f.

[304] Vgl. ALSTON, W., Perceiving God, 274.

2.3 Zur Bedeutung religiöser Aussagen: Die semantische Bestimmung der Rede von Gott

2.3.1 Direkte Referenz oder Deskriptivismus?

Ob 'Gott' ein Eigenname oder ein Begriff ist, damit befasst Alston sich in drei Texten. Der wichtigste davon ist der 1988 veröffentlichte Aufsatz „Referring to God"[305]. In diesem Aufsatz unterscheidet Alston zwei Arten, wie man einen Referenten bestimmen kann: (a) durch eine Beschreibung, die den Referenten und nur diesen bestimmt, (b) durch Zeigen, also ostensiv. Ersteres nennt Alston 'Deskriptivismus'. Da es oft schwierig, wenn nicht unmöglich ist, herauszufinden, welche Beschreibung den Referenten eindeutig bestimmt, gibt es die Auffassung, dass der Referent nicht durch eine, sondern durch mehrere Beschreibungen identifiziert wird. So sagt John Searle zum Beispiel, dass der Kontakt mit dem Referenten durch eine *Reihe* von Beschreibungen hergestellt wird, und zwar durch diejenigen, die eine Person *S* aufzählen würde, sollte man sie fragen, auf was sie sich bezogen hat. *S* hat dann auf einen Gegenstand *X* referiert, wenn eine ausreichende Anzahl dieser Beschreibungen nur auf *X* zutrifft.[306]

Der Deskriptivismus ist laut Alston aus mehreren Gründen problematisch. Ob man nun eine oder mehrere Beschreibungen anführe, es bleibe die Frage, wie durch Beschreibung die Bezugnahme sichergestellt werde, und was eine Beschreibung zu der richtigen mache. Abgesehen davon erinnert Alston an Saul Kripkes Einwände gegen ein deskriptives Verständnis von Eigennamen in „Naming and Necessity". Erstens gebe es Fälle

---

[305] ALSTON, W., Referring to God, in: Divine Nature and Human Language, 103-117.

[306] Vgl. SEARLE, J., Proper Names, 166-173.

gelungener Referenz, bei denen *S* nicht auf eine Beschreibung von *X* zurückgreife oder gar nicht über eine solche verfüge. Und zweitens sei in den Fällen, wo *S* eine singuläre Beschreibung von *X* geben könne, nicht gewährleistet, dass diese den Referenten eindeutig bestimme. Es könne zum Beispiel so sein, dass die Beschreibung nicht ausschließlich für *X*, sondern auch für *Y* und womöglich für weitere Gegenstände gelte. Oder aber die Beschreibung könne einen Gegenstand zwar eindeutig identifizieren, aber *S* beziehe sich auf einen anderen.[307]

Kripkes Alternative zu einem Deskriptivismus ist laut Alston eine „kausale Theorie der Referenz". Dieser Theorie zufolge werde die Referenz durch eine *kausale* – und in diesem Sinn wirkliche – Verbindung mit dem Referenten sichergestellt. Alston führt Kripkes Beispiel an, demzufolge jemand von Richard Feynman gehört habe und von diesem nur wisse, dass er ein Physiker ist. Dieser Mann könne sich auf Feynman beziehen, auch wenn er ihn nicht eindeutig identifizieren könne.[308] Das Gelingen der Referenz hängt Kripke zufolge also nicht daran, dass ein Gegenstand *X* durch eine eindeutige Beschreibung identifiziert werden kann. Alston teilt diese Auffassung – er bezeichnet diese Art der Bezugnahme als 'direkte Referenz'.[309]

Nach Alston kann ein Referent sowohl durch Beschreiben als auch durch Zeigen bestimmt werden. Seine Kritik gilt Theorien, denen zufolge Referenz ausschließlich deskriptivistisch zu verstehen ist. Allerdings hält Alston die direkte Referenz für grundlegender, und zwar in zeitlicher wie in logischer Hinsicht. Zum einen gehe die direkte Bezugnahme beschreibenden Angaben in der Regel vorher. Und zum anderen setze die Beschreibung eines Gegenstandes voraus, dass man sich auf diesen beziehen könne. Da die Beschreibung nicht erst leisten könne, was sie voraussetze, müsse

---

[307] Vgl. KRIPKE, S., Naming and Necessity, in: DAVIDSON, D., HARMAN, G. (Hg.), Semantics of Natural Language, 253-355.

[308] Vgl. ebd., 298f.

[309] Vgl. ALSTON, W., Referring to God, in: Divine Nature and Human Language, 103-108.

eine grundlegendere Art der Referenz angenommen werden: eben die direkte bzw. ostensive.[310]

Wie verhält es sich mit der Rede von Gott: Können wir auf Gott nur referieren, indem wir ihn umschreiben, etwa als den Schöpfer des Alls oder als allwissend, allmächtig und vollkommen gütig? Oder können wir auf Gott auch direkt referieren?

„Now I want to indicate how I am thinking of direct reference to God. I want to concentrate on the most radical alternative to descriptivist reference, the alternative in which not only derivative reference along the chain of social transmission, but also the initial 'baptism' [...] is secured otherwise than by the unique satisfaction of some predicate. We will think of a nonderivative reference to God as secured by labeling something presented in experience. This presupposes, of course, that God can be presented to one's experience in such a way that one can make a name the name of God just by using that name to label an object of experience."[311]

Alston zufolge können wir also in einem direkten – und nicht nur in einem beschreibenden – Sinn auf Gott referieren, und zwar dann, wenn wir ihn erfahren. Diesbezüglich unterscheidet Alston eine Ursprungserfahrung, aufgrund derer der erfahrene Gegenstand – in diesem Fall Gott – erstmalig benannt wird, und die darauf folgenden Erfahrungen einer Gemeinschaft, die an die Bezeichnung des erfahrenen Gegenstandes bereits anknüpfen können. 'Gott' ist dann die Bezeichnung für etwas, das uns in der Erfahrung gegeben ist.

„Note that I am making something explicit that was implicit in Kripke's formulations, that when one ostensively indicates X as the referent, one is perceiving X. Ostension, in the literal sense, is not available for fixing a reference to God, and so I am thinking of an initiator of a reference chain here as first fixing the reference for himself by focusing attention on a perceived entity. To be sure, if that referential practice is to be shared by others, there must be some way of communicating to others what entity it is to which the

[310] Vgl. ebd., 109f.
[311] Ebd., 108.

initiator was referring with 'God'. I shall take it that the communal worship, and other practices, of religious communities provide resources for this."[312]

Auf einen Gegenstand zeigen kann man nur, wenn man ihn gerade wahrnimmt. Im Falle einer Wahrnehmung Gottes sei dieses Zeigen freilich nicht wörtlich zu verstehen. Man habe sich dies so vorzustellen, dass ein Religionsstifter zunächst nur für sich selbst den Referenten bestimmt, indem er seine Aufmerksamkeit auf die wahrgenommene Entität konzentriert. Die Bestimmung des Referenten kommt laut Alston einer Namensgebung gleich. Natürlich müsse prinzipiell kommunizierbar sein, auf welche Entität sich der Religionsstifter bezieht. Nach Alston ist es die religiöse Praxis, die uns anleitet und hilft, mit Gott in Kontakt zu kommen. Es sind der Gottesdienst, das Gebet, das Bekenntnis, der Empfang der Sakramente, usw. Nur im Rahmen dieser Praxis könnten wir lernen, auf Gott zu referieren. Beschreibungen Gottes spielten dabei natürlich auch eine Rolle, aber im Vergleich zum religiösen Vollzug eher eine nachgeordnete.[313]
Die These des Aufsatzes ist, dass sprachliche Bezugnahme auf Gott nur durch erfahrungsmäßigen Kontakt mit ihm möglich ist. Eine Theorie, derzufolge Referenz auf Erfahrung beruht, impliziert nach Alston folgendes: Erstens versichere sie den Schwachen und Dummen, dass sie sich ebenso auf Gott beziehen können wie die Weisen und Stolzen. Die Gemeinschaft mit Gott, auch die verbale, setze kein theologisches Wissen voraus. Es genüge, sich auf seine und die Erfahrung anderer zu verlassen. Zweitens erhöhe der Primat direkter Referenz die Aussichten, dass sich radikal verschiedene religiöse Traditionen auf denselben Gott beziehen. Wenn der Referent religiöser Rede durch die verschiedenen Vorstellungen von Gott bestimmt werde, dann könne von Christen, Hindus und den alten Griechen und Römern nicht gesagt werden, sie verehrten dasselbe Wesen. Wenn die Referenz dagegen durch wirkliche, d.h. erfahrungsmäßige Kontakte bestimmt werde, dann könne es in der Tat sein, dass die verschiedenen Religionen einen gemeinsamen

[312] Ebd., 108.
[313] Ebd., 108f.

Referenten haben. Drittens begünstige die von Alston vertretene Theorie eine Erfahrungstheologie, während der Deskriptivismus der natürlichen Theologie den Vorzug gebe.[314]

Das Thema, wie man auf Gott referieren kann, hat Alston bereits in einem sehr frühen Aufsatz erörtert, in „The Elucidation of Religious Statements"[315] aus dem Jahre 1964. In diesem Aufsatz bestreitet Alston die Möglichkeit direkter Referenz, da man nicht mit Sicherheit sagen könne, ob jemand zu einem bestimmten Zeitpunkt tatsächlich Gott wahrnehme.[316] Nach dieser Argumentation setzt direkte Referenz Verifizierbarkeit voraus. Da eine Gotteserfahrung nicht im strengen Sinn zu verifizieren ist, scheidet direkte Referenz von vornherein aus. In dem späteren Aufsatz „Referring to God" widmet sich Alston ausschließlich der semantischen Frage, wie man sich auf Gott beziehen kann, und knüpft diese nicht mehr an die epistemische Frage, ob und wie eine angebliche Gotteserfahrung verifiziert werden kann.

Bemerkenswert ist der Vergleich von „Referring to God" mit Alstons Aussagen in „Perceiving God". Er stellt dort Deskriptivismus und direkte Referenz einander gegenüber. Nach der ersten Auffassung ist 'Gott' ein Begriff, der eine Reihe von Beschreibungen bündelt. 'Gott' ist dann gewissermaßen eine Abkürzung für all das, was eine bestimmte Religion über ihn sagt. Wenn nun ein Christ behauptet, dass Gott ihm gegenwärtig war, dann beinhaltet die Rede von Gott all das, was das Christentum über Gott sagt: dass er der Schöpfer des Universums ist, dass er sich in Jesus Christus inkarniert hat, dass er das Wesen ist, von dem die christlichen Lehren reden. Dieses Verständnis impliziert laut Alston, dass aus Wahrnehmungen gewonnene Aussagen über Gott

---

[314] Vgl. ebd., 115f.

[315] ALSTON, W., The Elucidation of Religious Statements, in: REESE, W., FREEMAN, E. (Hg.), Process and Divinity, 429-443.

[316] Vgl. ebd., 430f., 434f.

schon vom Subjektsausdruck her von Religion zu Religion radikal verschieden und mitunter unvereinbar sind.
Anders sei es, wenn 'Gott' als Eigenname aufgefasst werde, wenn mit 'Gott' etwas Wahrgenommenes benannt werde. In diesem Fall schwinge mit dem Wort 'Gott' nicht all das mit, was eine Religion über ihn sage. Die mystischen Erfahrungen der verschiedenen Religionen stünden dann nicht schon als solche im Widerspruch zueinander. Vielmehr seien die Glaubenssysteme *in ihrer Gesamtheit* miteinander unvereinbar.[317]

„[...] even if we typically make direct reference to God and M-beliefs themselves do not themselves come into any sort of conflict with each other across religious boundaries, the *practices* of forming such beliefs would still be subject to serious conflict by virtue of the associated belief systems, provided the latter come into serious conflict."[318]

Alstons Aussagen in „Perceiving God" sind um einiges vorsichtiger als in „Referring to God". Erstens lässt er in „Perceiving God" offen, wie die Rede von Gott zu denken ist, während er in „Referring to God" eindeutig für direkte Referenz plädiert. Zweitens sieht Alston in „Perceiving God" vornehmlich die Widersprüche zwischen den Religionen. Diese mögen zwar nicht in den Wahrnehmungsüberzeugungen als solchen begründet liegen, aber bestehen laut Alston doch zwischen den Glaubenssystemen insgesamt. Die Unvereinbarkeit der letzteren erlaubt es jedoch kaum noch, die Wahrnehmungsüberzeugungen der verschiedenen Religionen als miteinander kompatibel zu denken, geschweige denn, einen gemeinsamen Referenten zu postulieren. Genau dies stellt Alston aber in seinem Aufsatz „Referring to God" in Aussicht: Er hält es immerhin für denkbar, dass die Gläubigen der verschiedenen Religionen von demselben Gott reden und denselben Gott erfahren.

[317] Vgl. ALSTON, W., Perceiving God, 259f.
[318] Ebd., 262.

For Wittgensteinian Fideism

2.3.2 Wörtliche und metaphorische Rede von Gott

2.3.2.1 Kann die Rede von Gott nur metaphorisch sein?

Es gibt in der Theologie die Sichtweise, alle Rede von Gott sei metaphorisch – Alston bezeichnet sie als ‘panmetaphoricism’ und weist sie in seinem Aufsatz „Irreducible Metaphors in Theology“[319] als unplausibel zurück. Wenn die religiöse Sprache ihrem Wesen nach metaphorisch ist, dann sind wörtliche Aussagen von vornherein ausgeschlossen, und dies heißt dann auch, dass Metaphern grundsätzlich nicht in wörtlich zu verstehende Aussagen übersetzt werden können. Insofern Metaphern nicht auf wörtliche Aussagen zurückgeführt werden können, sind sie der These des ‘panmetaphoricism’ entsprechend irreduzibel.[320]

Alston erläutert in dem genannten Aufsatz zunächst sein Verständnis von metaphorischen Aussagen: Wenn man einen Prädikatsausdruck metaphorisch gebrauche, wende man sich nicht gänzlich von den Bedeutungen ab, die dieser Ausdruck normalerweise in der Sprache habe. Man behaupte zwar nicht, dass das Prädikat in einem wörtlichen Sinne auf das Subjekt zutreffe, aber man habe die wörtlichen Bedeutungen doch im Hinterkopf. Die metaphorische Redeweise verlange, dass man sich vor Augen führe, wovon das Prädikat normalerweise ausgesagt werde. Eben dies sei dann ein Modell für den Subjektsausdruck der metaphorischen Aussage. Die stillschweigend unterstellte Ähnlichkeit erhelle bestimmte Züge des Subjekts und erlaube es dem Hörer, diese zu entdecken.[321]

In metaphorischen Aussagen werde auf zweierlei Weise ein Wahrheitsanspruch erhoben: Erstens werde gleichsam unter der Hand eine zunächst relativ unspezifische Ähnlichkeit zwischen „Modell“ und Subjektsausdruck behauptet. Und zweitens werde

---

[319] ALSTON, W., Irreducible Metaphors in Theology, in: Divine Nature and Human Language, 17-38.

[320] Vgl. ebd., 18f.

[321] Vgl. ebd., 21ff.

durch die Metapher eine Aussage über das Subjekt gemacht, insofern sie ihm bestimmte Eigenschaften zuschreibe.[322]
Für Alston ist die Frage nun, ob die durch die Metapher sichtbar gemachten Eigenschaften auch wörtlich ausgedrückt werden können. Wenn nein, dann ist der 'panmetaphoricism' im Recht mit seiner These, religiöse Metaphern seien irreduzibel. Wenn ja, dann ist der 'panmetaphoricism' widerlegt. Letzteres versucht Alston am Beispiel der Metapher „Gott ist mein Fels" zu zeigen. Er argumentiert folgendermaßen: (1) Mit der Fels-Metapher meine der Sprecher eine Eigenschaft Gottes. (2) Das Gemeinte müsse sich prinzipiell auch wörtlich sagen lassen. Denn es sei (a) ein propositionaler Inhalt und von daher begrifflich bestimmt, und (b) müssten sich für einen solchen Inhalt grundsätzlich Wörter finden lassen, die diesen wörtlich zum Ausdruck bringen.[323]
Alston vermittelt die Metapher und deren wörtlichen Ausdruck über das Gemeinte. Letzteres fasst er als propositionalen Inhalt, der zwar begrifflich bestimmt, aber als solcher (noch) nicht sprachlich formuliert ist. Die sprachliche Formulierung könne nun metaphorisch oder wörtlich ausfallen – jedenfalls sei nicht von vornherein ausgeschlossen, dass sich der propositionale Gehalt der Metapher wörtlich ausdrücken lässt. Der tiefere Sinn dieses Arguments erschließt sich in der Schlussbemerkung:

„The main upshot of this paper is that though irreducible metaphors seem to promise a way of combining the denial of any literal predication in theology with the preservation of significant theological truth claims, this fair promise dissipates on scrutiny like mist before the morning sun. Either the panmetaphoricist abandons the aspiration to significant truth claims or he revokes the ban on literal predicability. He cannot have both. Which way he should jump depends, inter alia, on the prospects for true literal predication in theology."[324]

Es geht also letzten Endes um die Wahrheitsfähigkeit theologischer Aussagen. Metaphorische Aussagen sind Alston zufolge nicht

---

322 Vgl. ebd., 27.
323 Vgl. ebd., 28ff.
324 Ebd., 37.

wahrheitsfähig. Mit der These, die Rede von Gott könne nur metaphorisch sein, werde der Wahrheitsanspruch religiöser Aussagen verwirkt. Deshalb muss Alston zeigen, dass religiöse Metaphern entgegen der Position des 'panmetaphoricism' nicht irreduzibel sind. Und er tut dies, indem er für die Möglichkeit argumentiert, metaphorische Aussagen in wörtliche zu übersetzen.

2.3.2.2 Die Möglichkeit wörtlicher Aussagen über Gott

In drei weiteren Aufsätzen führt Alston aus, wie er sich die Möglichkeit wörtlicher Aussagen über Gott denkt.[325] In dem Aufsatz „Can We Speak Literally of God?" stellt er sich der Frage, ob wir von göttlichen Eigenschaften überhaupt Begriffe bilden können. Alston diskutiert diese Frage am Beispiel von mentalen oder psychologischen Prädikaten einerseits und Handlungsprädikaten andererseits. Ein Behaviorist könnte nun folgendermaßen argumentieren: (1) Mentale Zustände zeigen sich im Verhalten. Empfindungen etwa sind nicht privat und „versteckt", sondern kommen im Verhalten eines Menschen zum Ausdruck. Von daher sind Begriffe über mentale Zustände zugleich Verhaltensbegriffe. Verhalten äußert sich in körperlichen Bewegungen und ist nicht unabhängig von diesen zu denken. Gleiches gilt für bewusstes Handeln. (2) Nun kann ein rein geistiges Wesen, da es keinen Körper hat, diesen auch nicht bewegen. (3) Folglich sind unsere Begriffe über mentale Zustände und Handlungen nicht auf Gott anwendbar.[326]

Alston bestreitet die in (1) enthaltene These, dass mentale Zustände und Handlungen notwendigerweise mit körperlichen Bewegungen einhergehen. Genau genommen bestreitet er die These, dass unsere

---

[325] ALSTON, W., Can We Speak Literally of God?, in: Divine Nature and Human Language, 39-63.
ALSTON, W., Functionalism and Theological Language, in: Divine Nature and Human Language, 64-80.
ALSTON, W., Divine and Human Action, in: Divine Nature and Human Language., 81-102.

[326] Vgl. ALSTON, W., Can We Speak Literally of God?, in: Divine Nature and Human Language, 48-54.

Begriffe von mentalen Zuständen und Handlungen körperliche Bewegungen implizieren.

„We cannot assume in advance that our concept of making, commanding, or forgiving includes the concept of bodily movements of the maker, commander, or forgiver. And even if it does, this may be a relatively peripheral component which can be sheared off, leaving intact a distinctive conceptual core."[327]

„In saying of S that he commanded me to love my neighbor, am I thereby committing myself to the proposition that S moved some part of his body? Is bodily movement of the agent part of what is *meant* by commanding?"[328]

Alston behauptet also, der Kern einer Handlung liege nicht in der körperlichen Bewegung des Handelnden. Das Wesen einer Handlung bestehe vielmehr darin, dass sie eine Veränderung in der Welt bewirke. Nun gesteht Alston zu, dass Menschen in der Regel nichts verändern, ohne sich zu bewegen. Aber dies sei eine kontingente Tatsache über menschliches Handeln und nicht Teil der Bedeutung von Handlungsbegriffen. So sei es denkbar, dass ein rein geistiges Wesen auf ganz andere Weise Veränderungen in der Welt bewirke, also nicht vermittels eines Körpers handle.[329]

Da wir von göttlichen Eigenschaften laut Alston nur reden können, wenn wir sie begrifflich fassen können (1), und da wir nur dann wörtliche Aussagen über Gott machen können, wenn wir von ihm reden können (2), hängt die wörtliche Prädikation davon ab, ob wir von den Eigenschaften Gottes Begriffe bilden können.[330] Mit den oben angestellten Überlegungen glaubt Alston gezeigt zu haben, dass wir von göttlichen Eigenschaften sehr wohl Begriffe bilden können. Damit ist für ihn eine wichtige Voraussetzung für wörtliche – und damit wahrheitsfähige – Aussagen über Gott erfüllt.

---

[327] Ebd., 54.

[328] Ebd., 56.

[329] Vgl. ebd., 61. Vgl. auch ALSTON, W., Divine and Human Action, in: Divine Nature and Human Language, 83.

[330] Vgl. ALSTON, W., Can We Speak Literally of God?, in: Divine Nature and Human Language, 44f.

In dem Aufsatz „Functionalism and Theological Language" legt Alston dar, in welchem Sinn man seiner Meinung nach wörtlich von Gott sprechen kann. Er beschränkt sich dabei auf mentale Begriffe wie z.B. 'Wissen' und 'Absicht'. Alston behauptet nun zwar nicht, dass es bei der Verwendung dieser Begriffe keinen Unterschied macht, ob von Menschen oder von Gott die Rede ist. Aber er geht doch so weit, eine Univozität zu konstatieren, jedenfalls eine teilweise[331] bzw. näherhin qualifizierte. Und zwar erlaube ein abstraktes Verständnis von psychologischen Begriffen wie 'Wissen' und 'Absicht' deren univoken Gebrauch. Zu diesem 'abstrakten Verständnis' komme man, wenn man mentale Zustände funktionalistisch auffasse.[332]

„Let's return to the functionalist account of intentional mental states [...]. Attitudes and cognitions are to be understood in terms of the way in which they interact to engender action tendencies. Tendencies, in turn, are to be understood partly in terms of this origin and partly in terms of the way they interact with each other either to determine executive intentions or to influence volitions, as the case may be. Finally, executive intentions and volitions are to be understood in terms both of their background and of the way they determine overt action."[333]

Ein funktionalistisches Verständnis von mentalen Zuständen betrachtet diese also als relationale Größen und sieht ab von deren innerer Struktur. Da ein funktionaler Begriff des psychologischen Zustandes *X* keine Aussagen über dessen intrinsische Natur mache,

---

[331] Siehe auch ALSTON, W., Divine and Human Action, in: Divine Nature and Human Language., 82, wo es heißt:
„In traditional terms, can we speak *univocally* of divine and human action? Or, better, to what extent can we speak univocally of divine and human action? As the last formulation indicates, I am going to take seriously, indeed advocate, a position rarely taken on this issue, viz., partial univocity."

[332] Vgl. ALSTON, W., Functionalism and Theological Language, in: Divine Nature and Human Language, 66f.

[333] ALSTON, W., Divine and Human Action, in: Divine Nature and Human Language, 94.

könne der Begriff sowohl auf den Menschen als auch auf Gott angewandt werden.[334]

Eine so verstandene Univozität ist gewissermaßen ein Grenzfall: Denn wenn ein Begriff einen psychologischen Zustand nur noch von seinem Ort in einem Beziehungsgeflecht her bestimmt und dessen Beschaffenheit vollkommen außer Acht lässt, bleibt er inhaltlich leer. Dies ist seine Stärke und seine Schwäche zugleich. Einerseits ist 'Wissen' als rein formales Prädikat in der Tat sowohl auf den Menschen als auch auf Gott anwendbar, und insofern hat der Wissensbegriff in Bezug auf Gott keine übertragene, sondern die wörtliche Bedeutung. Andererseits könnte man fragen, ob der Begriff des Wissens als Leerstelle in einem funktionalen Netz überhaupt noch eine Bedeutung hat. Anders gefragt: Wie weit ist zu verstehen, was mit göttlichem Wissen gemeint ist, wenn der Wissensbegriff inhaltlich unbestimmt bleibt? Können wir Aussagen über göttliche Eigenschaften machen, ohne die Natur dieser Eigenschaften näher zu spezifizieren?

Für Alston ist entscheidend, dass mentale Begriffe – funktionalistisch interpretiert – von Gott und Mensch in demselben Sinn ausgesagt werden können. Wenn Begriffe in Bezug auf Gott und Mensch dieselbe Bedeutung haben – jedenfalls in ihrem Kern – dann steht einem wörtlichen Verständnis theologischer Prädikate nichts mehr im Wege. Dies ist für Alston deshalb so bedeutsam, weil er in der Möglichkeit wörtlicher Prädikation eine notwendige Bedingung für Tatsachenbehauptungen sieht.[335]

Alstons Plädoyer für ein wörtliches Verständnis theologischer Prädikate darf nicht so ausgelegt werden, dass er die Bedeutung von Metaphern für die religiöse Sprache leugnet. In dem Aufsatz „Divine and Human Action" geht es unter anderem um die Reichweite wörtlicher Aussagen über Gott. Alston gesteht zu, dass die funktionalistische Begrifflichkeit dem religiösen Leben nicht

---

[334] Vgl. ALSTON, W., Functionalism and Theological Language, in: Divine Nature and Human Language, 70f.

[335] Vgl. ebd., 79f.

ganz gerecht wird. Denn wir könnten uns nicht vorstellen, zu einem „zeitlosen 'personalen System' von funktional aufeinander bezogenen psychologischen Zuständen"[336] in Beziehung zu treten. Dies liege unter anderem daran, dass wir ein Beziehungsgeschehen zeitlich denken. Von daher sei es eine praktische Notwendigkeit des religiösen Lebens, dass wir uns Gott als ein zeitliches Wesen mit menschlichen Zügen vorstellen. Die Eigenschaften, die dieses konkretere Bild Gott zuschreibe, seien nicht wörtlich, sondern bildlich zu verstehen.[337]

2.3.3 Ein realistisches Verständnis religiöser Aussagen

Warum setzt Alston sich so eingehend mit der Frage auseinander, ob wir über Gott wörtliche Aussagen machen können? Ich habe den Grund bereits mehrfach genannt, möchte ihn aber noch einmal eigens hervorheben. Letzten Endes geht es für Alston um die Frage, ob die religiöse Sprache behauptende Kraft hat, ob sie einen Wahrheitsanspruch erhebt oder nicht. Da Alston zutiefst davon überzeugt ist, dass religiöse Aussagen wahrheitsfähig sind, wendet er sich gegen eine Religionsphilosophie, derzufolge mit religiösen Aussagen grundsätzlich nichts behauptet wird.

In diese Richtung gehen Ansätze, welche die religiöse Sprache ausschließlich als *Ausdruck* verstehen: als Ausdruck von Gefühlen, als Ausdruck einer Lebenseinstellung und dergleichen. Tatsachenbehauptungen werden den empirischen Wissenschaften und der Alltagssprache zugeordnet, nicht aber der religiösen Sprache. Vertreter dieser Richtung halten es für ein Missverständnis, religiöse Aussagen als Tatsachenbehauptungen aufzufassen.

Nach Alston werden Tatsachenbehauptungen auch dann eliminiert, wenn man die religiöse Sprache ausschließlich metaphorisch auffasst, wie dies der 'panmetaphoricism' tut. Nun ist Alston der Meinung, dass mit einer metaphorischen Redewendung

---

[336] ALSTON, W., Divine and Human Action, in: Divine Nature and Human Language, 101.

[337] Vgl. ebd., 101f.

sprechakttheoretisch keine Tatsachenbehauptung gemacht wird. Wenn jemand in Bildern redet, verfolgt er nicht das Anliegen, Tatsachen zu behaupten. Wenn man metaphorischen Aussagen einen Wahrheitsanspruch abspricht (1) und die These vertritt, die religiöse Sprache könne nur metaphorisch sein (2), dann spricht man der religiösen Sprache als solcher jeglichen Wahrheitsanspruch ab. In „Irreducible Metaphors in Theology" bestreitet Alston (2), nicht indem er dem 'panmetaphoricism' entgegenhält, dass es in der religiösen Sprache neben Metaphern auch Tatsachenbehauptungen gibt, sondern indem er zu zeigen versucht, dass metaphorische Aussagen prinzipiell in wörtliche übersetzt werden können. Im Gegensatz zu metaphorischen Aussagen können wörtliche Aussagen Träger eines Wahrheitswertes sein, nämlich dann, wenn es sich bei ihnen um Tatsachenbehauptungen handelt.[338]

Die Möglichkeit wörtlicher Aussagen über Gott hängt jedoch nicht nur daran, ob sich das mit Metaphern Gemeinte auch wörtlich sagen lässt, sondern auch daran, ob wir von Gottes Eigenschaften überhaupt Begriffe bilden können. Alston kommt in „Can We Speak Literally of God?" zu einem positiven Ergebnis. In „Functionalism and Theological Language" expliziert Alston, was es heißt, in einem wörtlichen Sinn von Gott zu sprechen. Er erörtert diese Frage an mentalen Begriffen und an Handlungsbegriffen. Funktionalistisch verstanden könnten diese Begriffe von Gott und Mensch gleichermaßen prädiziert werden. In diesem Sinn seien sie univok.

[338] Und nicht etwa um andere Sprechakte, die zwar die Form einer Aussage haben mögen, aber trotzdem keine Tatsachenbehauptungen sind, wie z.B. der Befehl: „Die Tür bleibt geschlossen!" oder aber eine Begrüßung wie „Alle Besucher der Veranstaltung sind herzlich willkommen!"

3 Die Wirklichkeit des Religiösen. Ontologische Fragestellungen.

„I have been writing much of the time as if the philosophy of religion were a response to religion in general, but of course that is not the case. There is no such thing as religion in general. Each human being, and philosophers are human beings too, is confronted with a particular religion, or at least a particular sort of religion, which is a live option for him; and if he philosophizes about religion, his philosophizing will be primarily directed toward the beliefs found in that kind of religion. Even if he is one of those rare persons who knows a great deal about many different religious traditions, he is not likely to take seriously more than one as a live possibility for his own adherence. [...]

One important implication of this fact is that the content of a philosophy of religion will be partly determined by the sort of religion the philosophizing is about. The problems treated as central will vary with variations in the beliefs which are central in the religion under consideration. Philosophical arguments for and against the existence of a supreme personal deity loom large in the works of European, but not in the works of Indian, philosophers of religion. Again, the question of whether a belief in miracles is compatible with the acceptance of natural law is one which worries philosophers from a Christian, but not those from a Buddhist, background."[339]

Diese Aussagen sind für Alstons Religionsphilosophie programmatisch, für den Gegenstandsbereich, den er untersucht, und somit auch für die Methode, deren er sich bedient. Die Religion, die im Hintergrund von Alstons Religionsphilosophie steht, ist das Christentum. In „Divine Nature and Human Language" bestimmt Alston die Wirklichkeit des Religiösen von der christlichen Tradition her oder – um noch genauer zu sein – vom klassischen Theismus her. Die mystischen Wahrnehmungen, die die phänomenale Grundlage von „Perceiving God" bilden, stammen auch aus dem Erfahrungsschatz des Christentums, und es geht in

---

[339] ALSTON, W., Religious Belief and Philosophical Thought, 13f.

diesem Hauptwerk von William Alston ja vornehmlich um die christlich-mystische doxastische Praxis.

Dass der Gegenstandsbereich die Methode bestimmt beziehungsweise, dass sich umgekehrt die Methode am Gegenstandsbereich zu orientieren hat, ist eine banale erkenntnistheoretische Einsicht. Ist nun Alstons Religionsphilosophie eine christliche Religionsphilosophie? In jedem Fall ist seine Religionsphilosophie von den Inhalten her christlich geprägt; der Schwerpunkt liegt mit Sicherheit auf einer Betrachtung des Christentums. Dennoch ist Alstons Religionsphilosophie nicht einfach eine Apologie des Christentums, und zwar aus zwei Gründen.

Erstens ist seine Religionsphilosophie und insbesondere seine Epistemologie allgemeiner Natur. Alston will in „Perceiving God" zwar auf die christlich-mystische Praxis hinaus, aber was er entwickelt, ist eine allgemeine Erkenntnistheorie mystischer Erfahrung. Diese ist im Prinzip genauso auf andere Religionen anwendbar, was daran liegt, dass die Methode der Erkenntnistheorie keine christliche, sondern eine philosophische ist. Zweitens liegt auch inhaltlich der Fokus nicht nur auf dem Christentum. Die Pluralität der Religionen spielt in „Perceiving God" durchaus eine Rolle, wenn auch eine nachgeordnete. In „Perceiving God" und in den von John Hick herausgegebenen „Dialogues in the Philosophy of Religion" zeichnet sich eine allgemeine religiöse Ontologie ab, die sich um den Begriff der Ultimate Reality dreht.

Ich werde im folgenden zunächst Alstons Religionsbegriff skizzieren – dieser ist ganz allgemeiner Natur und entspricht dem herkömmlichen Verständnis von Religion. Im Zentrum dieses Kapitels wird die Frage stehen, wie Alston die Wirklichkeit des Religiösen bestimmt. Er bestimmt sie einerseits im Sinne des klassischen Theismus und andererseits vom Begriff der Ultimate Reality her. Wie diese beiden zusammenhängen, werde ich im dritten Unterpunkt darlegen, und ich beziehe mich dabei auf die bereits gewonnenen Erkenntnisse aus „Perceiving God" sowie auf die „Dialogues in the Philosophy of Religion".

3.1 Alstons Religionsbegriff

Wenn Alston in „Perceiving God“ von den Religionen spricht, dann meint er damit die großen Weltreligionen, also Christentum, Judentum, Islam, Buddhismus und Hinduismus. Dieser Religionsbegriff wird auch in seinen anderen Schriften recht selbstverständlich vorausgesetzt. In einer sehr frühen Schrift, in dem 1963 erschienenen Sammelband „Religious Belief and Philosophical Thought“ versucht Alston, den Religionsbegriff zu definieren. Eine exakte Definition, welche die notwendigen und hinreichenden Bedingungen dafür nennt, dass etwas eine Religion ist, könne es nicht geben. Denn eine Religion sei ein Teil und Erzeugnis menschlicher Kultur, und nie gleiche die eine Religion ganz der anderen. Wohl aber könne man verschiedene Kriterien für den Religionsbegriff angeben. Dazu gehören nach Alston

der Glaube an übernatürliche Wesen (Götter).

eine Unterscheidung zwischen heiligen und profanen Gegenständen.

rituelle Handlungen, in deren Zentrum heilige Gegenstände stehen.

ein Moralkodex, der nach Überzeugung der Gläubigen von den Göttern eingesetzt wurde.

charakteristische religiöse Gefühle (Ehrfurcht, ein Sinn für das Geheimnis, ein Bewusstsein für Schuld, Anbetung, usw.), die normalerweise in der Gegenwart heiliger Gegenstände und während der rituellen Handlungen geweckt werden und mit den Göttern in Verbindung stehen.

Gebet und andere Formen der Kommunikation mit Göttern.

eine Weltsicht. (Unter einer Weltsicht versteht Alston ein allgemeines Bild der Welt als ganzer und des Individuums in dieser Welt. Dieses Bild enthalte eine Bestimmung dessen, was der Sinn und Zweck der Welt sei, und wie sich das Individuum darin einfüge.)

eine mehr oder weniger umfassende Ordnung des Lebens der Gläubigen.

eine soziale Gruppe, die durch die ersten acht Faktoren verbunden ist.[340]

Diese Punkte seien allesamt Merkmale einer Religion. Allerdings müssten nicht alle Kriterien erfüllt sein, um von einer Religion sprechen zu können – noch weniger müssten sie im gleichen Maße erfüllt sein. Unser tatsächlicher Sprachgebrauch sei so, dass wir dann von einer Religion sprechen, wenn *genügend* Bedingungen hierfür erfüllt seien. Dies sei bei den großen Weltreligionen ausnahmslos der Fall; fragwürdiger sei die Anwendung des Religionsbegriffs auf politische Ideologien wie den Kommunismus oder auf eine szientistische Grundeinstellung.[341]

Was lässt sich aufgrund der oben genannten Kriterien über Alstons Religionsbegriff sagen? Am wichtigsten ist für Alston wohl die weltanschauliche Komponente, wobei das Religiöse für ihn im Glauben an übernatürliche Wesen, in der Unterscheidung zwischen Heiligem und Profanem und in der Bestimmung liegt, worin der Sinn der Welt besteht. Eine Religion ist nach Alston eine soziokulturelle Größe, die Menschen gleicher religiöser Gesinnung miteinander verbindet. Die gemeinsame Gesinnung zeigt sich nach Alston nicht nur in der geistigen Orientierung, sondern ganz konkret im Leben der Gläubigen. Wesentlich für eine Religion sei auch die religiöse Praxis: dazu gehören Riten, heilige Gegenstände und das Gebet. Als weiteres Merkmal nennt Alston den Moralkodex und damit die grundlegend ethische Ausrichtung einer Religion. Schließlich den emotionalen Aspekt, also typisch religiöse Gefühle wie Ehrfurcht, Schuld und den Sinn für das Geheimnis.

Alston weist mehrmals darauf hin, dass diese Aspekte in der Praxis miteinander verwoben sind und sich nur theoretisch voneinander abgrenzen lassen. Außerdem hätten die einzelnen Aspekte in den Religionen unterschiedliches Gewicht. Im Katholizismus spiele der rituelle Aspekt eine bedeutende Rolle, während die Quäker und Presbyterianer den Riten eine weit geringere Bedeutung beimessen.

---

340 Vgl. ALSTON, W., Religious Belief and Philosophical Thought, 5.

341 Ebd., 7.

Auch die Bedeutung der Moral werde in den verschiedenen Religionen unterschiedlich bewertet.[342]

[342] Vgl. ebd., 1-15.

3.2 Bestimmung der Wirklichkeit des Religiösen von der christlichen Tradition her

3.2.1 Aussagen zu Existenz und Wesen Gottes

Alston beschäftigt sich in einer Reihe von Aufsätzen mit der Frage nach dem Wesen Gottes. Den wichtigsten dieser Aufsätze – „Hartshorne and Aquinas: A Via Media“[343] – möchte ich im folgenden behandeln. Alston beschreitet darin einen Mittelweg zwischen einer klassisch theistischen Position, wie sie etwa von Thomas von Aquin vertreten wird, und einer neoklassischen Position, wie Charles Hartshorne sie in seinem Werk „Man's Vision of God“[344] entwickelt. Alston begibt sich insofern auf einen Mittelweg, als er einerseits mit Hartshorne einige der klassischen Attribute Gottes in Frage stellt, andererseits gegen Hartshorne eine Reihe der klassischen Attribute beibehält.
Aus dem Bestand der klassischen Attribute stellt Alston die folgenden in Frage: (1) die Absolutheit Gottes (als Fehlen innerer Bezogenheit), (2) den Gedanken, Gott sei reine Aktualität, (3) die These, jede Wahrheit über Gott sei notwendig wahr, (4) die absolute Einfachheit Gottes. Demgegenüber behauptet Alston erstens die Relativität Gottes, und zwar in dem Sinne, dass Gott in seinem Wissen und Handeln auf seine Geschöpfe bezogen und von daher nicht absolut ist.[345] Er begründet dies wie Hartshorne damit, dass die Wissensrelation für das Subjekt des Wissens konstitutiv sei. Wissen sei eine Relation, die dem Subjekt des Wissens innerlich, dem Objekt des Wissens äußerlich sei. Und je sicherer, umfassender

[343] Dieser Aufsatz findet sich in ALSTON, W., Divine Nature and Human Language, 121-143.

[344] HARTSHORNE, C., Man's Vision of God and the Logic of Theism.

[345] Alston und Hartshorne verstehen unter Absolutheit also Beziehungslosigkeit.

und angemessener das Wissen über einen Gegenstand sei, umso mehr sei dieses Wissen für das Subjekt konstitutiv.
Wie könne man vor diesem Hintergrund behaupten, dass Gott, der ein vollständiges und vollkommenes Wissen von allem Wissbaren habe, nicht durch seine Beziehungen zu anderen Wesen bestimmt werde? Die klassische Theologie habe darauf typischerweise geantwortet, dass die Geschöpfe durch ihre Beziehungen zu Gott konstituiert würden, nicht aber Gott durch die Beziehungen zu seinen Geschöpfen. Denn insofern alles von Gott erschaffen worden sei, sei alles von Gott abhängig, nicht aber umgekehrt. Hierauf sei mit Hartshorne zu antworten, dass es trotz dieser Abhängigkeit so sei, dass Gott ein anderer wäre, wenn er eine andere Welt geschaffen hätte. Denn dann wäre eine andere und nicht diese Welt der Gegenstand seines Wissens gewesen.[346]
Das Argument für die Bezogenheit Gottes als kognitives Subjekt setzt Alston zufolge voraus, dass es für Gott im Hinblick auf die Gegenstände seines Wissens alternative Möglichkeiten gibt. Wenn es für das göttliche Wissen aber alternative Möglichkeiten gebe, dann bedeute dies erstens, dass es für Gott unverwirklichte Möglichkeiten gebe. Er könne von einer Welt wissen, die er schaffen hätte können, aber nicht geschaffen hat. Wenn Gott aber nicht alles verwirklicht, was er verwirklichen könnte, dann fällt die These von der reinen Aktualität (2). Wenn es für das göttliche Wissen alternative Möglichkeiten gebe, dann bedeute dies zweitens, dass manche Dinge kontingenterweise auf Gott zutreffen. So sei das Wissen von den kontingenten Dingen selbst kontingent, und damit sei nicht jede Wahrheit über Gott notwendig wahr (3). Mit der Leugnung von (2) falle schließlich auch das Attribut der absoluten Einfachheit (4). Denn wenn man anerkenne, dass es für Gott nicht-realisierte Möglichkeiten gebe, müsse man Gottes Wesen als ein komplexes denken.[347]

---

[346] Vgl. ALSTON, W., Hartshorne and Aquinas. A Via Media, in: Divine Nature and Human Language, 124ff.
[347] Vgl. ebd., 127ff.

An den folgenden Attributen hält Alston im Gegensatz zu Hartshorne fest: (5) an der Creatio ex nihilo, (6) an der Allmacht Gottes, (7) an seiner Körperlosigkeit, (8) daran, dass Gott kein zeitliches Wesen ist, (9) an seiner Unveränderlichkeit, (10) an seiner absoluten Vollkommenheit. Alston ist der Meinung, dass Hartshornes Kritik an diesen Attributen einer näheren Überprüfung nicht standhält, und dass somit die neoklassischen Attribute dieser zweiten Gruppe das Wesen Gottes nicht zutreffend beschreiben. Zu den Prädikaten im einzelnen:

Nach der klassischen Tradition hat Gott die Welt durch einen freien Willensakt aus dem Nichts erschaffen. Der freie Willensakt beinhaltet, dass es für Gott auch möglich gewesen wäre, nichts zu erschaffen. Dass überhaupt etwas anderes als Gott existiert, ist demnach eine kontingente Tatsache. Nach der neoklassischen Position existieren Gott und die Welt notwendig, obwohl die Einzelheiten für kontingent gehalten werden. Hartshorne zufolge ist es eine metaphysische Notwendigkeit, dass es eine Welt gibt, und dies ist natürlich alles andere als eine kontingente Tatsache, die auf einen freien Willensakt zurückgeht. Eines von Hartshornes Argumenten gegen die klassische Position besteht darin, dass die Creatio ex nihilo einen zeitlichen Anfang der Welt voraussetzt, der Gedanke von einem Anfang der Zeit aber selbstwidersprüchlich ist.

Alston fragt, ob die neoklassischen Eigenschaften der ersten Gruppe denn bedeuteten, dass man die Existenz von Gott und Welt als metaphysische Notwendigkeit betrachten müsse, und er kommt zu dem Ergebnis, dass diese die klassische Schöpfungslehre vielmehr erst plausibel erscheinen lassen:

„I cannot see that the neoclassical properties in our first group are incompatible with the correctness of the suggestions just broached [creation ex nihilo, M.W.]. In fact, it seems that the traditional doctrine of creation is much more attractive, plausible, and coherent in Hartshornean than in Thomistic garb. When decked out in the medieval fashion, it is saddled with just those difficulties exposed so effectively by Hartshorne in the arguments canvassed in Section II. It has to struggle to combine creation by a free act of will with the absence of alternative possibilities for God, and to combine the contingency of the world with the necessity of God's act of creation and with the necessity of God's knowledge of that world. Freed from those stultifying bonds it can display its charms to best advantage. It can mean what it says by 'free act of will', by 'contingency', by 'knowledge', and so on. I would say that in exposing the internal contradictions of classical theology Hartshorne has done it a great service and rendered its doctrine of creation much more defensible."[348]

Die thomistische Theologie steht Alston zufolge vor der Schwierigkeit, dass sie recht konträre Thesen vereinbaren muss. Wie könne die Schöpfung ein freier Willensakt sein, wenn es für Gott in Bezug auf die Welt ohnehin keine anderen Möglichkeiten gebe? Und wie lasse sich der Gedanke einer kontingenten Welt damit vereinbaren, dass die Schöpfung und Gottes Wissen von dieser Welt eine metaphysische Notwendigkeit sind? Diesen Schwierigkeiten könne man entgehen, wenn man einer neoklassischen Theologie folge und Potentialität und Kontingenz von den Wesenseigenschaften Gottes nicht ausschließe.
Wenn man die Existenz von Gott und Welt als metaphysische Notwendigkeit betrachtet, kann man nicht mehr von Gottes Allmacht ausgehen, denn dann ist Gottes Macht durch metaphysische Notwendigkeiten begrenzt. Im Gegensatz zu dieser neoklassischen Position hält Alston am Attribut der göttlichen Allmacht fest. Die göttliche Allmacht sei jedoch nie so verstanden worden, dass Gott all die Macht hat, die es gibt, sondern in dem Sinne, dass seine Macht unbegrenzt ist und er all das tun kann, was er will. Dies sei durchaus mit dem Gedanken vereinbar, dass Gott auch seinen Geschöpfen eine eigene Macht geben kann.
Hartshorne betrachtet die Welt als Gottes Körper und gibt somit die klassische Anschauung auf, Gott sei ein rein geistiges Wesen. Er begründet dies damit, dass Gott sich in zweierlei Hinsicht zur Welt verhalte wie der menschliche Geist zum menschlichen Körper: Erstens habe Gott im höchsten Maß ein Bewusstsein davon, was in der Welt geschieht, und zweitens könne er das, was in der Welt geschieht, direkt beeinflussen. Aufgrund dessen, dass das, wovon ein Geist unmittelbares Bewusstsein habe, und dass das, was ein

[348] Ebd., 130.

Geist direkt unter seiner Kontrolle habe, *sein Körper* sei, könne man die Welt analog als Gottes Körper denken. Auch diesen Schritt geht Alston nicht mit und hält mit dem klassischen Theismus an der reinen Geistigkeit Gottes fest.[349]

Wie Hartshorne geht Alston davon aus, dass Gottes Wesen jedenfalls teilweise durch seine Beziehungen zur Welt konstituiert wird. Während dies für Hartshorne beinhaltet, dass Gott in der Zeit lebt und sich durch diese hindurch verändert, hält Alston daran fest, dass Gott außerhalb der Zeit steht und keiner Veränderung unterliegt. Alston folgt also zwei Intuitionen, die sich auf den ersten Blick widersprechen: Einerseits stellt er sich das Beziehungsgeschehen zwischen Gott und Mensch wie das zwischen Menschen vor, bei denen beide gleichermaßen aufeinander einwirken. Andererseits bestreitet er, dass man dieses Geschehen vom Standpunkt Gottes aus in zeitlichen Kategorien denken kann. Alston ist sich dieser Schwierigkeit bewusst und sucht nach einer Möglichkeit, diese beiden Intuitionen zu vereinbaren. Dafür greift er zum einen auf William James' Begriff der Scheingegenwart zurück, zum anderen auf Alfred Whiteheads Konzept des Konkretionsprozesses.

James' psychologischer Begriff der Scheingegenwart[350] erlaube es, Gott im vollen Sinne ein Wissen um die zeitlichen Geschehnisse der Welt zuzuschreiben, dieses Wissen selbst jedoch als ein zeitloses bzw. nicht-zeitliches zu denken. Wie hat man sich dies vorzustellen?

„As far as knowledge is concerned, it seems to me that the psychological concept of the specious present provides an intelligible model for a nontemporal knowledge of a temporal world. In using the concept of the specious present to think about human perception, one thinks of a human being as perceiving some temporally extended stretch of a process in one temporally indivisible act. If my specious present lasts for, e.g., one-twentieth of a second, then I perceive a full one-twentieth of a second of, e.g., the flight of a bee 'all at once'. I don't *first* perceive the first half of that stretch of the flight, *and then* perceive the second. My perception, though not its object, is

[349] Vgl. ebd., 129-132.

[350] James führt diesen Begriff ein in: The Principles of Psychology, Bd. 1, 609.

without temporal succession. It does not unfold successively. It is a single unified act. Now just expand the specious present to cover all of time, and you have a model for God's awareness of the world. Even though I perceive one-twentieth of a second all at once, I, and my awareness, are still in time, because my specious present is of only finite duration, and, in fact, of much shorter duration than I. A number of such acts of awareness succeed each other in time. But a being with an infinite specious present would not, so far as his awareness is concerned, be subject to temporal succession at all. There would be no further awareness to succeed the awareness in question. *Everything* would be graped in one temporally unextended awareness."[351]

Der Begriff der Scheingegenwart entstammt offensichtlich der Wahrnehmungspsychologie und beruht auf der Akt-Objekt-Struktur der Wahrnehmung. Der Gedanke ist folgender: Während der Gegenstand der Wahrnehmung ein sukzessives Geschehen sein kann, ist der Akt der Wahrnehmung ein einziger und trotz einer gewissen Dauer ohne zeitliche Abfolge. Wenn man etwa, wie James sagt, den Flug einer Biene beobachte, dann nehme man diesen Flug in einem einzigen Wahrnehmungsakt wahr, obgleich der Flug selber ein Geschehen mit zeitlicher Abfolge sei. Das Wahrgenommene sei ein prozesshaftes Geschehen, nicht jedoch die Wahrnehmung selber. Der Begriff der Scheingegenwart besagt nun, dass einem im Wahrnehmungsakt zeitlich aufeinanderfolgende Ereignisse gleichermaßen gegenwärtig sind. Das, was objektiv eine zeitliche Abfolge hat, kommt einem als gleichermaßen gegenwärtig vor – von daher der Begriff der *Schein*gegenwart.
Nun seien die menschlichen Wahrnehmungsakte zeitlich begrenzt und von daher „in der Zeit". Wenn man die Scheingegenwart allerdings auf die gesamte Zeit extrapoliere, also die Gesamtzeit der Welt als den Gegenstand einer einzigen unendlichen Wahrnehmung betrachte, dann hätte man Alston zufolge ein Modell für Gottes Bewusstsein von der Welt. Diesem Modell zufolge würde Gottes Bewusstsein keiner zeitlichen Abfolge und damit keiner Veränderung unterliegen. Gott hätte dieser Idee zufolge in vollem

[351] ALSTON, W., Hartshorne and Aquinas. A Via Media, in: Divine Nature and Human Language, 136.

Umfang ein Bewusstsein von der zeitlichen Welt, dieses Bewusstsein wäre selbst aber ein nicht-zeitliches.

Wie aber verhalte es sich mit dem Handeln Gottes, mit seinen willentlichen Äußerungen in Bezug auf die Welt? Wenn Gott die Welt nicht vollständig determiniert habe, sondern seinen Geschöpfen Entscheidungsfreiheit geschenkt habe, dann müsse man sich Gottes Willen und sein Handeln als Antwort auf die freien Entscheidungen seiner Geschöpfe vorstellen. Da das Handeln und Entscheiden der Menschen aber ein zeitliches und prozesshaftes ist, stellt sich die Frage erneut: Kann Gott in einem nicht-zeitlichen Sinn auf die Handlungen und Entscheidungen der Menschen antworten? Alston bejaht diese Frage und zieht hierfür Alfred Whiteheads Konzept des Konkretionsprozesses heran.
Um zu verstehen, was Whitehead unter ‚concresence' versteht, beziehe ich mich auf die Darstellung seiner Kosmologie bei Michael Welker.[352]

„Whiteheads Kosmologie arbeitet mit einfachen ‚letzten' Voraussetzungen und beschreibt – wenn auch in vielen Perspektiven und unter vielen Applikationsinteressen – einen einfachen Vorgang. Sie setzt voraus, daß der unhintergehbare Erfahrungshintergrund, die grundlegende Realität aus ‚wirklichen Einzelwesen' oder ‚wirklichen Ereignissen' besteht (die Ausdrücke ‚actual entity' und ‚actual occasion' werden synonym verwendet). [...] Die ‚wirklichen Einzelwesen' oder ‚wirklichen Ereignisse' sind komplexe und ‚ineinandergreifende', einander objektivierende, partiell integrierende und interpenetrierende Entitäten. Ihre ‚Kommunikation' und ‚Interaktion', konventionell formuliert, steht im Zentrum der in Whiteheads Hauptwerk vorgelegten Kosmologie. Genauer beschreibt sie den Prozeß des Entstehens neuer wirklicher Ereignisse durch die Verbindung getrennter wirklicher Ereignisse. Die getrennten wirklichen Ereignisse durchlaufen einen Prozeß, in dem sie sich verbinden bzw. in dem sie synthetisiert werden in einem neuen wirklichen Ereignis. [...] Dieser *Prozeß* der Synthese von wirklichen Ereignissen – Whitehead spricht treffender von ‚*Konkretisierung*' vieler

---

[352] WELKER, M., Alfred North Whitehead: Relativistische Kosmologie, in: SPECK, J. (Hg.), Grundprobleme der großen Philosophen, 269-312.

wirklicher Ereignisse in einem neuen Ereignis – ist das zentrale Thema der relativistischen Kosmologie Whiteheads."[353]

Die Grundkategorie von Whiteheads Ontologie ist also das *Ereignis*. Es geht darum, wie ein Ereignis aus anderen Ereignissen hervorgeht und als solches selber zum Datum und Ausgangspunkt kommender Ereignisse wird. Dieser Prozess des Werdens von Ereignissen wird von Whitehead als ‚concresence', als Konkretionsprozess bezeichnet. Dem liegt die Vorstellung zugrunde, dass sich ein Ereignis aus einer Mannigfaltigkeit anderer Ereignisse heraus *konkretisiert*. Nun seien diese Ereignisse laut Welker ebenso als Produkt ihrer Umgebung zu bestimmen, wie diese Umgebung als durch das Ereignis konstituiert zu verstehen sei.[354]
Analog zu James' ‚Scheingegenwart' ist dieser Konkretionsprozess laut Alston nicht als ein Geschehen mit zeitlicher Abfolge zu denken, sondern gewissermaßen als ein Akt des Werdens. Dieser Akt sei ein „process without temporal succession"[355], also ein Prozess ohne zeitliche Abfolge. Dies tue der Tatsache keinen Abbruch, dass das, *was sich konkretisiere*, in zeitlichen Kategorien zu denken sei. Alston bezieht sich auf Aussagen Whiteheads in „Process and Reality":

„In every act of becoming there is the becoming of something with temporal extension; but the act itself is not extensive, in the sense that it is divisible into earlier and later acts of becoming which correspond to the extensive divisibility of what has become."[356]

"There is a becoming of continuity, but no continuity of becoming."[357]

Wenn man diesen Gedanken Whiteheads auf die göttliche Natur anwende, dann werde man sowohl der Nicht-Zeitlichkeit Gottes

[353] Ebd., 294.
[354] Vgl. ebd., 295.
[355] ALSTON, W., Hartshorne and Aquinas. A Via Media, in: Divine Nature and Human Language, 138.
[356] WHITEHEAD, A., Process and Reality, 107.
[357] Ebd., 53.

gerecht als auch der Intuition, dass Gott tatsächlich am Geschehen der Welt teilhat, also auf das Handeln der Menschen tatsächlich reagiert und dieses nicht einfach nur antizipiert. Wie aber kann man das Konzept der ‚concresence' auf Gott anwenden? Man müsse sich Gott als „infinite actual entity"[358] denken, von Raum und Zeit nicht begrenzt. Als wirkliche Entität im Whitehead'schen Sinne unterliege Gott wie alle wirklichen Entitäten dem Konkretionsprozess. Das heißt, Gott konkretisiere sich in der Wahrnehmung anderer Ereignisse und Entitäten und in der willentlichen Interaktion mit diesen. Während der Mensch eine ganze Reihe solcher Konkretionsprozesse durchlaufe, sei Gottes ‚Werden' ein einziges und unendliches. Seine Konkretion umfasse die Gesamtheit von Raum und Zeit. Und so unterliege Gott zwar dem Prozess des Werdens, nicht aber der Zeit.[359] Der Versuch, einerseits an der Nicht-Zeitlichkeit Gottes festzuhalten und andererseits das Beziehungsgeschehen zwischen Gott und seinem Geschöpf nach menschlichem Modell zu denken, mag gelungen sein. Ob sich vor diesem Hintergrund das Attribut der Unveränderlichkeit Gottes aufrechterhalten lässt, bleibt allerdings fraglich.[360]

Ich komme abschließend zum Attribut der göttlichen Vollkommenheit. Hartshorne unterscheidet eine absolute und eine relative Unübertrefflichkeit Gottes. Erstere bestehe, wenn Gott von niemandem, auch nicht von sich selbst, übertroffen werden könne. Letztere bestehe, wenn Gott von niemandem, außer von sich selbst zu einem späteren Zeitpunkt, übertroffen werden könne. Hartshorne selbst ist der Ansicht, dass für Gott die Möglichkeit besteht, sich selber zu einem späteren Zeitpunkt zu übertreffen. Alston hält dagegen mit den klassischen Theisten an der absoluten Unübertreffbarkeit Gottes fest. Der Gedanke der Überbietbarkeit

---

[358] ALSTON, W., Hartshorne and Aquinas. A Via Media, in: Divine Nature and Human Language, 139.

[359] Vgl. ebd., 139.

[360] Vgl. ebd., 132-140.

habe nur dann Sinn, wenn man sich Gott als ein zeitliches Wesen vorstelle.[361]

3.2.2 Das Verhältnis Gott – Mensch

Der vorausgehende Abschnitt hat gezeigt, dass Alstons Gottesbild im Wesentlichen dem klassischen Theismus entspricht. Die Punkte, in denen er der Prozesstheologie von Charles Hartshorne oder Alfred Whitehead folgt, haben eines gemeinsam: Es geht darum, Gott als ein auf die Menschen bezogenes und mit ihnen interagierendes Wesen zu beschreiben. Hat dies, könnte man fragen, die klassische Theologie nicht auch so gesehen? Ging es dem Christentum nicht immer schon um Gottes Beziehung zum Menschen und um die Beziehung des Menschen zu seinem Gott? Dies würden die Prozesstheologen mit Sicherheit bejahen, aber sie sehen in den klassischen Attributen der Absolutheit, reinen Aktualität, in der uneingeschränkten Notwendigkeit und absoluten Einfachheit Gottes nicht den adäquaten Ausdruck dafür. Ein echtes Beziehungsgeschehen zwischen Gott und Mensch sei vor dem Hintergrund der neoklassischen Attribute viel eher vorstellbar.
Die Echtheit des Beziehungsgeschehens hängt für die Prozesstheologen daran, dass nicht nur der Mensch, sondern auch Gott selber durch dieses Geschehen konstituiert wird. Gottes Wissen vom Menschen könne nicht als vom Menschen unabhängig gedacht werden. Und wenn Gottes Handeln wirklich auf den Menschen bezogen sein soll, dann müsse es auch ein Reagieren auf das Verhalten des Menschen sein. Man könne mit anderen Worten nur dann von einer *Beziehung* sprechen, wenn Gott auch tatsächlich an der Entwicklung des Menschen teilnehme und der Mensch ihm ein echtes Gegenüber sei.
Wie Alston das Verhältnis zwischen Gott und Mensch denkt, möchte ich im folgenden kurz darlegen. Ich beziehe mich dabei auf drei weitere Aufsätze aus „Divine Nature and Human Language“. Im ersten Aufsatz geht es um Gottes Antwort auf das menschliche

[361] Vgl. ebd., 140ff.

Gebet, im zweiten um das Wunder als einem außergewöhnlichen Handeln Gottes, und im dritten Aufsatz geht es um die Heiligung des Menschen. Diese Themen beleuchten – freilich exemplarisch – das Verhältnis zwischen Gott und Mensch. Die oben beschriebene Grundtendenz wird in jedem der behandelten Texte spürbar.

3.2.2.1 Gottes Antwort auf das menschliche Gebet

In „Divine-Human Dialogue and the Nature of God"[362] fragt Alston, wann man von einem echten Dialog zwischen Gott und Mensch sprechen könne. Alston konzentriert sich dabei auf Gottes Antwort auf das menschliche Gebet – als einer besonderen Form dieses Dialogs. Gott habe, so Alston, eine Fülle von Möglichkeiten, auf die Gebete seiner Geschöpfe zu antworten. Der Mensch könne diese Antwort mit seinem inneren Ohr hören oder aber durch das gesprochene oder geschriebene Wort aus Menschenmund. Die Antwort auf ein Gebet könne aber auch in irgendwelchen Gedanken liegen, die einem in den Sinn kommen. Die Frage, die Alston umtreibt, ist, wann eine Antwort auch wirklich eine *Antwort* ist.

Vor dem Hintergrund eines deterministischen Weltbildes etwa kann man laut Alston nicht von einem echten Dialog zwischen Gott und Mensch sprechen. Wenn Gott jedes Detail seiner Schöpfung – einschließlich der freien Entscheidungen und Handlungen von Menschen – schon vorherbestimmt hat, dann könne zwischen Gott und Mensch kein echter Dialog stattfinden. Denn ein echter Dialog erfordere zwei unabhängige Teilnehmer, von denen keiner die Antworten des anderen kontrolliere.

Wie verhält es sich mit der Allwissenheit Gottes? Kann ein allwissender Gott, der im voraus schon weiß, wie ich reagieren werde, auch wirklich in ein Gespräch mit mir treten? Ein echtes Gespräch hat nach Alston eine Eigendynamik, was zur Folge habe, dass jeder Teilnehmer stets neu auf die Impulse des anderen reagieren müsse. Ein allwissender Gott, der den Austausch von vornherein kennt, nehme nicht wirklich an der Entwicklung des

---

[362] Dieser Aufsatz findet sich in: ALSTON, W., Divine Nature and Human Language, 144-161.

Gesprächs teil. Nun sei aber nicht ausgemacht, dass Gott der Zeit und damit einer zeitlichen Abfolge unterliegt. Wenn Gott aber außerhalb der Zeit stehe, dann nehme er auch keine Antwort *vorweg*.

Alston diskutiert schließlich, wie ein Gespräch im oben beschriebenen Sinne ablaufen soll, wenn Gott außerhalb der Zeit steht. Alstons Lösung sieht folgendermaßen aus:

> „If God is timeless, God does not know anything in *advance*, because God does not know anything *at any time*. God timelessly knows that I issue a certain utterance at t_1, feel queasy at t_2, and so on. *What* God knows, in these instances, is dated, but God's knowledge of them is not. God, as the infinite eternal *now*, is all at once simultaneous with every moment of time, and with everything that is happening in time. Thus insofar as God's knowledge of what I do at t_1 stands in anything like a temporal relation to my doing it, it is simultaneous with my doing it, not earlier than my doing it. God knows what I do at t_1 by seeing me do it right then and there, not by virtue of being able to anticipate it. [...] Since God's knowledge of anything that happens in time is simultaneous with that happening, His relations with those happenings and with the creatures involved need suffer no loss of 'living or active involvement' or 'decisions on the spot' by reason of His omniscience."[363]

Wie kann Gott einerseits außerhalb der Zeit stehen und andererseits im vollen Sinne des Wortes am Geschehen der Zeit teilnehmen? Alston greift auf eine Unterscheidung zurück, die in anderen Variationen bereits vorgekommen ist: die Unterscheidung zwischen Wissen und Gewusstem.[364] *Was* Gott weiß, ist demzufolge zeitlich datiert, nicht aber Gottes Wissen davon. In die gleiche Richtung geht die Unterscheidung zwischen dem göttlichen Willen und seiner Wirkung in der Welt. Denn wenn der göttliche Wille zeitlos sei, er sich aber immer zu einem bestimmten Zeitpunkt in der Welt

---

[363] ALSTON, W., Divine-Human Dialogue and the Nature of God, in: Divine Nature and Human Language, 152f.

[364] Ich erinnere an die Unterscheidung von Wahrgenommenem und Wahrnehmung im Begriff der Scheingegenwart sowie an die Whitehead'sche ‚concresence', bei der die Konkretion als nichtzeitlich, das Konkretisierte aber zeitlich gedacht wird.

auswirke, dann könne man Gott als nichtzeitliches Wesen denken und dennoch echte Antworten von ihm erwarten.
Gottes Wille sei es, dass bestimmte Dinge zu einer bestimmten Zeit geschehen. Dazu gehöre zum Beispiel, dass Menschen bestimmte Antworten auf bestimmte Fragen hin hören, oder dass sie bestimmte Botschaften zu bestimmten Zeiten empfangen. Der Inhalt der Antwort oder Botschaft sei als göttlicher Wille ewig und somit zeitlos; das Hören oder Erfahren aber sei zeitlich datierbar. Alston bringt das Beispiel von Moses vor dem brennenden Dornbusch: Moses habe Gott reden hören, *nachdem* er seine Frage gestellt habe. Das, was Gott ihm sagte, habe er ihm jedoch von jeher sagen wollen.[365]

3.2.2.2 Das Wunder als außergewöhnliches Handeln Gottes

In dem Aufsatz „God's Action in the World"[366] setzt sich Alston mit Gottes Handeln in der Welt auseinander, wobei er hier ein Handeln meint, das über die Erschaffung und Aufrechterhaltung der Welt hinausgeht. Wenn man eine vollständig determinierte Welt annehme, dann sei freilich jedes Geschehen ein Handeln Gottes oder zumindest auf Gottes Willen zurückzuführen. Dass Alston einen derartigen Determinismus ablehnt, wurde bereits deutlich – eine vollständig determinierte Welt wäre mit einem Beziehungsgeschehen zwischen Gott und Mensch, wie Alston es sich vorstellt, unvereinbar. Wie aber steht es nun mit Ereignissen, in denen gläubige Menschen im besonderen Maße das Wirken Gottes erkennen? Wie verhält es sich mit dem Wunder?
Alston fragt erstens, ob ein göttliches Eingreifen in den Lauf der Dinge überhaupt denkbar ist. Nach der traditionellen Auffassung ist das Wunder ein Ereignis, das die Naturgesetze durchbricht und nur durch ein direktes Eingreifen Gottes erklärt werden kann. Diese Sicht war in den letzten Jahrhunderten heftiger Kritik ausgesetzt,

[365] Vgl. ALSTON, W., Divine-Human Dialogue and the Nature of God, in: Divine Nature and Human Language, 154f.
[366] Erschienen in ALSTON, W., Divine Nature and Human Language, 197-222.

angefangen von David Hume bis zum Szientismus heutiger Tage. Nach Hume können wir nie genügend Gründe haben, um anzunehmen, dass ein Ereignis eine Tat Gottes war. Die szientistische Kritik richtet sich in der Regel gegen die Annahme übernatürlicher Gründe für ein Ereignis. Diese Kritik wird genährt durch den modernen Glauben, dass es für jedes Ereignis, wie bizarr es auch sein mag, eine wissenschaftliche Erklärung gibt.

Das traditionelle Verständnis setzt voraus, dass bei einem Wunder ein Naturgesetz verletzt wird, und in der heutigen Zeit wird solches für unmöglich gehalten. Dem hält Alston entgegen, dass das, was innerhalb der Naturgesetze unmöglich sei, nicht schlechthin unmöglich sein müsse:

„To be sure, even if a direct action of God would be a violation of a law of nature, I do not agree that this would render such actions impossible. The alleged impossibility of a freely falling body's reversing course and moving upward is, at most, an impossibility *within the natural order*, not an unqualified impossibility. The omnipotent author and sustainer of that order is not bound by it; He retains His freedom to act outside its constraints as well as within."[367]

Nun müsse man aber gar nicht von vornherein annehmen, dass ein direktes Eingreifen Gottes die Naturgesetze durchbricht. Man müsse sich überlegen, was ein Naturgesetz überhaupt sei, und welche Faktoren es berücksichtigen kann. Es kann nämlich laut Alston nur diejenigen Faktoren berücksichtigen, die in der Formulierung des Naturgesetzes ‚vorgesehen' sind. Alle anderen – unvorhergesehenen – Einflüsse bleiben außen vor. Ein Mann, der auf der Wasseroberfläche eines Sees stehe, werde nach dem Gesetz der Schwerkraft sinken – es sei denn, er werde von einem Hubschrauber durch ein Seil gehalten, oder er werde von einem Motorboot gezogen, oder eine ausreichende magnetische Kraft halte ihn über Wasser.

Dieses Beispiel soll zeigen, dass ein Naturgesetz in seiner begrifflichen Form nicht alle möglichen Einflüsse vorwegnehmen

---

[367] Vgl. ALSTON, W., God's Action in the World, in: Divine Nature and Human Language, 211f.

kann. Wenn unvorhergesehene Kräfte im Spiel sind, würde dennoch keiner behaupten, das Naturgesetz sei durchbrochen worden. Als eine unvorhergesehene Kraft könne man nun auch das Eingreifen Gottes betrachten. Es füge den Naturgesetzen nichts hinzu und nehme ihnen nichts weg; es liege einfach „outside the ordinary course of nature".[368] Nach Alston ist das direkte Eingreifen Gottes in der Welt also nicht eine Aufhebung der Naturgesetze, sondern etwas, was durch die Naturgesetze nicht erklärt werden kann und von daher jenseits der Naturgesetze liegt.

Nachdem Alston zu dem Ergebnis gekommen ist, dass ein direktes Eingreifen Gottes nicht unmöglich ist, fragt er zweitens, ob diese Annahme für den Begriff des Wunders denn überhaupt nötig ist. Sei es nicht viel naheliegender, dass Gott stets durch die natürliche Ordnung hindurch wirkt? Selbst wenn ein direktes Eingreifen Gottes denkbar sei, sei keineswegs klar, ob dies jemals geschieht. Zweitens gebe es Ereignisse, die wir als außergewöhnliche Taten Gottes betrachten, und die dennoch auf natürliche Ursachen zurückgeführt werden könnten. Dies sei zum Beispiel dann der Fall, wenn man das Gefühl habe, in seinem Leben von Gott geführt oder gestärkt worden zu sein. Drittens sei der Umstand, dass etwas außerhalb der natürlichen Ordnung geschieht, nicht unbedingt entscheidend dafür, ein Ereignis als ein Wunder zu betrachten.

Alston versucht drittens, das Wunder positiv zu bestimmen – in einem Sinn, der Gottes Handeln nicht außerhalb der Naturgesetze ansiedelt. Er lehnt sich dabei an John Macquarrie an. Macquarrie zufolge besteht ein Wunder darin, dass in einem bestimmten Ereignis Gottes Gegenwart spürbar wird. Ein Wunder richte den Blick auf eine Gegenwart und ein Handeln, das allem zugrunde liegt, und es mache einem so den Sinn des Ganzen bewusst.[369] Alston schreibt:

„In taking my coming to a decision or my forming a certain thought as an act of God (of guidance or communication) I suppose this event to be a ‚self-manifestation' of God's purposes (or a fragment thereof). Even if I take

[368] Ebd., 212.

[369] MACQUARRIE, J., Principles of Christian Theology, 250ff.

everything that happens in the world as an act of God, still I specially regard these events as acts of God, not because they *are* acts of God in any stronger, different, or more basic sense than myriads of other happenings I just let float by, but because in these cases I have some idea as to what God is up to. I discern, or think I discern, a bit of the divine purpose."[370]

Dieses Zitat macht deutlich, dass das Wunder viel mit der Perspektive des Subjekts zu tun hat; es muss sich ontologisch nicht unbedingt von anderen Ereignissen unterscheiden.

3.2.2.3 Die Heiligung des Menschen

In dem Aufsatz „The Indwelling of the Holy Spirit“[371] beschäftigt sich Alston mit einem Entwicklungsprozess des Menschen, den er als 'sanctification', als 'Heiligung' bezeichnet. Er versteht darunter die Verwandlung des Menschen zu dem, wozu Gott ihn bestimmt hat: zur Liebe seiner selbst und seiner Mitmenschen. So beschreibt Alston den Heilsplan Gottes folgendermaßen:

„But it still remains that, by well high common consent, God's basic intention for us is that we should become like unto Him, in so far as in us lies, and should thereby be in a position to enter into a community of love with Him and with our fellow creatures. And the work of regeneration and sanctification is directly addressed to the carrying out of this intention."[372]

Dieser Entwicklungsprozess läuft Alston zufolge weniger auf der bewussten und willentlichen Ebene ab, als vielmehr auf der unbewussten, wo es um die Neigungen und Grundeinstellungen eines Menschen geht. Alston stellt drei Modelle vor, wie diese Persönlichkeitsveränderung vonstatten gehen könnte.
Das erste Modell ist das sogenannte „fiat model“, demzufolge die Persönlichkeitsveränderung direkt durch Gottes Eingreifen bewirkt wird. Nach diesem Modell ist das Wirken des Heiligen Geistes

---

[370] ALSTON, W., God's Action in the World, in: Divine Nature and Human Language, 220.
[371] Erschienen in ALSTON, W., Divine Nature and Human Language, 223-252.
[372] ALSTON, W., The Indwelling of the Holy Spirit, in: Divine Nature and Human Language, 225.

nicht wirklich ein interpersonales Geschehen – es ähnelt eher dem göttlichen Handeln im Schöpfungsakt. Alston hält demgegenüber das sogenannte interpersonale Modell für angemessener. Zum einen werde es der Personalität des Menschen eher gerecht, und zum anderen entspreche dieses Modell eher der Erfahrung, dass die Liebesfähigkeit des Menschen nie vollendet ist und die Entwicklung dahin sehr lange Zeit braucht.
Nach diesem Modell ist die Heiligung des Menschen ein langwieriger Prozess, bei dem Gott auf den Menschen so einwirkt, wie ein anderer Mensch auf ihn einwirken würde. Zum Beispiel könne Gott den Menschen zur Umkehr rufen oder ihn zu freien Willensentscheidungen auffordern. Ob die Antworten nun willentlich sind oder nicht, habe diese Kommunikation unmittelbar oder allmählich einen Einfluss auf die Vorlieben, Wünsche und Einstellungen des Menschen. Durch konditionierende Mechanismen und andere psychische Vorgänge seien diese mit der Zeit auch veränderbar.
Für eine Veränderung genüge es aber auch schon, wenn einem Menschen sein Leben in einem ungünstigen Licht erscheint, und wenn ihm demgegenüber ein Leben in Nächstenliebe viel attraktiver vorkommt. Möglicherweise zeige sich ihm Gott in einem vorbildlichen Menschen, der ihm einen Sinn für das Göttliche gibt und sein Verlangen nach Gott verstärkt. Schließlich könne Gott – eher unbewusst als bewusst – so auf den Menschen einwirken, dass er ihm neue Quellen der Willensstärke und des Durchhaltevermögens erschließt und ihn von der Gunst seiner Mitmenschen unabhängiger macht.[373]
Nun habe aber auch dieses zweite Modell eine Schwäche, nämlich dass Gott bei dem Wandlungsprozess von außen auf den Menschen einwirkt. Nun kenne man im Christentum aber die Vorstellung, dass der Heilige Geist den Menschen von innen erneuert, dass er den Menschen erfüllt und ihm gleichsam innewohnt. Das sogenannte „sharing model" greift diesen Gedanken auf, ohne die beiden anderen Modelle auszuschließen. Nach diesem Modell wandelt sich

---

[373] Vgl. ebd., 231-239.

der Mensch, indem er an Gottes Liebe teilhat. Die Teilhabe beginnt nach Alston schon da, wo ein Mensch sich der göttlichen Liebe unmittelbar bewusst wird. Dieses Bewusstsein könne ihn dazu bewegen, selber einen Weg der Liebe zu gehen. Diesem Modell zufolge hat der Wandlungsprozess zutiefst mit dem Verhältnis zwischen Mensch und Gott zu tun, insofern er dieses Verhältnis nämlich als ein innerliches bestimmt – als ein Verhältnis, das intimer ist als das zwischen Mensch und Mensch.[374]

[374] Vgl. ebd., 239-252.

3.3 Das Verhältnis von Religion im Allgemeinen zur christlichen Religion im Besonderen

Abschließend bleibt zu fragen, wie Alston das Verhältnis von Religion im Allgemeinen zur christlichen Religion im Besonderen bestimmt. Wie sich gezeigt hat, betrachtet Alston die Religion vornehmlich aus einer christlichen Perspektive. Dennoch ist sein Ansatz keine ‚christliche Philosophie'. „Perceiving God" etwa ist in erster Linie ein epistemologisches Argument und beansprucht als solches Allgemeingültigkeit. Alstons Position im Hinblick auf die Pluralität der Religionen wurde bereits unter Punkt 2.2 deutlich. Ich möchte die Ergebnisse dieses Punkts noch einmal kurz zusammenfassen:

Alston betrachtet die Überzeugungssysteme der verschiedenen Religionen als Darstellungen oder Repräsentationen der Ultimate Reality. Die Überzeugungssysteme sind nach Alston Versuche, die letzte Realität abzubilden. Die letzte Realität ist folglich gemeinsamer Referent der verschiedenen Religionen. Dies ist eine ontologische These, die es durchaus in sich hat, wenn man sich vergegenwärtigt, dass Alston den verschiedenen Formen von MP einen gemeinsamen Gegenstandsbereich abspricht. Ich erinnere nur daran, dass Alston in „Perceiving God" stets leugnet, es gebe einen neutralen Standpunkt, von dem aus man die mystischen Praktiken vergleichen und beurteilen könne. Insofern er den verschiedenen Formen von MP verschiedene Begriffsschemen zuordnet und diese als bestimmend für den jeweiligen Gegenstandsbereich betrachtet, kann von einem gemeinsamen Gegenstandsbereich der Religionen eigentlich nicht die Rede sein. Die Ultimate Reality wäre jedoch genau dies – ein gemeinsamer Bezugspunkt der verschiedenen Religionen.

Alston postuliert also eine letzte Realität, und er postuliert eine Abbild-Relation zwischen den Glaubenssystemen und dieser letzten

Realität. Wie sich gezeigt hat, geht er davon aus, dass die verschiedenen Glaubenssysteme in hohem Maße miteinander unvereinbar sind, was ihn einerseits zu der pragmatischen Antwort bewegt, angesichts fehlender Vergleichbarkeit solle jeder seiner eigenen Religion treu bleiben. Andererseits deutet er in „Perceiving God" doch die Auffassung an, dass nur eine Religion die letzte Wirklichkeit richtig wiedergeben kann, und dass aufgrund des Widerspruchs mit den anderen Religionen diese zumindest weniger richtig, wenn nicht sogar falsch sind. Gemeint sind freilich die Überzeugungssysteme der Religionen. Man sieht auch hier, wie Alston schwankt zwischen philosophischer Enthaltung und der Suche nach der ‚wahren Religion'.

Die These von der Überlegenheit des Christentums wird in „Perceiving God" nicht begründet. An anderer Stelle wird sie jedoch wiederaufgegriffen und eine Begründungsmöglichkeit skizziert, nämlich in dem von John Hick herausgegebenen Band „Dialogues in the Philosophy of Religion"[375] Alston schreibt dort:

„I envisage two main components to a full-dress defence of Christian belief, corresponding to the distinction Hick and many others draw between theistic and non-theistic religions. With respect to the latter, which I will think of in this sketch as impersonal absolute monisms, I would contrast them unfavourably in metaphysical terms with theism. I find that extreme monistic systems, such as we find in the Vedanta, run into far too much conflict with the massive evidence of experience and with critical common sense to be credible. Theistic metaphysics, on the other hand, runs into no such intractable problems, and has much to recommend it as a metaphysics. The second component would be directed to the aspects of the Christian message that distinguish it from Judaism and Islam. Here the basic problems are historical. Can the Christian view of Jesus, his status, his mission, his death and resurrection, and of the status and history of the Church, be shown to be substantially accurate? This, of course, is not a task I would dream of undertaking on my own; it is a vast cooperative enterprise. But I would hope to contribute in the way open to a philosopher knowledgeable in the relevant literature."

---

375 Vgl. ALSTONS Beitrag in: HICK, J., (Hg.), Dialogues in the Philosophy of Religion, 37-52.

Die Argumentation würde also in zwei Stufen erfolgen: Alston würde zunächst zeigen, dass die theistischen Religionen den nicht-theistischen aus metaphysischen Gründen überlegen sind. Der absolute Monismus der östlichen Religionen sei nämlich sehr problematisch. Zum einen widerspreche er unserer Erfahrung und den Ansichten des Common Sense. Zum anderen verschärfe er das Theodizee-Problem.[376] In einem zweiten Schritt würde Alston zeigen, was das Christentum dem Islam und dem Judentum gegenüber auszeichnet. Hierfür seien hauptsächlich historische Gründe anzuführen.

[376] Vgl. ebd., 52, Anm. 6.

DRITTER TEIL.
DISKUSSION

Die abschließende Diskussion der Alston'schen Religionsphilosophie wird um vier Themen kreisen. Es wird erstens um die Bedeutung religiöser Erfahrung gehen: Dies umfasst zum einen die Frage, was Alston unter religiöser Erfahrung versteht, und zum anderen die Frage, welchen Stellenwert religiöse Erfahrung in seinem religionsphilosophischen Ansatz hat. Ein weiteres Thema wird die Frage sein, wie sich Alstons Erkenntnistheorie und sein metaphysischer Realismus zueinander verhalten. Vom Begriff der doxastischen Praxis her hat Alstons Erkenntnistheorie einen stark konventionalistischen Zug. Das heißt, die bewussten oder nicht bewussten Übereinkünfte zwischen den Menschen spielen für die Überzeugungsbildung eine entscheidende Rolle. Wenn aber die Überzeugungsbildung in hohem Maße auf Konventionen und Konsens beruht, wo sind dann die Anhaltspunkte für einen metaphysischen Realismus, den Alston mit ebensolchem Nachdruck vertritt?

Daran knüpft eine Erörterung des Alston'schen Rechtfertigungsbegriffs an, wobei sich diese um zwei Punkte dreht: Erstens ist zu fragen, wie der strenge Rechtfertigungsbegriff für Überzeugungen mit der skeptischen Bewertung doxastischer Praktiken zusammenpassen soll. Zweitens ist der Einwand zu untersuchen, dass Alstons Erkenntnistheorie einen naturalistischen Fehlschluss impliziert, nämlich indem der normative Rechtfertigungsbegriff aus der Praxis und damit aus dem Faktischen abgeleitet wird. Schließlich werde ich noch auf Alstons Position in der Pluralismus-Debatte eingehen. Ich werde zunächst mit John Hick fragen, wie weit das Erfahrungsargument trägt, wenn man religionstheologisch einen Exklusivismus vertritt. Dann werde ich noch zu zeigen versuchen, dass Alstons Position entgegen dem Anschein nicht eindeutig exklusivistisch ist, sondern zwischen einem Pluralismus und einem Exklusivismus schwankt.

1 Begriff und Stellenwert religiöser Erfahrung

1.1 Ein perzeptives Modell religiöser Erfahrung

1.1.1 Betrachtung eines bestimmten Phänomens

Zunächst muss festgehalten werden, dass Alston zwar immer wieder ganz allgemein von religiöser Erfahrung spricht, dass er aber eigentlich ein bestimmtes Phänomen vor Augen hat. Was Alston untersucht, sind Erfahrungen der Gegenwart Gottes, Erfahrungen, die sich auch als ein Gewahrsein, ein Bewusstsein oder ein Wahrnehmen der Gegenwart Gottes beschreiben lassen – jedenfalls nach den Berichten derer, die solche Erfahrungen gemacht haben. Alston geht also von einem bestimmten Typ mystischer Erfahrungen aus, und er beschreibt diese Art von Erfahrungen folgendermaßen: Sie seien erstens dadurch gekennzeichnet, dass ihr phänomenaler Gehalt nicht-sinnlicher Natur ist. Zweitens ließen sie sich als direkte Wahrnehmungen verstehen, also so, dass das Subjekt Gott auf unmittelbare Weise wahrnimmt, was für Alston wiederum heißt, dass die Unterscheidung von Subjekt und Objekt gewahrt bleibt. Oft werden mystische Erfahrungen ja als Einheitserlebnisse verstanden in dem Sinne, dass die Subjekt-Objekt-Unterscheidung nicht mehr bewusst oder sogar ganz aufgehoben ist. Drittens untersucht Alston Erfahrungen, die eindeutig auf Gott bezogen sind, und nicht etwa Marienerscheinungen oder andere Visionen.

Nun bedeutet diese Konzentration auf einen bestimmten Erfahrungstyp eine gewisse Einschränkung: Aus einem Spektrum möglicher Erfahrungen wird nur eine bestimmte Art von Erfahrung untersucht. Die Beschränkung auf einen bestimmten Erfahrungstyp ist freilich völlig berechtigt; sie ist dem Leser aber womöglich nicht immer bewusst. Und so könnte nach der Lektüre von „Perceiving God“ das Bild entstehen, religiöse Erfahrungen seien Wahrnehmungen der Gegenwart Gottes. Nun ist der Begriff der religiösen Erfahrung in Umfang und Bedeutung aber wesentlich weiter als der einer Wahrnehmung Gottes. Das Feld der religiösen Erfahrung beschränkt sich nicht auf Wahrnehmungserlebnisse, und von daher ist eine allzu schnelle Gleichsetzung der beiden Begriffe nicht gerechtfertigt. Dass der Erfahrungs- und der Wahrnehmungsbegriff nicht deckungsgleich sind, zeigt Gerd Haeffner in seinem Aufsatz „Erfahrung – Lebenserfahrung – religiöse Erfahrung. Versuch einer Begriffsklärung“[377].

Im Deutschen lassen sich nach Haeffner drei Bedeutungen von Erfahrung unterscheiden: (1) Erfahren als Vernehmen oder Wahrnehmen; (2) Erfahren als Erleben; (3) Erfahrung im eigentlichen Sinn, nämlich als Können oder Wissen, das sich in einem im Laufe der Zeit gebildet hat. Erfahrung im eigentlichen Sinn überschreite die Ebene des bloßen Wahrnehmens und Erlebens – zur Erfahrung im eigentlichen Sinn gelange man *durch* zahlreiche Wahrnehmungen und Erlebnisse hindurch. Von diesen einzelnen Bedeutungen hebt Haeffner den Begriff der Lebenserfahrung ab, welche nicht ein spezieller Modus von Erfahrung sei, sondern im Kontext aller Erfahrungen mit-gemacht werde. Meistens werde der Ausdruck ‚Lebenserfahrung' in einem pragmatischen Sinn gebraucht, nämlich als praktisches Können und Wissen, das man sich im Laufe seines Lebens oder Berufslebens erworben hat. ‚Lebenserfahrung' sei in einem höheren Sinn aber auch die Erfahrung mit dem Leben selbst und damit mit der eigenen Existenz.

„Das Medium, in dem diese Erfahrungen gemacht werden, ist vor allem der Wechsel der Stimmungen: Freude und Angst, Zuversicht und Verzweiflung. Doch geht die Lebens- bzw. Existenzerfahrung nicht auf im bloßen Erleben dieser Stimmungen und ihres Wechsels. Sie kommt vielmehr dadurch zustande, daß man immer neu Schlüsse aus den Korrelationen zieht, die

---

[377] HAEFFNER, G., Erfahrung – Lebenserfahrung – religiöse Erfahrung, in: RICKEN, F. (Hg.), Religiöse Erfahrung, 15-39.

zwischen bestimmten Lebenseinstellungen und solchen Stimmungen einerseits und zwischen diesen und dem zu erreichenden Ziel der Selbstdurchsichtigkeit und der stabilen Verankerung in einem tragenden Grund bestehen. Das dadurch jeweils gewonnene Licht reicht aus, um den nächsten Schritt zu tun, der aber nicht, gefolgt von anderen Schritten, linear auf das Ziel zugeht, sondern im allgemeinen nur in eine tiefere Dimension des Grundproblems führt. Was der tiefere Sinn der Erfahrungen war, die es gemacht hat, *weiß* das Subjekt erst am Ende, wenn es durch sie zu seiner Wahrheit geführt worden ist. Diese Unbewußtheit entspricht der Tatsache, daß die eigentliche Selbstbestimmung sich nicht an der Oberfläche des Bewußtseins abspielt.“[378]

Lebenserfahrung baut sich demzufolge aus Erfahrungen des Subjekts mit dem Leben auf, sie ist deren Resultat oder Essenz. Haeffner plädiert nun dafür, dass der Begriff ‚religiöse Erfahrung' unter die Kategorie der Lebenserfahrung subsumiert werden sollte. Religiöse Erfahrung sei im Wesentlichen Lebenserfahrung, und nur insofern Wahrnehmungen und Erlebnisse auch zur Lebenserfahrung gehören, könne man religiöse Erfahrungen auch unter letztere rechnen. In einer religiösen Erfahrung gehe es weniger um die Kenntnisnahme irgendwelcher Gehalte als um einen unbedingten Anspruch. Diesen Anspruch umschreibt Haeffner folgendermaßen:

„Was heißt, ‚etwas für sich als religiös bedeutsam erleben bzw. zu beurteilen'? [...] Es ist das Bewußtsein, getroffen worden zu sein von einem An- und Zuspruch, der in die Tiefe der Person zielt. Religiöse Bedeutsamkeit ist nicht, wie es der groben Klassifikation von außen erscheint, ein spezieller Typ von Bedeutsamkeit neben anderen, für entsprechend empfängliche (‚religiös musikalische') Naturen. Es handelt sich vielmehr um eine Bedeutsamkeit, die sich von anderen nicht der Region, sondern dem Rang und der Intensität nach unterscheidet, – um eine Bedeutsamkeit nicht für die Realisierung faktischer Wünsche, sondern für die Aufrichtung des ganzen Menschen an ‚Etwas', was nicht auf ihn relativ ist, und das sich nicht als ein Ideal, sondern als eine Realität sui generis gibt. Dieses Etwas kann erfahrungsbezogen genannt werden als ‚das Heilige' oder ‚das Geheimnis' oder ‚das in sich schwebende Nichts', in ontologischer Sprache mag es das Eine oder das Absolute heißen. Von vielen wird es als der eine Gott angerufen.“[379]

---

[378] Ebd., 27.
[379] Ebd., 36.

Verortet man die religiöse Erfahrung wie Haeffner in der Lebenserfahrung, dann ergibt sich ein ganz anderes Bild für religiöse Erfahrung als das von William Alston. Haeffners Klassifikation schließt Wahrnehmungen und Erlebnisse als religiöse Erfahrungen nicht aus, aber sieht sie von ihrer Bedeutung für die Lebenserfahrung her. Nun leugnet Alston keineswegs die Bedeutung mystischer Erfahrungen für das Leben der Betroffenen, er leugnet auch nicht den An- oder Zuspruch, den solche Erfahrungen für den einzelnen haben können. Aber er beschränkt sich doch ganz auf das Wahrnehmungserlebnis und dessen kognitive Bedeutung. Dies sind Vorentscheidungen, über die man sich bei der Auseinandersetzung mit „Perceiving God" im Klaren sein muss.

1.1.2 Das Wahrnehmungsmodell und seine Tragfähigkeit

Kann man die von Alston zitierten Erfahrungsberichte denn überhaupt als Aussagen über Wahrnehmungen verstehen? Wie plausibel und tragfähig ist das Wahrnehmungsmodell? Nun ist es in der Tat so, dass die von Alston zitierten Berichte das Wahrnehmungsmodell nahelegen. Die Mystiker und Mystikerinnen sprechen davon, dass sie Gott auf nicht-sinnliche Art und Weise gehört, gespürt oder sogar gesehen haben. Manchmal wird diesen Wahrnehmungen eine größere Gewissheit zugesprochen als den sinnlichen Wahrnehmungen des Alltags.[380] Dennoch muss das Wahrnehmungsmodell erst plausibilisiert werden, und zwar einfach deshalb, weil mit ‚Wahrnehmung' eigentlich immer sinnliche Wahrnehmung gemeint ist. Wenn man wie Alston einen

[380] „And beyond this the soul receives the gift of seeing God. God says to her, 'Behold Me!' and the soul sees Him dwelling within her. She sees Him more clearly than one man sees another. For the eyes of the soul behold a plenitude of which I cannot speak: a plenitude which is not bodily but spiritual, of which I can say nothing. And the soul rejoices in that sight with an ineffable joy; and this is the manifest and certain sign that God indeed dwells in her." ANGELA of FOLIGNO, Livre de l'Expérience des Vrais Fidèles, zitiert in: UNDERHILL, E., Mysticism, 282.

generischen Wahrnehmungsbegriff einführt, der sowohl sinnliche als auch nicht-sinnliche Wahrnehmung umfasst, dann liegt die Frage auf der Hand, worin die neue Bedeutungskomponente begründet liegt. Alston definiert Wahrnehmung als die Erscheinung eines Gegenstandes *X*, wobei der Gegenstand *X* dem Bewusstsein auf eine bestimmte Art und Weise erscheint. Der Gegenstand mystischer Wahrnehmungen ist nach Alston Gott oder allgemeiner die Ultimate Reality. Was aber sind die phänomenalen Eigenschaften mystischer Wahrnehmungen?

Alston behauptet, dass mystische Erfahrungen einen besonderen phänomenalen Gehalt haben. Er geht also davon aus, dass es bei mystischen Erfahrungen eine Entsprechung zu dem gibt, was bei sinnlichen Erfahrungen die Farben, Formen, Laute, Gerüche, usw. sind. Nun scheint Alstons Modell nicht ohne weiteres auf die Beschreibungen der Mystiker zu passen, wie er selber bemerkt. Die Mystiker berichten davon, dass sie Gott in seiner Güte, Macht oder Liebe erfahren haben. Sie berichten davon, dass Gott zu ihnen gesprochen oder ihnen vergeben hat. Sie sprechen von Gottes Eigenschaften und seinem Handeln; sie sprechen mit anderen Worten vom Gegenstand der (vermeintlichen) Wahrnehmung, nicht aber davon, wie er *ihnen* erscheint. Es ist, wie wenn sie über die Wellenlänge des Lichts sprechen, nicht aber über die Farbe.

Wenn sich die Mystiker aber gar nicht auf Erfahrungsqualitäten beziehen, gibt es sie dann überhaupt? Alston antwortet, es müsse keine Bezeichnung für eine Erfahrungsqualität geben, damit diese existiere. Man könne auch anders als durch die direkte Bezeichnung auf sie referieren, etwa durch eine komparative Beschreibung. Man beschreibt etwas Unbekanntes, indem man einen adäquaten Vergleich mit etwas Bekanntem anführt. Wenn man etwa Gottes Liebe gespürt hat, könnte man eine Form von menschlicher Liebe zum Vergleich heranziehen und z.B. sagen: „Gott erschien mir so, wie man von einem liebenden Wesen erwarten würde, dass es einem erscheint." Die Erfahrungsqualität wäre damit zwar nicht direkt benannt, aber umschrieben, und man wüsste, wovon die Rede ist.

In seinem Aufsatz „Gott wahrnehmen. William Alstons perzeptives Modell religiöser Erfahrung“[381] wendet Andreas Hansberger ein, dass eine komparative Beschreibung die Möglichkeit einer phänomenalen Beschreibung voraussetzt.

„Wenn eine phänomenale Beschreibung direkter Erfahrungen Gottes *prinzipiell ausgeschlossen* ist, dann können wir nicht wissen, wie eine komparative Beschreibung dieser Erfahrungen möglich sein soll. Denn wie Alston auch selbst bemerkt, ist die Möglichkeit der komparativen Beschreibung von der (zumindest möglichen) phänomenalen Beschreibung abhängig. [...]

Im Falle der von Alston als nicht-sinnliche direkte Wahrnehmung Gottes verstandenen mystischen Erfahrung fehlt jedoch jeder Anhaltspunkt, welcher Art die phänomenalen Eigenschaften sein könnten, die mit Hilfe der komparativen Begriffe beschrieben werden sollen.“[382]

In der Tat gibt es hier eine Leerstelle bei William Alston: Eine phänomenale Beschreibung wird weder angedeutet, noch scheint sie irgendwie möglich. Man könnte freilich allein auf die komparative Beschreibung setzen – dies scheint mir zumindest nicht völlig abwegig. Vieles lässt sich nur vergleichsweise und metaphorisch sagen. Aber selbst wenn man Alston zugesteht, dass eine komparative Beschreibung dort helfen kann, wo es keine phänomenale gibt, sind nicht alle Probleme vom Tisch.

Nach Hansberger ist allein die These, dass der phänomenale Gehalt mystischer Erfahrungen komparativ beschrieben werden kann, recht voraussetzungsreich. So setze die Verwendung komparativer Beschreibungsweisen voraus, dass die Wahrnehmungserfahrungen in ihrem phänomenalen Gehalt tatsächlich vergleichbar seien. Im alltäglichen Leben seien solche Vergleiche unproblematisch. Wie aber könne man eine Erfahrung der Güte Gottes mit Erfahrungen menschlicher Güte vergleichen?

---

[381] HANSBERGER, A., Gott wahrnehmen. William Alstons perzeptives Modell religiöser Erfahrung, in : RICKEN, F. (Hg.), Religiöse Erfahrung, 113-125.

[382] Ebd., 123.

„Ein entscheidendes Problem des Wahrnehmungsmodells ist die Annahme, daß man sinnvollerweise von Erfahrungen mit sinnlichem Gehalt wie der Erfahrung, wie gute Menschen handeln, zu einer Beschreibung einer Erfahrung übergehen kann, der dieser fehlt, nämlich wie Gott unmittelbar seine Güte zeigt. Denn es besteht ein qualitativer, nicht nur quantitativer Unterschied zwischen einer so beschriebenen sinnlichen und der nicht-sinnlichen Erfahrung. Gott, wenn er denn Objekt der mystischen Erfahrung ist, zeigt sich z.B. nicht nur als sehr viel mächtiger als ein irdischer Potentat, sondern muß sich, wenn er nicht-sinnlich erfahren werden soll, *ganz anders* als machtvoll erweisen. Dann aber ist nicht klar, inwiefern es sich bei den von Alston zitierten Beschreibungen um Beschreibungen von Wahrnehmungserlebnissen handeln kann [...]“[383]

Hansberger zweifelt an der Vergleichbarkeit mystischer Erfahrungen mit sinnlichen Erfahrungen, da man davon auszugehen habe, dass die mystische Erfahrung eine ganz andere Qualität als die sinnliche habe, schon allein deswegen, weil man bei der Erfahrung menschlicher Güte oder Macht immer eine *sinnliche* Erfahrung mache. Eine komparative Beschreibung ist demzufolge fragwürdig. Wenn dies aber die einzige Möglichkeit der Referenz ist, dann stellt sich die Frage, ob überhaupt auf etwas referiert werden kann, ob es mit anderen Worten überhaupt einen nicht-sinnlichen Wahrnehmungsgehalt geben kann. Sollte man sich auf diesen tatsächlich nicht klarer beziehen können, müsste man mit Hansberger die Konsequenz ziehen, dass das Wahrnehmungsmodell damit seine Plausibilität verliert.[384]

Für ganz so aussichtslos halte ich die Situation nicht; allerdings müsste in der Tat gezeigt werden, wie man von sinnlichen Erfahrungen zu nicht-sinnlichen kommt. Vielleicht müsste man auch die Frage stellen, ob der Gehalt mystischer Wahrnehmungen denn tatsächlich als vollständig nicht-sinnlich bezeichnet werden kann. Der Mensch ist ein sinnliches Wesen, auch wenn er über abstrakte, nicht-sinnliche Zusammenhänge nachdenkt. Der Mensch verliert seine Sinnlichkeit auch nicht, wenn er die Liebe Gottes spürt – womöglich spürt er sie auch auf sinnliche Art und Weise.

---

[383] Ebd., 122.

[384] Vgl. ebd., 124.

Vielleicht ist es nicht undenkbar, dass die mystischen Wahrnehmungen, von denen Alston spricht, auch sinnlich vermittelt sind. Dies muss nicht im Gegensatz dazu stehen, dass man bei einer mystischen Erfahrung mit den Augen nichts sieht und mit den Ohren nichts hört.

Man könnte auch an die Lehre von den sensus spirituales anknüpfen und in Analogie zu den fünf äußeren Sinnen fünf geistliche Sinne annehmen. Diese auf Origines zurückgehende Lehre scheint Alston in der Tat vor Augen zu haben; er führt den Grundgedanken an einer Stelle aus.[385] Allerdings müsste man hierzu ein Analogon zu den fünf äußeren Sinnen postulieren und dies anthropologisch begründen. Alstons Religionsphilosophie setzt an einer anderen Stelle an und verzichtet auf diese doch auch sehr voraussetzungsreichen Annahmen.

1.2 Stellenwert und Funktion religiöser Erfahrung in Alstons Religionsphilosophie

Es ist die erkenntnistheoretische Perspektive, die Alstons Auseinandersetzung mit dem Thema „religiöse Erfahrung“ dominiert. Sein Interesse gilt der Frage, ob und wie religiöse Überzeugungen durch mystische Erfahrungen gerechtfertigt werden können. Es geht also letztlich nicht um mystische Erfahrungen als solche, sondern um ihre Begründungsfunktion in Bezug auf religiöse Überzeugungen. Freilich entwickelt Alston im ersten Kapitel von „Perceiving God“ eine Phänomenologie mystischer Erfahrungen, aber diese hat doch eher einen propädeutischen Zweck. Die Beschreibung mystischer Erfahrungen erfolgt nur, insoweit dies aus erkenntnistheoretischen Überlegungen heraus notwendig ist.

---

[385] Vgl. ALSTON, W., Perceiving God, 51ff.

Was Alston vorschlägt, ist ein Wahrnehmungsmodell, demzufolge mystische Erfahrungen als nicht-sinnliche Wahrnehmungen Gottes aufzufassen sind. Eine Wahrnehmung ist nach Alston eine nicht-begriffliche Erkenntnisleistung. Alston bestreitet nicht, dass unsere Begriffe unsere Wahrnehmungen prägen, aber er bestreitet, dass erstere für letztere konstitutiv sind. Wenn Wahrnehmung eine unmittelbare, nicht-begriffliche Erkenntnisart ist, ist ihr kognitiver Wert nicht hoch genug einzuschätzen. Denn nach diesem Verständnis haben wir durch unser Wahrnehmungsvermögen einen direkten Zugang zur Wirklichkeit. Die Beschreibung mystischer Erfahrungen als Wahrnehmungen ist somit allein schon ein Hinweis darauf, dass Alston ihnen einen hohen epistemischen Stellenwert beimisst.

Dieser Eindruck wird im Zusammenhang mit der Fundamentalismus-Debatte noch verstärkt: Wahrnehmungen haben Alston zufolge ein Rechtfertigungspotential, das unabhängig von Überzeugungen ist. Entgegen der kohärentistischen Auffassung, dass die Rechtfertigung einer Überzeugung immer von anderen Überzeugungen herrührt, behauptet Alston, dass Überzeugungen auch allein durch Wahrnehmungen gerechtfertigt werden können.[386] Und während der Kohärenztheoretiker die kohärente Einordnung einer Überzeugung in ein ganzes Überzeugungssystem fordert, damit sie als gerechtfertigt bezeichnet werden kann, reicht für den Fundamentalisten eine einzelne Erfahrung oder Überzeugung als Grund.[387]

Der Frage, welchen Stellenwert mystische Erfahrungen unter den Gründen für religiöse Überzeugungen haben, widmet Alston ein

---

[386] Man muss hinzufügen, dass die Rechtfertigung, die nach Alston aus einer Wahrnehmung herrühren kann, eine Prima-facie-Rechtfertigung ist. Um in einer Überzeugung uneingeschränkt gerechtfertigt zu sein, dürfe diese Prima-facie-Rechtfertigung nicht durch übergeordnete Gründe widerlegt werden. Alston behauptet zwar, dass Überzeugungen unmittelbar durch Erfahrung gerechtfertigt werden können und von daher fundamental sind, hält diese Überzeugungen aber dennoch für revidierbar.

[387] Vgl. Punkt 1.2.2.1.

eigenes Kapitel.[388] Zu diesen Gründen rechnet er neben den religiösen Erfahrungen die natürliche Theologie, die Tradition und die Offenbarungen Gottes. Laut Alston lassen sich die genannten Gründe letztlich auf zwei Grundkategorien reduzieren: Entweder handle es sich um eine Wahrnehmung Gottes oder um eine theologische Erklärung. So sei eine göttliche Botschaft – als eine Form der Offenbarung – eine besondere Form mystischer Erfahrung. Damit der von Gott Auserwählte die göttliche Botschaft verstehe, müsse er Gott als den zu ihm Sprechenden wahrnehmen.

Die Gründe für das christliche Überzeugungssystem müssten in einem Zusammenhang gesehen werden. Einerseits würden sie einander ergänzen, andererseits bestehe auch eine gewisse Abhängigkeit zwischen ihnen. Mystische Wahrnehmungen etwa könnten nur dann zu vertretbaren Überzeugungen führen, wenn es ein Hintergrundsystem gebe, das Kriterien für deren Echtheit angebe. Das Hintergrundsystem wiederum beruhe unter anderem auf bereits gemachten Erfahrungen. Wenn mystische Erfahrungen auch in Abhängigkeit von den anderen Gründen gesehen werden müssen, liefern sie laut Alston doch einen spezifischen Beitrag: Zum einen seien sie die einzige Quelle von Überzeugungen darüber, wie sich Gott zu einem im Augenblick verhält. Zweitens sei die mystische Erfahrung das Medium göttlicher Offenbarungen, und drittens trage sie entscheidend zur Gewissheit bei, dass der Schöpfer des Universums tatsächlich existiere.

[388] Vgl. ALSTON, W., Perceiving God, 286-307.

2 Doxastische Praxis versus Realismus?

2.1 Zwei Lesarten des Begriffs der doxastischen Praxis

Alstons Erkenntnistheorie beruht auf dem Begriff der doxastischen Praxis. Dieser ist definiert als System oder Konstellation von Dispositionen oder Gewohnheiten, aufgrund bestimmter Daten bestimmte Überzeugungen zu bilden. Nun wurde schon bei der Interpretation nicht ganz klar, ob Alstons doxastische Praktiken einige wenige Typen psychologischer Mechanismen sind, die einen Input in eine Überzeugung mit demselben Inhalt umwandeln, oder kulturell geprägte Regelwerke, bei denen die Inhalte unserer Erkenntnisquellen kulturspezifisch in bestimmte Überzeugungen übersetzt werden.

Im ersten Fall wäre eine doxastische Praxis lediglich ein formaler Umsetzungsprozess, bei dem die Inhalte unserer Erkenntnisquellen zu Tatsachenbehauptungen werden. Ich erinnere nur an die überzeugungsbildende Funktion von SP, die Alston so beschreibt, dass wir aufgrund der Erfahrung, dass *X* als *φ* erscheint, zu der Überzeugung gelangen, dass *X φ ist*. In diesem Fall hätte die doxastische Praxis inhaltlich keine Funktion, da sie ja nur einen bereits vorgegebenen Inhalt in die Form einer Überzeugung bringt. Die doxastische Praxis hätte somit lediglich die Funktion, Inhalte zu explizieren, und zwar in der Form von Tatsachenbehauptungen.

Es stellt sich die Frage, was der Sinn einer so verstandenen doxastischen Praxis ist, welche Bedeutung die doxastische Praxis nach dieser ersten Lesart haben kann. Wenn die doxastische Praxis inhaltlich nichts beiträgt, wozu braucht es dann einen Umsetzungsprozess? Könnte man den Erkenntnisgehalt an sich nicht schon als Überzeugung sehen? Ein überflüssiges Versatzstück scheint die doxastische Praxis bei Alston allerdings nicht zu sein.

Der Grund hierfür liegt wohl darin, dass Alston mit diesem Begriff nicht nur einen Erkenntnisprozess beschreiben will, sondern dass er damit auch und in erster Linie ein antiskeptisches Anliegen verfolgt. Dies verbindet ihn mit Thomas Reid, der dem Skeptizismus seiner Zeit ein Commonsense-Verständnis unserer Überzeugungen entgegenhält.

So geht es Reid auch weniger darum, Prozesse der Überzeugungsbildung zu beschreiben, als das spontane Überzeugtsein vom Realitätsgehalt unserer Eindrücke und Wahrnehmungen zu verteidigen. Wenn wir einen Schmerz fühlen, können wir Reid zufolge gar nicht anders, als zu glauben, dass der Schmerz wirklich existiert. Wenn wir etwas wahrnehmen, seien wir unweigerlich von der realen Existenz des wahrgenommenen Gegenstandes überzeugt. Bei der Erinnerung an ein Ereignis hätten wir keinen Zweifel, dass dieses Ereignis einmal stattgefunden habe. Und das Bewusstsein von unseren geistigen Tätigkeiten beinhalte den Glauben an die reale Existenz dieser Tätigkeiten.[389]

‚Belief' bedeutet bei Reid so viel wie ‚belief in the existence of the believed'. Dass wir vom Realitätsgehalt dessen, was uns durch unsere verschiedenen Erkenntnisquellen vermittelt wird, überzeugt sind, liegt nach Reid in unserer Natur begründet und so letztlich im Schöpferwillen Gottes. Die skeptische Infragestellung unserer spontanen Überzeugungen stehe im Widerspruch zur menschlichen Natur – eigentlich könnten wir gar nicht anders, als uns auf unsere Erkenntnisvermögen zu verlassen.

Wie Reid ist auch Alston der Meinung, dass wir unsere Überzeugungen im vollen Vertrauen auf unsere Erkenntnisvermögen bilden. Die Wittgenstein'sche Wendung besteht nun darin, dass nach Alston dieses Vertrauen nicht in unserer Natur begründet liegt, sondern in unserem faktischen Handeln und allgemeiner im Leben. Die Arten, wie wir Überzeugungen bilden, seien so fest im Zusammenleben der Menschen und in der Psyche des Individuums verankert, dass wir

[389] Vgl. REID, T., Essays on the Intellectual Powers of Man, 310f.

gar nicht anders könnten, als ihnen zu trauen. Diese Arten der Überzeugungsbildung sind die doxastischen Praktiken.
Im Begriff der doxastischen Praxis liegt somit eine Begründung dafür, warum wir uns auf unsere Erkenntnisquellen verlassen können und müssen. Was Reid mit der menschlichen Natur begründet und Wittgenstein mit dem Sprachspiel oder der Lebensform, das begründet Alston mit der doxastischen Praxis. Es ist somit einfach die fest im Leben verankerte Praxis, die uns von der Wahrnehmung, dass *X* als *φ* erscheint, zu der Überzeugung kommen lässt, dass *X* tatsächlich *φ* ist. Die Rede von der doxastischen Praxis wäre also insofern nicht überflüssig, als sich eine skeptische Diskussion etwa darüber, ob uns unsere Wahrnehmungen nicht täuschen, damit erübrigt.
Nun wäre es allerdings nicht richtig, die doxastische Praxis als Felsen zu sehen, an dem sich der Spaten zurückbiegt, also gewissermaßen als das Ende jeglichen Zweifels. Denn nach Alston macht die Praxis eine skeptische Einstellung zwar fragwürdig, ja bisweilen widersinnig. Aber dies bedeutet für Alston nicht, dass man die Praxis nicht auch hinterfragen und gegebenenfalls revidieren kann. Die Praxis hat bei Alston also nicht das unhintergehbare Begründungspotential, das sie bei Wittgenstein hat, aber sie hat nichtsdestotrotz ein Begründungspotential, das einen uneingeschränkten Skeptizismus obsolet macht.

Nach der zweiten Lesart wäre die doxastische Praxis in der Tat als Umsetzungsprozess, ja als Übersetzung zu verstehen, nämlich als kulturspezifische Übersetzung von Informationsgehalten in Überzeugungen. Man hätte sich dies so vorzustellen, dass ein bestimmter Informationsgehalt – also etwa eine bestimmte Sinneswahrnehmung oder ein bestimmter Bewusstseinszustand – in einer bestimmten Kultur zu einer bestimmten Überzeugung führt, und dass dies für eine andere Kultur nicht gelten muss. Ein Angehöriger einer anderen Kultur könnte aus derselben Wahrnehmung oder demselben Bewusstseinszustand eine ganz andere Überzeugung gewinnen. Für mystische Praktiken könnte dies bedeuten, dass zwar dieselben oder ähnliche Wahrnehmungen vorliegen, aber aufgrund der kulturellen Unterschiede ganz andere Überzeugungen daraus gewonnen werden. Diese Möglichkeit zieht Alston auch in Betracht.[390]

Versteht man die doxastische Praxis in diesem Sinn, dann wirkt sich der kulturelle Kontext sowohl auf die Überzeugungsbildung als auch auf die Überzeugungsbewertung aus. Wie Überzeugungen gebildet und bewertet werden, hängt in hohem Maße an den herkömmlichen Auffassungen über einen bestimmten Gegenstandsbereich und an dem Wissen, das darüber vorhanden ist. Es hängt mit anderen Worten am Konsens, der in einer Gesellschaft herrscht, und an den Konventionen der Gemeinschaft. Der einzelne hat viele seiner Überzeugungen deswegen, weil es üblich ist, diese Überzeugungen zu haben.

2.2 Konventionalistische Erkenntnistheorie und metaphysischer Realismus

Vom Begriff der doxastischen Praxis her hat Alstons Erkenntnistheorie also einen stark konventionalistischen Zug. Das heißt, die bewussten oder nicht bewussten Übereinkünfte zwischen den Menschen spielen für die Überzeugungsbildung eine entscheidende Rolle. Wenn aber Urteilsbildung oder Überzeugungsbildung stark auf Konventionen und Konsens beruht, wo sind dann die Anhaltspunkte für einen metaphysischen Realismus, den Alston mit ebensolchem Nachdruck vertritt?

Nach Alston ist es nicht so, dass sich jede doxastische Praxis ihre eigene Realität schafft, sondern dass jede Praxis die eine Realität oder einen Teil von ihr zu beschreiben versucht. Das aus der doxastischen Praxis hervorgehende und in ihr vorausgesetzte Überzeugungssystem bildet die Realität idealerweise ab. Setzt dies

---

[390] Vgl. ALSTON, W., Perceiving God, 256; Referring to God, in: Divine Nature and Human Language, 115f.

nicht eine Abbild-Relation von Denken und Wirklichkeit oder Sprache und Wirklichkeit voraus, die vor jeder Überzeugungsbildung besteht? Denkt man das Verhältnis von Sprache und Wirklichkeit im Sinne einer Abbild-Relation, dann würde dies beinhalten, dass Sprache bzw. Denken und Wirklichkeit die gleiche Struktur haben, und dass somit die Struktur der Sprache oder die Regeln des Denkens von der Realität vorgegeben sind und nicht etwa auf Konventionen beruhen. Stehen sich bei Alston eine konstruktivistische Erkenntnistheorie und ein metaphysischer Realismus gegenüber? Ist das Kriterium einer richtigen Überzeugung, dass sie faktisch so gebildet wird, oder dass sie der Wirklichkeit entspricht?

Realismus und doxastische Praxis müssen sich nicht zwangsläufig ausschließen, was man an Aristoteles und Kant sieht. Die Denkfigur der doxastischen Praxis findet sich auch bei ihnen, nämlich wenn es um die Umwandlung eines Sinneseindrucks in ein Urteil geht.[391] Bei Aristoteles und Kant erfolgt die Urteilsbildung nach a priori vorgegebenen Regeln, den sogenannten Kategorien. Aristoteles zählt in der Kategorienschrift 10 Kategorien auf: 1. Substanz; dann 9 Kategorien des Akzidens: Quantität, Relation, Qualität, Wirken, Leiden, Ortsbestimmung, Zeitbestimmung, Lage, Habitus.[392] Sinneseindrücke werden nach diesen Kategorien bestimmt, etwa nach deren Qualität, ob etwas warm oder kalt ist, hart oder weich, usw. Und diese Kategorien sind bei Aristoteles nicht etwa nur ein logisches Einteilungsschema, sondern ontologische Konstituenzien, was bedeutet, dass sie dem Denken von der Realität her vorgegeben sind.

Auch Kant nimmt ein einheitliches Kategoriensystem an und orientiert sich dabei an Aristoteles. Seine Kategorientafel umfasst Kategorien der Quantität, der Qualität, der Relation und der

---

[391] Diesen Hinweis verdanke ich Prof. Dr. Dr. Friedo Ricken SJ.

[392] ARISTOTELES, Kategorien 4.

Modalität.[393] Nur aufgrund der Kategorien, die der Verstand nach Kant a priori in sich enthält, werden uns die Erscheinungen zu Gegenständen der Erkenntnis. Wenn Kants empirischer Realismus sich auch vom Aristotelischen unterscheidet, so gehen doch beide davon aus, dass die Kategorien von der Realität her vorgegeben sind und ein System bilden, das jede Erkenntnis überhaupt erst ermöglicht. Die einzelnen Erkenntnisse mögen sich ändern, die Struktur des Denkens und Erkennens aber ändert sich nicht.

Und genau hier liegt der Unterschied zu Wittgenstein. Bei Wittgenstein erfolgt die Urteilsbildung zwar auch nach Regeln – nach den Regeln des Sprachspiels – aber diese sind durch das Leben und durch Übereinkünfte zwischen den Menschen gegeben und nicht als einheitliches und klar formulierbares Kategoriensystem. Wenn Wittgenstein sagt, das Flussbett der Gedanken könne sich verschieben, dann bedeutet dies, dass sich die Regeln des Sprachspiels verändern können.[394] Die Stelle, die bei Aristoteles und Kant ein apriorisches Kategoriensystem einnimmt, nimmt bei Wittgenstein ein Regelwerk ein, das durch das Zusammenleben der Menschen konstituiert wird und alles andere als unveränderlich ist. Vor allen Dingen aber fügt sich Wittgensteins Sprachspiel nicht einer Abbild-Theorie ein, die auf der einen Seite das Denken, auf der anderen die Wirklichkeit sieht. Das jeweilige Sprachspiel steht nach Wittgenstein der Wirklichkeit nicht gegenüber, sondern es *ist* für uns die Wirklichkeit. Es ist also klar, dass Wittgenstein ein Modell der ‚doxastischen Praxis' hat, das mit einem

---

[393] Die Tafel der Kategorien nach KANT, I., Kritik der reinen Vernunft, B 106:

1. Kategorien der Quantität: Einheit, Vielheit, Allheit;

2. Kategorien der Qualität: Realität, Negation, Limitation;

3. Kategorien der Relation: der Inhärenz und Subsistenz (substantia et accidens), der Kausalität und Dependenz (Ursache und Wirkung), der Gemeinschaft (Wechselwirkung zwischen dem Handelnden und Leidenden);

4. Kategorien der Modalität: Möglichkeit – Unmöglichkeit, Dasein – Nichtsein, Notwendigkeit – Zufälligkeit;

[394] Vgl. WITTGENSTEIN, L., Über Gewissheit, § 97.

metaphysischen Realismus, der eine denkunabhängige Wirklichkeit annimmt, nicht vereinbar ist.

2.3 Lassen sich Realismus und doxastische Praxis vereinbaren?

Wenn Alston nun an Wittgensteins Sprachspielbegriff anknüpft, dann stellt sich die Frage, wie sich das Konzept der doxastischen Praxis und sein metaphysischer Realismus vereinbaren lassen. Überzeugungsbildung nach einer kulturbedingten und veränderlichen Praxis ist etwas anderes als Überzeugungsbildung nach einem von der Realität her vorgegebenen Kategoriensystem. Zur Klärung der Frage muss man sich wohl als erstes vor Augen halten, dass Alston Wittgensteins Position bei weitem nicht eins zu eins übernimmt. Er übernimmt zwar den Praxisbegriff, aber der Praxisbegriff ist für ihn im Gegensatz zu Wittgenstein nicht die letzte Instanz. Die Praxis ist für Alston die Quelle von Überzeugungen, auch die Quelle der Bewertung von Überzeugungen, aber nicht der Maßstab für deren Wahrheit. Der Maßstab für die Wahrheit einer Überzeugung ist für Alston allein die denkunabhängige Wirklichkeit. „Truth", sagt Alston „has to do with the relation of a potential truth bearer to a REALITY beyond itself."[395]

Was die Wahrheitsfrage angeht, erkennt Alston die Praxis nicht als letzte Instanz an, und dies hat zur Folge, dass er die doxastischen Praktiken selber noch einmal in Frage stellt. Er tut dies, indem er nach ihrer Zuverlässigkeit fragt. Diese Frage verbietet sich bei Wittgenstein, weil dieser in der Praxis genau das sieht, worauf wir uns rückhaltlos verlassen, und was der skeptische Zweifel eigentlich gar nicht erreicht. Alston will dem skeptischen Zweifel das Konzept der doxastischen Praxis entgegenhalten, aber dieser Zweifel kommt durch die Hintertür wieder herein. So muss man fragen, wie die einzelnen Überzeugungen vom skeptischen Zweifel ausgenommen

[395] ALSTON, W., A Realist Conception of Truth, 8.

sein können, wenn es die doxastischen Praktiken – aus denen sie hervorgehen – nicht sind.[396]

Man geht also fehl in der Annahme, dass die Praxis bei Alston über Wahrheit und Falschheit entscheidet. Sein metaphysischer und sein Wahrheitsrealismus verbieten ihm diesen Schritt. Dass Alston die Frage nach der Zuverlässigkeit doxastischer Praktiken untersucht und nicht ohne weiteres von deren Zuverlässigkeit ausgeht, zeigt, dass er die doxastischen Praktiken selbst unter einer realistischen Perspektive betrachtet. Es kommt ihm eben auf die Frage an, ob es einer doxastischen Praxis gelingt, die Wirklichkeit so zu beschreiben, wie diese unabhängig von unserem Denken ist.[397] Insofern Alston die doxastische Praxis in einen realistischen Horizont stellt, betrachtet er sie von außen, denn die Frage ist letztlich, ob der Output der Praxis mit der Realität übereinstimmt oder nicht. Dieser externe Standpunkt, auch „Blick aus der Perspektive Gottes“[398] genannt, ist nun an sich schon nicht unproblematisch. Vor allem aber ist er es dann nicht, wenn die Möglichkeit des Urteils von einem externen Standpunkt aus gleichzeitig geleugnet wird.

In diese Problematik führt Alstons Denken immer wieder hinein. Nach Alston ist der Versuch, eine doxastische Praxis als zuverlässig auszuweisen, fast zwangsläufig zirkulär. Dies liege daran, dass die Argumentation für die Zuverlässigkeit einer doxastischen Praxis deren Grundannahmen unweigerlich voraussetze. Wenn man etwa dafür argumentiere, dass die Überzeugungsbildung aufgrund von Sinneswahrnehmung zuverlässig ist, komme man früher oder später auf die Sinneswahrnehmung selbst zurück. Die Sinneswahrnehmung aber könne nicht ihre eigene Zuverlässigkeit garantieren. Da Alston eine zirkuläre Argumentation für wertlos hält, sieht er keine Möglichkeit, die Zuverlässigkeit einer doxastischen Praxis argumentativ nachzuweisen. Alston zieht aus diesem Befund die folgende Konsequenz:

---

[396] Ich werde auf diese Frage noch eingehen.

[397] Vgl. ALSTON, W., Perceiving God, 4.

[398] PUTNAM, H., Reason, Truth and History, 74.

„Given that we will inevitably run into epistemic circularity at some point(s) in any attempt to provide direct arguments for the reliability of one or another doxastic practice, we should draw the conclusion that there is no appeal beyond the practices we find firmly established, psychologically and socially. We cannot look into any issue whatever without employing some way of forming and evaluating beliefs; that applies as much to issues concerning the reliability of doxastic practices as to any issue."[399]

Alston macht unmissverständlich deutlich, dass es keine externen Argumente für die Zuverlässigkeit einer doxastischen Praxis geben könne, da uns allein durch die Teilnahme an einer doxastischen Praxis ein externer Standpunkt verwehrt sei. Das Problem in Alstons Ansatz ist also folgendes: Wenn wir die Frage nach der Zuverlässigkeit einer doxastischen Praxis stellen können und müssen, dann bedeutet dies, dass wir in Bezug auf die doxastische Praxis einen externen Standpunkt einnehmen können. Allein durch die Frage nimmt man diesen Standpunkt bereits ein. Aus dem Umstand, dass jedes Argument für die Zuverlässigkeit einer doxastischen Praxis zirkulär ist, zieht Alston jedoch die Konsequenz, dass es diesen externen Standpunkt nicht geben kann.

Diese Spannung wird im übrigen auch in der Pluralismus-Debatte deutlich. Einerseits spricht Alston den verschiedenen Formen von MP einen gemeinsamen Gegenstandsbereich ab, den er andererseits mit der Ultimate Reality postuliert. Insofern Alston die verschiedenen Religionen als konkurrierende Beschreibungen der letzten Realität betrachtet, und insofern er behauptet, dass nur *eine* mystische Praxis zu wahren Überzeugungen über die letzte Realität führen kann, stellt er die mystischen Praktiken in einen realistischen Horizont. Er befragt die mystischen Praktiken also daraufhin, ob die aus ihnen hervorgehenden Überzeugungssysteme mit der Wirklichkeit übereinstimmen oder nicht – und dies bedeutet, dass er in Bezug auf die Praktiken und deren Überzeugungssysteme einen externen Standpunkt einnimmt.

---

[399] ALSTON, W., Perceiving God, 149f.

Auf der anderen Seite bestreitet Alston, dass man die verschiedenen mystischen Praktiken von einem neutralen Standpunkt aus beurteilen kann. Dies äußert sich zum einen darin, dass nach Alston jedes Argument für die Zuverlässigkeit einer doxastischen Praxis in einen Zirkel führt. Es kann demnach kein von der Praxis unabhängiges Argument für deren Zuverlässigkeit geben.[400] Es äußert sich zum anderen darin, dass nach Alston die Widersprüche zwischen den verschiedenen Religionen deshalb nicht gelöst werden können, weil es keinen gemeinsamen Boden gebe, von dem aus diese verglichen und beurteilt werden könnten.[401] Wenn eine doxastische Praxis nicht ohne Zirkel als zuverlässig ausgewiesen werden kann, und wenn die verschiedenen religiösen Überzeugungssysteme nicht von einem übergeordneten Standpunkt aus verglichen werden können, dann kann man in Bezug auf die doxastischen Praktiken gar keinen externen Standpunkt einnehmen. Es scheint also eher so, dass sich die Spannung zwischen Realismus und doxastischer Praxis noch verschärft.
Eine weitere Stelle könnte in diesem Zusammenhang aufschlussreich sein:

„But if the practical-rationality argument is infected with epistemic circularity, how does it differ from what I called the ‚internal' or ‚hang tough' reaction to our dilemma, a reaction from which I sought to differentiate my approach by claiming that the latter involves taking a sort of external look at the status of doxastic practices? To answer this question I will have to make some further distinctions.

The most fundamental stratum of my 'doxastic practice' approach is the claim that there is no appeal beyond the doxastic practices to which we find ourselves firmly committed. The claim is based solely on the pervasiveness of epistemic circularity in attempts to show those practices to be reliable. [...] my approach is [...] distinguished from the purely internal one by the fact that it involves a general reflection on doxastic practices and the vicissitudes of trying to show them to be reliable, an 'external' perspective that is most

---

[400] "To put the point most sharply, we have no idea what noncircular proof of the reliability of CMP would look like, *even if it is as reliable as you please*." ALSTON, W., Perceiving God, 272.
[401] Vgl. ebd., 272f.

prominent in what I called the basic stratum of the position – the thesis that there is no appeal beyond the doxastic practices with which we find ourselves."[402]

Angesichts dessen, dass es für die Zuverlässigkeit einer doxastischen Praxis keinen externen Beweis geben könne, bleibt Alston zufolge nur eine pragmatische Reaktion: unseren Praktiken weiterhin zu vertrauen. Dieses Vertrauen sei von daher nicht unbegründet, als unsere überzeugungsbildenden Praktiken tief in unserem Leben verwurzelt seien. Alston kommt im vierten Kapitel von „Perceiving God" also zu dem Schluss, dass es rational ist, unsere Überzeugungen so zu bilden und zu beurteilen, wie wir dies normalerweise tun. Er schreibt den doxastischen Praktiken mit anderen Worten eine praktische Rationalität zu.

Dieser Argumentationsschritt sei nun zwar auch nicht ganz von einem Zirkel freizusprechen – insofern das Bestehen der Praxis deren Rationalität begründet – aber es handle sich auch nicht nur um ein internes Argument. Alston besteht in dem obigen Zitat regelrecht darauf, dass sein Ansatz in Bezug auf die doxastischen Praktiken eine externe Perspektive einnimmt. Wie dies zu verstehen ist, erläutert er im letzten Satz: Die externe Perspektive nehme er vor allem und gerade dann ein, wenn er behaupte, dass man sich auf nichts jenseits der doxastischen Praktiken berufen könne, um deren Zuverlässigkeit zu begründen.

Man hat also den Inhalt der Behauptung und die Sprachhandlung zu unterscheiden. Alston behauptet, dass man sich nicht neben eine doxastische Praxis stellen kann, um diese von außen zu beurteilen. Diese Behauptung selbst setzt jedoch eine Außenperspektive voraus; das, was Alston behauptet, kann er nur von einem externen Standpunkt aus behaupten. Die Frage ist nun die, ob Behauptung und Sprachhandlung sich tatsächlich widersprechen. Erstens wird aus dieser Stelle noch einmal klar, dass Alstons Perspektive auf die doxastischen Praktiken eine realistische ist – sonst würde er seine These nicht als externes Urteil sehen. Zweitens wird deutlich, dass

[402] Ebd., 177.

seine Erkenntnistheorie einen Standpunkt jenseits unserer überzeugungsbildenden Praktiken leugnet.
Vielleicht hat man einfach zu unterscheiden, was Alston als die Möglichkeiten unserer Erkenntnis sieht, und in welchen metaphysischen Rahmen er unsere Erkenntnis überhaupt stellt. Der externe Standpunkt wäre dann zwar eine metaphysische, aber keine erkenntnistheoretische Möglichkeit. Wenn die metaphysischen Thesen durch unsere erkenntnistheoretischen Möglichkeiten nicht eingeholt werden können, dann stellt sich freilich die Frage, ob erstere von letzteren nicht völlig entkoppelt sind. Diese Vermutung ist meines Erachtens in der Tat berechtigt; es bleibt zu fragen, ob Alstons Metaphysik dennoch ein Sinn gegeben werden kann.

Es ist also die Frage zu klären, wie sich Erkenntnistheorie und Metaphysik bei Alston verhalten. Zwei Möglichkeiten scheinen denkbar: Entweder ist es so, dass Metaphysik und Erkenntnistheorie in Alstons Ansatz ihrer Art nach völlig verschieden, ja unvereinbar sind. Zu diesem Ergebnis kommt man, wenn man eine auf Konventionen und Konsens beruhende Überzeugungsbildung neben eine Abbild-Theorie stellt, derzufolge Sprache/Denken und Realität a priori die gleiche Struktur haben. Der Begriff der doxastischen Praxis steht definitiv nicht in der Tradition von Aristoteles und Kant; er steht in der Tradition von Wittgenstein. Dies bedeutet, dass eine „naturgegebene" Parallelität von Sprache/Denken und Wirklichkeit nicht angenommen werden kann.
Man könnte freilich fragen, ob die Abbild-Theorie tatsächlich in diesem apriorischen Sinn verstanden werden muss, oder ob sie nicht vielmehr ein Ziel des Erkennens benennt. Der epistemische Standpunkt, sagt Alston, sei definiert durch das *Ziel*, das zu glauben, was wahr ist, und das nicht zu glauben, was falsch ist.[403] Die Abbild-Theorie wäre somit keine Beschreibung unserer erkenntnistheoretischen Bedingungen, sondern ein idealtypisches Konstrukt für das Ziel unserer Erkenntnis. Damit wäre wohl eine Möglichkeit angedeutet, wie sich Alstons Erkenntnistheorie und

---

[403] Vgl. ALSTON, W., Epistemic Justification, 3.

seine metaphysischen Thesen vereinbaren lassen. Erstere reflektiert demzufolge auf die Bedingungen und Möglichkeiten der Erkenntnis, letztere definieren das Ziel unserer Erkenntnis.
Dies würde bedeuten, dass es sich bei Alstons Erkenntnistheorie und Metaphysik um zwei verschiedene Perspektiven und folglich auch um verschiedene Aussageebenen handelt. Die Frage nach den Möglichkeiten unserer Erkenntnis müsste man einfach unterscheiden von der Frage nach dem Verhältnis von Sprache und Wirklichkeit. Wenn unsere Überzeugungen erkenntnistheoretisch nur bedingt gerechtfertigt werden können, muss dies nicht bedeuten, dass man nicht trotzdem sagen könnte, wann sie wahr sind. Alstons Erkenntnistheorie ist sehr stark von einer Einsicht in die Grenzen unserer Erkenntnis geprägt; sie liegt oft an der Schwelle zum Skeptizismus. Dies veranlasst Alston jedoch nicht zu einem Rückzug aus der Metaphysik, wie man es vielleicht erwarten könnte. Welchen Status hat eine Metaphysik, die erkenntnistheoretisch nicht begründet werden kann? Sie kann der Erkenntnistheorie ein Ziel und einen ontologischen Rahmen vorgeben – wobei beides definitorischen Charakter hat.

3 Die Rechtfertigung von Überzeugungen

Alston fragt in „Perceiving God", ob und wie religiöse Überzeugungen gerechtfertigt werden können. Er untersucht in erster Linie Überzeugungen aufgrund von Erfahrungen – Erfahrungen, die als Wahrnehmungen der Gegenwart Gottes beschrieben werden können. Alston definiert klar, was er unter Wahrnehmung und unter epistemischer Rechtfertigung versteht, und er hat mit dem Begriff der doxastischen Praxis ein ausgefeiltes Konzept der Überzeugungsbildung. Seine Argumentation, wie religiöse Überzeugungen aufgrund von mystischen Erfahrungen gerechtfertigt werden können, ist jedoch nicht unproblematisch.

3.1 Die Problematik des Stufenmodells

Denn erstens ist nicht ohne weiteres ersichtlich, wie der strenge Rechtfertigungsbegriff für Überzeugungen mit der skeptischen Bewertung doxastischer Praktiken zusammenpassen soll. Wie können die einzelnen Überzeugungen in einem starken Sinne gerechtfertigt sein, wenn man von der doxastischen Praxis, aus der sie hervorgehen, nur sagen kann, es sei rational, sie für zuverlässig zu *halten*? Alston selber formuliert das Problem folgendermaßen:

„Now we must relate the conclusions of this section [Chapter 4, M.W.] to the discussion of justification in Chapter 2. There we took the concept of epistemic justification to embody a 'reliability constraint', such that if a belief is epistemically justified it is thereby conceptually implied that the belief is at least likely to be true. In chapter 3 we found severe difficulties in showing that familiar doxastic practices like SP are sources of justification in this sense. And now we have moved to arguing that the claim of reliability (and hence of being a source of justification in the Chapter 2 sense) for SP enjoys a certain kind of practical rationality, a kind that doesn't entail a likelihood of truth for that claim and hence does not entail a likelihood of truth for the outputs of SP and other established practices."[404]

Eine Überzeugung ist Alston zufolge nur dann gerechtfertigt, wenn sie auf einem angemessenen Grund beruht. Angemessen ist ein Grund nach Alston dann, wenn er auf die Wahrheit der Überzeugung hindeutet. Der Grund müsse es mit anderen Worten sehr wahrscheinlich machen, dass die auf ihm beruhende Überzeugung wahr sei. Es geht folglich um die objektive Angemessenheit des Grundes und nicht darum, ob das Subjekt den Grund für angemessen hält. Epistemische Rechtfertigung ist für Alston keine Frage der Pflichterfüllung, sondern eine Frage nach den Tatsachen. Dementsprechend nennt Alston seinen Rechtfertigungsbegriff auch ‚truth-conducivity conception of justification'[405].
Religiöse Überzeugungen, sagt Alston, könnten nur dann durch mystische Erfahrungen gerechtfertigt werden, wenn die christlich-mystische Praxis eine zuverlässige Erkenntnisquelle sei. Überhaupt gilt, dass die Rechtfertigung von Überzeugungen an der Zuverlässigkeit der jeweiligen doxastischen Praxis hängt. Alstons Überlegungen zur Zuverlässigkeit doxastischer Praktiken haben folgendes Bild ergeben: Versuche, eine doxastische Praxis als zuverlässig auszuweisen, sind ihm zufolge fast zwangsläufig zirkulär. Denn man könne kaum für die Zuverlässigkeit einer doxastischen Praxis argumentieren, ohne sich auf deren Prämissen bereits zu verlassen. Wenn nun aber kein Argument imstande sei, die Zuverlässigkeit unserer Erkenntnisquellen zu beweisen, bleibe nur eine pragmatische Reaktion: Angesichts fehlender Alternativen sei das einzig Sinnvolle, ihnen weiterhin zu vertrauen. Da die verschiedenen Arten der Überzeugungsbildung fest in unserem Leben verankert seien, sei dieses Vertrauen nicht unbegründet, sondern vernünftig.

---

404 ALSTON, W., Perceiving God, 181.

405 ALSTON, W., Justification and Knowledge, in: Epistemic Justification, 175.

Es ist nach Alston also rational, an einer etablierten doxastischen Praxis teilzunehmen. Es wäre nur dann nicht mehr rational, wenn die jeweilige Praxis erwiesenermaßen unzuverlässig wäre, und dies wäre dann der Fall, wenn sie zu massiven Widersprüchen führen würde. Wenn die Teilnahme an einer doxastischen Praxis aber rational sei, dann sei es auch rational, sie für zuverlässig zu halten. Eigentlich impliziere die Teilnahme an einer doxastischen Praxis schon den Glauben an deren Zuverlässigkeit. An einer doxastischen Praxis teilzunehmen und sie gleichzeitig für unzuverlässig zu halten, wäre nach Alston ein pragmatischer Widerspruch. Die Untersuchung führt also zu dem Ergebnis, dass es im Sinne der praktischen Vernunft ist, die etablierten doxastischen Praktiken als zuverlässige Erkenntnisquellen anzusehen.

Insofern unsere Überzeugungen aus diesen Erkenntnisquellen hervorgehen, stellt sich in der Tat die Frage, wie sich der erkenntnistheoretische Status der letzteren auf den der ersteren auswirkt. Über die doxastischen Praktiken lässt sich Alston zufolge keine weitgehendere Aussage machen als die, dass es der praktischen Vernunft nicht zuwiderläuft, ihnen zu folgen. Wie aber können die einzelnen Überzeugungen in einem wahrheitsrelevanten Sinn gerechtfertigt sein, wenn die Zuverlässigkeit der doxastischen Praktiken nur so schwach begründet werden kann? Überträgt sich die relative Unsicherheit der doxastischen Praktiken nicht auch auf ihren Output?

Nach Alston tut sie dies nicht, denn man müsse erkenntnistheoretisch einfach zwei Ebenen unterscheiden: eben die Ebene der doxastischen Praktiken und die Ebene der einzelnen Überzeugungen. Des weiteren bestehe ein Unterschied zwischen der Frage, ob eine doxastische Praxis zuverlässig sei, und der Frage, ob man sie als zuverlässig ausweisen könne. Wenn Alston letztere verneint habe, habe er damit nicht auch die erstere verneint. Der epistemische Status doxastischer Praktiken betrifft mit anderen Worten nicht die Frage, ob diese wirklich zuverlässig sind, sondern, was über sie begründeterweise gesagt werden kann. Das, was über doxastische Praktiken begründeterweise gesagt werden könne, sei eine Sache; die Anforderungen an einen Rechtfertigungsbegriff aber seien eine andere Sache. Ob eine Überzeugung gerechtfertigt ist, hängt nach Alston allein an den Tatsachen, und nicht daran, was eine Erkenntnistheorie über doxastische Praktiken aussagen kann. Alston geht offensichtlich davon aus, dass die Aussagen zu den doxastischen Praktiken den Rechtfertigungsbegriff und somit den erkenntnistheoretischen Status der Überzeugungen nicht tangieren.[406]

Lässt sich dieser Standpunkt plausibel machen? Zunächst ist natürlich nichts gegen die Unterscheidung zweier Ebenen einzuwenden. Es ist m.E. auch nichts gegen die These einzuwenden, dass die Zuverlässigkeit einer doxastischen Praxis nicht vom Beweis dieser Zuverlässigkeit abhängt. Eine doxastische Praxis muss nicht als zuverlässig ausgewiesen worden sein, um zuverlässig zu sein. Ein Verifikationist würde dies freilich anders sehen. Aber selbst, wenn man dies alles zugesteht, bleibt das Stufenmodell problematisch. Das Problem liegt bei genauerem Hinsehen nicht darin, dass sich die Unsicherheit der doxastischen Praktiken auf die Überzeugungen überträgt. Es besteht darin, dass Alstons Aussagen über die doxastischen Praktiken einen anderen Status haben als sein Rechtfertigungsbegriff.

Im Hinblick auf die doxastischen Praktiken nimmt Alston erkenntnistheoretisch eine kritische Perspektive ein. Das heißt, er beschränkt sich in seinen Aussagen auf das, was man von doxastischen Praktiken zeigen kann: Man kann zeigen, dass es rational ist, den doxastischen Praktiken zu folgen, aber man kann nicht zeigen, dass diese zuverlässig sind. In Bezug auf die Rechtfertigung der einzelnen Überzeugungen nimmt Alston eine realistische Perspektive ein: Es geht ausschließlich darum, ob diese in einem objektiven Sinn gerechtfertigt sind; es geht nirgends darum, wie dies gezeigt werden kann.[407]

---

[406] Vgl. ALSTON, W., Perceiving God, 181ff.

[407] Alston weist mehrfach darauf hin, dass es ihm nicht darum geht, wie eine Überzeugung gerechtfertigt werden kann, sondern darum, ob eine Überzeugung gerechtfertigt *ist*. Vgl. etwa die folgende Stelle:

„To turn to justification, the first point is that I will be working with the concept of a subject S's *being justified in believing that p*, rather than with the

Wenn nun auf der einen Seite die Aussagen über die Zuverlässigkeit doxastischer Praktiken sehr zurückhaltend sind und auf der anderen Seite die Bedingungen für die Rechtfertigung einer Überzeugung recht streng sind, dann liegt dies an den unterschiedlichen Perspektiven. Dann bedeutet dies aber auch, dass das Rechtfertigungspotential für Überzeugungen nicht ohne weiteres oder nicht vollständig aus dem hergeleitet werden kann, was Alston über die Zuverlässigkeit doxastischer Praktiken sagt. Es stellt sich die Frage, wie weit die beiden Ebenen überhaupt aufeinander aufbauen.

3.2 Rechtfertigung aus der Praxis: ein naturalistischer Fehlschluss?

Auch das folgende Problem hat mit dem Verhältnis von doxastischer Praxis und einzelner Überzeugung zu tun. Wenn die Rationalität doxastischer Praktiken darin gründet, dass diese sozial etabliert sind, und wenn die Rechtfertigung von Überzeugungen von der Rationalität der doxastischen Praktiken abhängt, dann leitet sich die Rechtfertigung von Überzeugungen letztlich daraus ab, dass eine doxastische Praxis sozial etabliert ist. Ob eine doxastische Praxis sozial etabliert ist, ob sie im Leben einen festen Platz hat, und ob sie von vielen Menschen anerkannt wird, ist eine soziologische Frage. Ob eine Überzeugung epistemisch gerechtfertigt ist, ist – wie Alston stets betont – eine normative Frage. Folgert man das Normative aus dem Faktischen, begeht man

---

concept of S's *justifying* a belief. That is, I will be concerned with the *state* or *condition* of being justified in holding a certain belief, rather than with the *activity* of justifying a belief. It is amazing how often these concepts are conflated in the literature. The crucial difference between them is that while to justify a belief is to marshall considerations in its support, in order for me to *be* justified in believing that p it is not necessary that I have *done* anything by way of an argument for p or for my epistemic situation vis-à-vis p." ALSTON, W., Perceiving God, 71.

bekanntlich einen naturalistischen Fehlschluss. Trifft dies auf Alstons Ansatz zu?
Wie weit begründet Alston die Rationalität einer doxastischen Praxis damit, dass diese sozial etabliert ist? Es ist zunächst einmal festzuhalten, dass Alston die Rationalität doxastischer Praktiken gerne anders begründen würde. Immerhin befasst er sich intensiv mit Argumenten, die die Zuverlässigkeit und damit Rationalität der doxastischen Praktiken theoretisch nachzuweisen versuchen. Alston gelangt jedoch zu dem Ergebnis, dass diese Argumente fehlschlagen, weil sie zwangsläufig zirkulär sind. Man könnte aufgrund dessen zum Skeptiker werden. Dass dies für Alston keine Option ist, begründet er damit, dass die verschiedenen doxastischen Praktiken fest in unserem Leben verwurzelt seien. Die Verwurzelung im Leben ist nach Alston ein Grund dafür, dass wir uns auf unsere doxastischen Praktiken verlassen können. Es entspricht der praktischen Vernunft, dies zu tun.
Vor dem eben skizzierten Hintergrund ist für Alston die Tatsache, dass eine doxastische Praxis sozial etabliert ist, das Hauptargument für deren Rationalität – jedenfalls für deren Prima-facie-Rationalität. Richard Gale, der Alstons Argument für die Rationalität der christlich-mystischen Praxis vor allem als Analogieargument sieht, bringt in seinem Werk „On the Nature and Existence of God" den Einwand, dass die zahlreichen Unterschiede, die Alston zwischen CMP und SP feststelle, eine Analogie zwischen den beiden Praktiken massiv schwäche, wenn nicht sogar zerstöre. Damit aber verliere Alstons Argument seine Grundlage.[408]
Auf diese Kritik antwortet Alston, dass sein Argument eben nicht in erster Linie auf einer Analogie zwischen SP und CMP beruhe, sondern darauf, dass CMP eine sozial etablierte Praxis sei.[409]
An einer Stelle vertritt Alston das konservative Prinzip, dass das, was sich hält, eine gewisse Geltung beanspruchen kann: Bei einer sozial etablierten Praxis, die schon lange bestehe, habe man allen Grund, anzunehmen, dass diese zuverlässig ist.

---

[408] GALE, R., On the Nature and Existence of God, 318-321.
[409] Vgl. ALSTON, W., Perceiving God, 223.

„When a doxastic practice has persisted over a number of generations, it has earned a right to be considered seriously in a way that Cedric's consultation of sun-dried tomatoes has not. It is a reasonable supposition that a practice would not have persisted over large segments of the population unless it was putting people into effective touch with some aspect(s) of reality and proving itself as such by its fruits. But there are no such grounds for presumption in the case of idiosyncratic practices. Hence we will proceed more reasonably, as well as more efficiently, by giving initial, ungrounded credence to only the socially established practices. Newcomers will have to prove themselves."[410]

Man könnte dies als eine Begründung dafür sehen, warum die Rede von einer 'sozial etablierten Praxis' nicht nur eine Beschreibungskategorie ist, sondern auch normative Implikationen hat. Eine doxastische Praxis hätte Alston zufolge gar keinen Bestand, wenn sie uns nicht mit der Realität in Verbindung brächte, und wenn sie keine Früchte zeitigte. Die Tatsache, dass eine doxastische Praxis sozial etabliert ist und schon eine lange Geschichte hat, ist für Alston ein starker Hinweis darauf, dass sie uns zuverlässig Informationen über die Realität liefert.

Wenn das Bestehen einer doxastischen Praxis aber weniger ein Grund als vielmehr ein Zeichen für deren Zuverlässigkeit ist, dann kann man Alston nicht vorwerfen, er würde die Faktizität zum Grund für die Norm erheben. Eine Überzeugung wäre mit anderen Worten nicht deswegen gerechtfertigt, weil die doxastische Praxis, aus der sie hervorgeht, sozial etabliert ist, sondern deswegen, weil man aufgrund der dauerhaften kulturellen Akzeptanz annehmen darf, dass sie uns zuverlässige Informationen über die Realität liefert.

[410] Ebd., 170.

4 Die Pluralität der Religionen

4.1 Zur Reichweite des Erfahrungsarguments in Bezug auf die interreligiöse Dimension

In den „Dialogues in the Philosophy of Religion“ arbeitet John Hick ein wesentliches Problem von Alstons Ansatz heraus, ein Problem, das Alston selbst erahnt.[411] Hick sieht in Alstons Religionsphilosophie nämlich ein Dilemma. Auf der einen Seite stehe das universale Gültigkeit beanspruchende Erfahrungsargument, auf der anderen Seite die These, dass es nur *eine* wahre Religion geben könne. Dem in „Perceiving God“ entwickelten Argument zufolge haben Erfahrungen grundsätzlich eine Begründungsfunktion für religiöse Überzeugungen und nicht etwa nur innerhalb einer bestimmten Religion. Das Erfahrungsargument ist mit anderen Worten auf alle Religionen anwendbar. Auf der anderen Seite behauptet Alston jedoch, dass es nur *eine* wahre Religion geben könne, und dass aufgrund der Widersprüche zwischen den religiösen Überzeugungssystemen die anderen Religionen zumindest nicht im gleichen Maße wahr sein könnten.[412]

---

[411] Vgl. ALSTON, W., Perceiving God, 255, wo er schreibt: „I have saved the most difficult problem for my position – religious diversity – for a separate chapter.“

[412] Es ist nicht ganz klar, ob Alston tatsächlich von der Prämisse ausgeht, dass es nur *eine* wahre Religion geben kann, oder ob ihn die Wahrnehmung von Widersprüchen zwischen den Religionen zu dieser These führt. Für ersteres spricht Alstons Argumentation in den „Dialogues in the Philosophy of Religion“, die ich im folgenden noch darlegen werde. Für letzteres spricht die folgende Stelle:
„Since each form of MP is, to a considerable extent, incompatible with all the others, not more than one such form can be (sufficiently) reliable as a way of forming beliefs about the Ultimate. For if one is reliable, then most of the beliefs that issue from it are true; and hence, because of the incompatibility, a

Wenn die anderen Religionen die letzte Wirklichkeit aber nicht adäquat oder sogar falsch beschreiben, dann kann das Erfahrungsargument für sie keine Gültigkeit haben. Nach John Hick führt dies das Erfahrungsargument selbst ad absurdum:

„Alston is [...] assuming that there can be at most one ‚true religion', so that the big question is, which of the competing religious belief-systems is the true one? But this widespread assumption is fatal to Alston's thesis that it is (with all the proper qualifications and safeguards) rational to base beliefs on religious experience. For if only *one* of the many belief-systems based upon religious experience can be true, it follows that *religious experience generally produces false beliefs*, and that it is thus a generally *unreliable* basis for belief-formation. This is a reversal of the principle, for which Alston has argued so persuasively, that religious experience constitutes as legitimate a ground for belief-formation as does sense experience. Further, whilst it is possible that the doxastic practice of one's own community constitutes the sole exception to a general rule, the claim that this is so can only appear arbitrary and unjustified unless it is supported by good arguments."[413]

Aufgrund von Alstons These, dass es nur *eine* wahre Religion geben könne, müsse man annehmen, dass Erfahrung in der Regel falsche Überzeugungen hervorbringe und somit eine recht unzuverlässige Grundlage der Überzeugungsbildung sei. Dies aber laufe dem Anliegen von „Perceiving God" völlig zuwider. Außerdem stelle sich die Frage, mit welchem Recht man von der eigenen Religion behaupten könne, dass sie eine Ausnahme von dieser allgemeinen Regel darstelle. Diese Behauptung sei so lange willkürlich und ungerechtfertigt, solange sie nicht durch gute Argumente gestützt werde.

Wie der Titel schon sagt, sind die „Dialogues in the Philosophy of Religion" dialogisch angelegt. Das heißt, dass den einzelnen Philosophen die Gelegenheit gegeben ist, auf Hicks Anfragen zu antworten. So auch William Alston, der Hicks Einwand in einer

---

large proportion of the beliefs issuing from each of the others will be false; and so none of those others is a reliable practice." ALSTON, W., Perceiving God, 268f.

413 HICK, J., Dialogues in the Philosophy of Religion, 26.

ersten Antwort zu relativieren versucht:[414] Hick ziehe aus seinen (Alstons) Annahmen zu schnell die Konsequenz, dass religiöse Erfahrung in der Regel falsche Überzeugungen hervorbringe und von daher keine zuverlässige Quelle von Überzeugungen sei. Denn erstens stehe keineswegs fest, dass die Religionen tatsächlich in den meisten Überzeugungen unvereinbar seien. Alston sagt, er habe diesbezüglich eher einen gegenteiligen Eindruck. Zweitens betone Hicks Einwand zu sehr die Rolle von Erfahrungen bei der Begründung von religiösen Überzeugungen. Wenn die religiösen Überzeugungssysteme tatsächlich in hohem Maße unvereinbar seien, dann müsse dies nicht unbedingt auf religiöse Erfahrungen zurückgeführt werden. Es könne genauso gut sein, dass die Widersprüche zwischen den Religionen vor allem auf die anderen Überzeugungsgründe zurückgehen, wie zum Beispiel deren Offenbarungen oder die natürliche Theologie.

Abgesehen davon, dass diese Antwort nicht ganz auf der Linie von „Perceiving God" liegt, vermag sie Hicks Einwand nicht zu entkräften. So sieht Alston sich von Hick zu einer zweiten Stellungnahme aufgefordert.[415] Hick hatte gefordert, dass die eingeschränkte Gültigkeit des Erfahrungsarguments einer Begründung bedürfe. Denn es sei nicht ersichtlich, wieso eine Religion eine Ausnahme zu einer allgemeinen Regel darstellen solle. Alston antwortet, dass es tatsächlich eine Möglichkeit gebe, für die Überlegenheit des Christentums zu argumentieren. Um die Überlegenheit des Christentums gegenüber nicht-theistischen Religionen zu zeigen, würde er auf metaphysische Argumente zurückgreifen. Und die Überlegenheit gegenüber Judentum und Islam würde er historisch begründen.

---

[414] Vgl. ALSTON, W., Responses and Discussion 2(i), in: HICK, J. (Hg.), Dialogues in the Philosophy of Religion, 37f.

[415] Vgl. HICK, J., Responses and Discussion 2(i)(a) und ALSTON, W., Responses and Discussion 2(i)(b), in: HICK, J. (Hg.), Dialogues in the Philosophy of Religion, 38-52.

„I envisage two components to a full-dress defence of Christian belief, corresponding to the distinction Hick and many others draw between theistic and non-theistic religions. With respect to the latter, which I will think of in this sketch as impersonal absolute monisms, I would contrast them unfavourably in metaphysical terms with theism. I find that extreme monistic systems, such as we find in the Vedanta, run into far too much conflict with the massive evidence of experience and with critical common sense to be credible. Theistic metaphysics, on the other hand, runs into no such intractable problems, and has much to recommend it as a metaphysics. The second component would be directed to the aspects of the Chrisitan message that distinguish it from Judaism and Islam. Here the basic problems are historical. Can the Christian view of Jesus, his status, his mission, his death and resurrection, and of the status and history of the Church, be shown to be substantially accurate? This, of course, is not a task I would dream of undertaking on my own; it is a vast cooperative enterprise. But I would hope to contribute in the way open to a philosopher knowledgeable in the relevant literature."[416]

Diese Antwort hält Hicks Einwand nun zwar etwas entgegen; sie liegt dafür aber noch weniger auf der Linie von "Perceiving God", wo Alston bewusst von der Erfahrung her argumentiert und stets betont, dass es keinen neutralen Standpunkt gebe, von dem aus die verschiedenen Religionen verglichen und beurteilt werden könnten.[417]

4.2 Zwischen Pluralismus und Exklusivismus

Wenn es im Zusammenhang mit dem vorhergehenden Punkt auch paradox erscheinen mag, muss doch festgestellt werden, dass Alstons Position nicht eindeutig exklusivistisch ist. An einigen Stellen hat man sogar den Eindruck, als ob er zwischen einer exklusivistischen und einer pluralistischen Position schwanke. Dies

---

[416] ALSTON, W., Responses and Discussion 2(i)(b), in: HICK, J. (Hg.), Dialogues in the Philosophy of Religion, 49.

[417] Vgl. Punkt 2.2.2.

zeigt sich in erster Linie in Alstons Aussagen über die Rede von Gott. In dem Aufsatz „Referring to God"[418] untersucht Alston die Frage, ob wir auf Gott direkt oder nur beschreibend referieren können. Man referiert dann *direkt* auf einen Gegenstand, wenn man zum Beispiel auf ihn zeigt. Man bezieht sich *beschreibend* auf einen Gegenstand, wenn man einige seiner Eigenschaften nennt. Ist ‚Gott' nun ein Eigenname oder ein Begriff?

Alston gelangt zu dem Ergebnis, dass wir durchaus in einem direkten – und nicht nur in einem beschreibenden – Sinn auf Gott referieren können. Wir tun dies laut Alston dann, wenn wir Gott erfahren. Denn dann würden wir das, was wir erfahren, ‚Gott' nennen. Wenn ‚direkte Referenz' bedeutet, dass man auf einen Gegenstand zeigen kann, wie hat man sich dieses Zeigen dann bei einer religiösen Erfahrung vorzustellen? Im Falle einer Wahrnehmung Gottes ist dieses Zeigen laut Alston freilich nicht wörtlich zu verstehen. Es sei vielmehr so, dass ein Religionsstifter zunächst nur für sich selbst den Referenten bestimme, indem er seine Aufmerksamkeit auf die wahrgenommene Entität konzentriere. Die Bestimmung des Referenten komme einer Namensgebung gleich. Natürlich müsse grundsätzlich kommunizierbar sein, auf welche Entität sich der Religionsstifter bezieht. Nach Alston ist es die religiöse Praxis, die uns anleitet und hilft, mit Gott in Kontakt zu kommen.

Alston behauptet, dass man nur im Rahmen einer religiösen Praxis lernen könne, auf Gott zu referieren. Beschreibungen Gottes spielten dabei zwar auch eine Rolle, aber im Vergleich zum religiösen Vollzug eher eine nachgeordnete. Die These, dass sprachliche Bezugnahme auf Gott nur durch erfahrungsmäßigen Kontakt mit ihm möglich ist, und dass die direkte Referenz grundlegender ist als die beschreibende, hat weitreichende Konsequenzen.[419] So erhöhe der Primat direkter Referenz die

---

[418] ALSTON, W., Referring to God, in: Divine Nature and Human Language, 103-117.

[419] Vgl. ebd., 108ff.

Aussichten, dass sich radikal verschiedene religiöse Traditionen auf denselben Gott beziehen.

„[...] the prospects for taking radically different religious traditions to all be referring to and worshiping the same God are greatly increased. If one's referent in religious worship and discourse is determined by what one takes God to be like, then we, the Hindus, and the ancient Greeks and Romans cannot be credited with worshiping the same being. But if reference is determined rather by the real contacts from which a referential practice stems, then there may indeed be a common referent, in case these traditions, including their referential traditions, all stemmed from experiential contacts with the one God."[420]

Wenn der Referent religiöser Rede durch die verschiedenen Vorstellungen von Gott bestimmt werde, dann könne von den Angehörigen verschiedener Religionen nicht gesagt werden, sie verehrten dasselbe Wesen. Wenn die Referenz aber durch erfahrungsmäßige Kontakte bestimmt werde, dann sei es denkbar, dass die verschiedenen Religionen einen gemeinsamen Referenten haben.

Unter Punkt 2.3.1 habe ich diesen Aufsatz mit den entsprechenden Passagen in „Perceiving God" verglichen. Es hat sich gezeigt, dass Alstons Aussagen in „Perceiving God" wesentlich vorsichtiger sind als in „Referring to God". Erstens lässt Alston in „Perceiving God" offen, wie die Rede von Gott zu denken ist, während er in „Referring to God" eindeutig für direkte Referenz plädiert. Zweitens sieht Alston in „Perceiving God" vornehmlich die Widersprüche zwischen den Religionen. Wenn diese auch nicht in den Wahrnehmungsüberzeugungen als solchen begründet lägen, bestünden sie doch zwischen den Glaubenssystemen insgesamt.[421]

---

[420] Ebd., 115.

[421] Dass Alston die Widersprüche vor allem auf der Ebene der Glaubenssysteme und weit weniger auf der Ebene der einzelnen Wahrnehmungsüberzeugungen ansiedelt, liegt natürlich auch an seinem Wahrnehmungsverständnis. Wenn Wahrnehmung ein nicht-begriffliches Erfassen der Wirklichkeit ist, dann ist sie nicht notwendig kulturell geprägt.

Die Unvereinbarkeit der Glaubenssysteme erlaube es aber kaum noch, die Wahrnehmungsüberzeugungen der verschiedenen Religionen als miteinander kompatibel zu denken, geschweige denn, einen gemeinsamen Referenten zu postulieren. Genau dies stellt Alston in „Referring to God" aber in Aussicht.

Dass Alstons Religionsphilosophie bereits vom Ansatz her eine interreligiöse Dimension hat, zeigt sich nicht zuletzt daran, dass er mit der Ultimate Reality einen gemeinsamen Bezugspunkt der verschiedenen Religionen annimmt. Wenn die Religionen auch unvereinbare Beschreibungen dieser letzten Realität geben, so versuchen sie doch, dieselbe Realität zu beschreiben. Dass diese These in einer gewissen Spannung dazu steht, dass Alston den Religionen ein gemeinsames Begriffsschema und damit einen gemeinsamen Gegenstandsbereich abspricht, habe ich unter 2.2.2 ausführlich erörtert. Jedenfalls eröffnet die Rede von der Ultimate Reality einen interreligiösen Horizont, und dass einige von Alstons Aussagen in der Nähe einer pluralistischen Position liegen, lässt sich auch nicht leugnen.

Dann ist zumindest die Möglichkeit denkbar, dass Anhänger verschiedener Religionen denselben Gott wahrnehmen.

Vgl. ALSTON, W., Perceiving God, 187, wo es heißt: „Thus, if we adopt the theory of appearing that gives us a *chance* to find common phenomenal features of mystical perception across cultures."

BIBLIOGRAPHIE

Primärliteratur:

ALSTON, William P., An Internalist Externalism, in: Epistemic Justification. Essays in the Theory of Knowledge, Ithaca/ London 1989, 227–245.

ALSTON, William P., A Realist Conception of Truth, Ithaca/ London 1996.

ALSTON, William P., A Sensible Metaphysical Realism, Milwaukee 2001.

ALSTON, William P., Back to the Theory of Appearing, in: Philosophical Perspectives 13 (1999), 181–203.

ALSTON, William P., Can We Speak Literally of God, in: Divine Nature and Human Language, Ithaca/ London 1989, 39–63.

ALSTON, William P., Concepts of Epistemic Justification, in: Epistemic Justification. Essays in the Theory of Knowledge, Ithaca/ London 1989, 81–114.

ALSTON, William P., Divine and Human Action, in: Divine Nature and Human Language, Ithaca/ London 1989, 81–102.

ALSTON, William P., Divine-Human Dialogue and the Nature of God, in: Divine Nature and Human Language, Ithaca/ London 1989, 144–161.

ALSTON, William P., Epistemic Circularity, in: Epistemic Justification. Essays in the Theory of Knowledge, Ithaca/ London 1989, 319–349.

ALSTON, William P., Functionalism and Theological Language, in: Divine Nature and Human Language, Ithaca/ London 1989, 64–80.

ALSTON, William P., God's Action in the World, in: Divine Nature and Human Language, Ithaca/ London 1989, 197–222.

ALSTON, William P., Hartshorne and Aquinas. A Via Media, in: Divine Nature and Human Language, Ithaca/ London 1989, 121–143.

ALSTON, William P., Has Foundationalism Been Refuted?, in: Epistemic Justification. Essays in the Theory of Knowledge, Ithaca/ London 1989, 39–56.

ALSTON, William P., Illocutionary Acts and Sentence Meaning, Ithaca/ London 2000.

ALSTON, William P., Irreducible Metaphors in Theology, in: Divine Nature and Human Language, Ithaca/ London 1989, 17–38.

ALSTON, William P., Justification and Knowledge, in: Epistemic Justification. Essays in the Theory of Knowledge, Ithaca/ London 1989, 172–182.

ALSTON, William P., Perceiving God, Ithaca/ London 1991.

ALSTON, W., Referring to God, in: Divine Nature and Human Language, Ithaca/ London 1989, 103–117.

ALSTON, William P., Religious Belief and Philosophical Thought, New York/ Chicago/ San Francisco/ Atlanta 1963.

ALSTON, William P. Sellars and the 'Myth of the Given', in: Philosophy and Phenomenological Research 65 (2002), 69–86.

ALSTON, William P., The Deontological Conception of Epistemic Justification, in: Epistemic Justification. Essays in the Theory of Knowledge, Ithaca/ London 1989, 115–152.

ALSTON, William P., The Elucidation of Religious Statements, in: REESE, William L., FREEMAN, Eugene (Hg.), Process and Divinity, LaSalle 1964, 429–443.

ALSTON, William P., The Indwelling of the Holy Spirit, in: Divine Nature and Human Language, Ithaca/ London 1989, 223–252.

ALSTON, William P., The Reliability of Sense Perception, Ithaca/ London 1993.

ALSTON, William P., Two Types of Foundationalism, in: Epistemic Justification. Essays in the Theory of Knowledge, Ithaca/ London 1989, 19–38.

ALSTON, William P., What's Wrong with Immediate Knowledge?, in: Epistemic Justification. Essays in the Theory of Knowledge, Ithaca/ London 1989, 57–78.

Sekundärliteratur:

ARISTOTELES, Kategorienschrift, übers. und erl. von Klaus Oehler, Berlin 1984.

CARL, Wolfgang, Bertrand Russell: The Theory of Descriptions. Ihre logische und erkenntnistheoretische Bedeutung, in: SPECK, Josef (Hg.), Grundprobleme der großen Philosophen. Philosophie der Gegenwart I, Göttingen [3]1985, 220–268.

BERKELEY, George, Eine Abhandlung über die Prinzipien der menschlichen Erkenntnis, übers. und hrg. von KULENKAMPFF, Arend, Hamburg 2004.

BLASCHE, Siegfried, KÖHLER, Wolfgang R., KUHLMANN, Wolfgang, ROHS, Peter (Hg.), Realismus und Antirealismus, Frankfurt am Main 1992.

DESCARTES, René, Meditationen über die Grundlagen der Philosophie, Hamburg 1993.

DUMMETT, Michael, Realismus und die Theorie der Bedeutung, in: WILLASCHEK, Marcus (Hg.), Realismus, Paderborn 2000, 143–175.

GALE, Richard M., On the Nature and Existence of God, New York 1991.

GROVER, Dorothy L., CAMP, Joseph L., BELNAP, Nuel D., A Prosentential Theory of Truth, in: Philosophical Studies 27 (1975), 73–125.

GROVER, Dorothy L., A Prosentential Theory of Truth, Princeton 1992.

FINCH, Henry Le Roy, Wittgenstein – The Later Philosophy. An Exposition of the "Philosophical Investigations", Atlantic Highlands 1977.

HAEFFNER, Gerd, Erfahrung – Lebenserfahrung – religiöse Erfahrung. Versuch einer Begriffsklärung, in: RICKEN, Friedo (Hg.), Religiöse Erfahrung. Ein interdisziplinärer Klärungsversuch, Stuttgart 2004, 15–39.

HANSBERGER, Andreas, Gott wahrnehmen. William Alstons perzeptives Modell religiöser Erfahrung, in: RICKEN, Friedo (Hg.), Religiöse Erfahrung. Ein interdisziplinärer Klärungsversuch, Stuttgart 2004, 113–125.

HARTSHORNE, Charles, Man's Vision of God and the Logic of Theism, Hamden 1964.

HICK, John, An Interpretation of Religion, London 1989.

HICK, John (Hg.), Dialogues in the Philosophy of Religion, New York 2001.

HICK, John, Faith and Knowledge, Ithaca/ New York ²1966.

HOWARD-SNYDER, Daniel, Alston, William Payne, in: SHOOK, John R. (Hg.), The Dictionary of Modern American Philosophers, Bristol 2005, 56–61.

JAMES, William, The Principles of Psychology, Bd. 1, New York 1950.

JAMES, William, The Varieties of Religious Experience, New York 1902.

KANT, Immanuel, Kritik der reinen Vernunft, Hamburg 1998.

KORITENSKY, Andreas, Wittgensteins Phänomenologie der Religion. Zur Rehabilitierung religiöser Ausdrucksformen im Zeitalter der wissenschaftlichen Weltanschauung, Stuttgart 2002.

KRIPKE, Saul A., Naming and Necessity, in: DAVIDSON, Donald, HARMAN, Gilbert (Hg.), Semantics of Natural Language, Dordrecht 1972, 253–355.

MACQUARRIE, John, Principles of Christian Theology, New York 1977.

MOORE, George Edward, Some Judgments of Perception, in: Philosophical Studies (1922), 244–247.

PHILLIPS, D.Z., Faith After Foundationalism. Plantinga – Rorty – Lindbeck – Berger – Critiques and Alternatives, Boulder/ San Francisco/ Oxford 1995.

POLLOCK, John, Knowledge and Justification, Princeton/ New York 1974.

POULAIN, Anton, The Graces of Interior Prayer, übers. von Leonora Yorke Smith und Jean Vincent Bainvel, London 1950.

PROUDFOOT, Wayne, Religious Experience, Berkeley/ Los Angeles 1985.

PUTNAM, Hilary, Reason, Truth and History, Cambridge 1981.

PUTNAM, Hilary, Representation and Reality, Cambridge 1989.

RAMSEY, Frank P., Foundations. Essays in Philosophy, Logic, Mathematics and Economics, Atlantic Highlands 1978.

RAMSEY, Frank P., Tatsachen und Propositionen, in: SKIRBEKK, Gunnar (Hg.), Wahrheitstheorien, Frankfurt/ Main [7]1996, 224f.

REID, Thomas, Essays on the Intellectual Powers of Man, hrg. von BROOKES, Derek R. und HAAKONSSEN, Knud, Edinburgh/ Philadelphia 2002.

REID, Thomas, An Inquiry into the Human Mind, hrg. von DUGGAN, Timothy, Chicago/ London 1970.

RUSSELL, Bertrand, Our Knowledge of the External World, London 1961.

RUSSELL, Bertrand, The Relation of Sense-data to Phyics, in: Mysticism and Logic, London 1963, 108–131.

SEARLE, John, Proper Names, in: Mind, Bd. 67, Nr. 266 (1958), 166–173.

SELLARS, Wilfrid, Empiricism and the Philosophy of Mind, in: Science, Perception and Reality, London 1963.

SHAKESPEARE, William, Macbeth, hrg. von LOTT, Bernard, Essex [3]1965.

STRAWSON, Peter, Truth, in: Analysis, Bd. 9, Nr. 6 (1949).

STRAWSON, Peter, Wahrheit, in: SKIRBEKK, Gunnar (Hg.), Wahrheitstheorien, Frankfurt am Main [7]1996, 246–275.

TERESA, St., of Avila, The Life of St. Teresa of Avila by Herself, übers. von J.M. Cohen, London 1957.

TILLICH, Paul, Systematic Theology, Bd. 1, London 1953.

UNDERHILL, Evelyn, Mysticism, New York 1955.

UNGER, Johan, On Religious Experience. A Psychological Study, Uppsala 1976.

WELKER, Michael, Alfred North Whitehead: Relativistische Kosmologie, in: SPECK, Josef (Hg.), Grundprobleme der großen Philosophen. Philosophie der Gegenwart I, 269–312.

WHITEHEAD, Alfred North, Process and Reality. An Essay in Cosmology, New York 1929.

WILLASCHEK, Marcus (Hg.), Realismus, Paderborn 2000.

WILLIAMS, C.F.J., What is Truth?, Cambridge 1976.

WITTGENSTEIN, Ludwig, Das Blaue Buch, Frankfurt am Main 1984.

WITTGENSTEIN, Ludwig, Philosophische Untersuchungen, Frankfurt am Main [9]1993.

WITTGENSTEIN, Ludwig, Über Gewißheit, Frankfurt am Main [6]1994.

WOLTERSTORFF, Nicholas, Thomas Reid and the Story of Epistemology, Cambridge 2001.

WRIGHT, Crispin, Wohin führt die aktuelle Realismusdebatte?, in: WILLASCHEK, Marcus (Hg.), Realismus, 209–241.